推开法律信息检索之门

TUIKAI FALÜ XINXI JIANSUO ZHIMEN

刘　明◎著

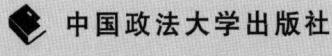 中国政法大学出版社

2015·北京

图书在版编目（ＣＩＰ）数据

推开法律信息检索之门/刘明著. —北京:中国政法大学出版社,2015.4
ISBN 978-7-5620-6029-1

Ⅰ. ①推… Ⅱ. ①刘… Ⅲ. ①法律－情报检索－高等学校－教材 Ⅳ. ①
G252.7

中国版本图书馆CIP数据核字(2015)第080850号

出　版　者	中国政法大学出版社
地　　　址	北京市海淀区西土城路 25 号
邮寄地址	北京 100088 信箱 8034 分箱　邮编 100088
网　　　址	http://www.cuplpress.com（网络实名：中国政法大学出版社）
电　　　话	010-58908586(编辑部)　58908334(邮购部)
编辑邮箱	zhengfadch@126.com
承　　　印	北京鑫海金澳胶印有限公司
开　　　本	720mm×960mm　1/16
印　　　张	16.5
字　　　数	245 千字
版　　　次	2015 年 4 月第 1 版
印　　　次	2015 年 4 月第 1 次印刷
定　　　价	39.00 元

　　大数据、互联网时代信息无处不在。人们的学习、研究和创作不再苦于无资料可寻，他们有很多途径去搜索想要得到的信息。但是确定要什么以及怎么搜索，却不是一件简单的事情。

　　在法学研究中，"确定要什么"和"怎么搜索"实际上是融合了法学研究必不可少的"道"和"术"。法学研究的"道"是法律思维或法律分析，而"术"则是法律信息检索技能，这两者在法学研究过程中相辅相成、互相促进、缺一不可。

　　我国高等法学教育长期采取重"道"轻"术"的培养模式，直接影响了法学研究水平和执业能力的提升。比如目前国内将法律信息检索纳入法科学生必修课的仅一家，开设选修课的不足十家，绝大多数的院校都没有专门的授课教师，没有统一的教学大纲。学生对此项技能的认识也严重不足，对平时相关的培训或讲座的热情也不高。虽然信息检索课和各种培训并不是提升法律信息检索能力的全部，但是由此可见，我国各高校对于这一问题的重视程度普遍不足。

　　除此之外，对法律信息检索的性质认识不清，也限制了研究或解决问题能力的提高。很多参加过检索培训或听过检索讲座的老师、同学都反映，"当时很明白回头就忘了"，"到用的时候还是不会"……殊不知，法律信息检索是一项技能，就像我们学游泳、学开车一样，不是听明白道理就能学会的，而是需要动手反复训练，直到成为自觉行动或习惯才算真正掌握。

　　本人在法律图书馆工作十余年，对法律信息检索感触颇深，一直希望能找到一种简单并行之有效的办法，帮助大数据环境下的法学研究者轻松驾驭法学研究之"术"。这一希望促成了本书的编写。本书是检索指南、手册或工具书，希望法学研究者在检索信息时能够按图索骥，随时随地比照自学自练。

本书是在学习前辈信息检索经验的基础上，根据法学研究者的信息需求和研究习惯，结合自己日常解答咨询、培训和授课的体会编写而成。全书共分为五章，包括理论方法、技能训练（第二、三、四章）、综合应用。主要内容为：首先，需要说明本书是围绕电子资源讲述法律信息检索的，开篇强调了掌握法律信息检索技能的重要性，介绍了法律信息检索的通用方法；其次，按照法学研究常用的文献类型，如一次法律信息资源、二次法律信息资源和其他信息资源，分类演示每一种信息资源的检索方法；[1] 最后归纳了法律信息检索在法学研究中的综合应用。本书的特点是将复杂的检索方法分解成几个步骤，并用图示或图解的方法展示，使用者可一目了然地了解检索技巧。

本书的适用对象为法学专业本科生、研究生，或具有一定法学基础、从事法学学习或研究的人群。

本书使用方法：有一定检索基础的，可以直接参照技能训练和综合应用部分（第二至五章），如查找期刊论文可以直接参照期刊论文检索方法，博、硕士学位论文开题可直接参照"利用信息检索撰写法学文献综述"。没有检索基础和经验的，建议先从理论方法章的法律信息检索通用方法开始。"磨刀不误砍柴工"，掌握了通用方法，在查找具体信息时就会比较从容。另外，参照本书检索时，最好带着问题开始，比如为参与课题、写论文或案例分析而查找相关信息，在连网电脑上边找边练效果会更好。

本书疏漏和错误之处恳请读者批评指正！

欢迎您将意见发至 lawliuming@ ruc. edu. cn，特此致谢！

特别感谢一直以来支持和帮助我的导师、领导、同事、朋友、学生和家人。

刘　　明

2015 年 1 月 26 日

---

[1] 分类演示检索方法的举例大多选取英美法系国家。

目 录 Contents

第一章 ▶ CHAPTER 1

法律信息检索理论方法

大数据环境下法学研究方法面临"变"与"不变",法学研究者在明确"变"与"不变"的基础上应主动求变,掌握法律信息检索的通用方法。

第一节 大数据环境下法学研究的"变"与"不变"

一、大数据环境下法学研究的"变"

大数据环境下法学研究的"变"是指法学研究外在环境的变化,如信息生产方式、信息载体的变化,以及由此带来的法学研究者信息需求和信息利用方式的变化。

大数据是当下一个时髦的用词,但大数据之大却是常人难以想象的。"一天之中,互联网产生的全部内容可以刻满1.68亿张DVD;发出的邮件有2940亿封之多,相当于美国两年的纸质信件数量;发出的社区帖子达200万个,相当于《时代》杂志770年的文字量。"[1]大数据环境下信息生产量的变化如此巨大,与此同时,传统印刷型纸质文献信息已不再是信息载体的唯一形式,机读型、视听型、多媒体等新型文献信息载体大量出现,电子化或数字型信息越来越成为信息载体的主流。数字出版、数字图书馆、数字阅读等也得到越来越多的关注和接受。

与传统印刷型纸质文献信息相比,数字型信息之所以成为主流是由其特点决定的:第一,容易获取。它在网络所及的任何时间、任何地点都可以浏

---

[1] "大数据时代下的大数据到底有多大",载 http://www.thebigdata.cn/QiTa/8608.html,访问日期:2015年3月4日。

览、下载和利用。第二，更新速度快。数据出版大大缩短了文献信息发表和更新的时间。第三，数据便携性。移动硬盘、U 盘等信息存储器的"身材"日益变小、"容量"日益变大。第四，低成本。信息获取者可以更加快速或免费的获取。第五，分享便利。社会网站的出现使得信息分享变得轻而易举。〔1〕

信息载体由纸本到数字，信息需求和利用由一元到多元的根本性转变已成为未来发展趋势。从普通大众到某一学科的学习或研究群体的信息需求和利用方式都发生了质的变化。

联合国国际电信联盟（ITU）表示，2014 年全球上网人数已超过 30 亿人，相当于世界人口的 39%。同时，报告中公布的最新数据显示，全球互联网使用率仍继续稳步增长。〔2〕进入新世纪，中国在短短的几年内网民数量便超过了美国，成为全球网民数量最多的国家。截至 2014 年 12 月，我国网民规模达 6.49 亿，其中搜索引擎网民规模为 5.22 亿，使用率为 80.5%，比 2013 年增长了 6.7%。搜索引擎是网民除即时通信外使用率最高的互联网应用。搜索引擎作为互联网的基础应用，随着网民规模的扩大而持续增加。〔3〕

进一步研究发现，伴随着计算机、互联网等新技术成长起来的信息用户被称为 Google 一代、网络族、数字部落、数字移民〔4〕、Y 一代〔5〕，他们对电脑、手机、网络的依赖就像一日三餐一样。他们习惯于用键盘打字而不用纸笔写字，通过手机等移动终端阅读而不到图书馆读纸本书……

传统上作为图书收藏中心的图书馆，数字资源也正成为主要方面，〔6〕对数字资源的利用也是全球法学研究者获取学术信息的主要方式。

美国教育部教育统计国家中心每两年对全美学术性图书馆的调查显示，在美国学术性图书馆信息资源经费总投入中，电子资源达到了 73.8%，相应

---

〔1〕 Priya Rai, Information Seeking Behavior of Legal Researcher Towards Use of Electronic Legal Resource: A Study, 9th International CALIBER‐2013, INFLIBNET Centre, Gandhinagar, Gujarat, March 21~23, 2013.

〔2〕 "国际电信联盟：全球网民数已破 30 亿"，载 CNET 科技资讯网，访问日期：2014 年 11 月 26 日。

〔3〕 "第 35 次中国互联网络发展状况统计报告"，载中国互联网络信息中心，2015 年 1 月。

〔4〕 陈成鑫："未来用户信息需求的行为特点与图书馆的应对策略"，载《图书馆工作与研究》2009 年第 9 期。

〔5〕 初景利、吴冬曼："图书馆发展趋势调研报告（一）：环境分析与主要战略"，载《国家图书馆学刊》2010 年第 1 期。

〔6〕 曾尔恕："中国高校法律图书馆的变革与未来发展趋势"，载《法律文献信息与研究》2011 年第 3 期。

的信息服务八成以上是围绕电子资源开展的，如虚拟参考咨询、文献传递（通过网络传递电子资源）等。[1] 而专业图书馆则更强调学科电子资源的导航、数据库利用培训以及信息检索课等信息服务形式。如 2013 年伦敦大学大卫·基教授对全球 124 个法律图书馆的调查显示，87% 的法律图书馆针对电子资源提供法律信息检索培训。[2]

印度德里法律大学副馆长普里亚·拉伊对印度德里地区的法律研究者，包括法律大学、大学法学院、法学研究中心、法学研究所等机构的本科生、研究生、教师和研究人员在内的 528 人做了一个关于法学研究者获取信息行为的调查。调查发现，96.6% 的法学研究者使用电子资源，仅 3.4% 的人使用纸质资源来完成学习和研究。[3]

笔者在 2013 年秋季通过对中国人民大学法律硕士二年级模拟法庭班的 54 名学生（来自法学各个研究方向）进行问卷调查发现，他们在查找资料时 95% 的人首先会选择电子资源，仅 5% 的人首先选择纸本资料。

二、大数据环境下法学研究的"不变"

法学研究的"不变"首先是法学研究方法本身，也就是法律思维或法律分析方法未变，其次是作为法学研究对象的法律信息的类型未变。

法学研究方法，或法律思维是指导法学研究领域的一套模式，是"找出问题、寻找规则、分析和应用、得出结论"的过程，包括法律问题是什么，对此问题适用的规则是什么，规则适用的情况有哪些，以及能得出什么样的结论。

进入 21 世纪，新兴学科在法学领域的渗透逐渐加深，法学研究者除了需要学习和关注传统与法律领域密切相关的学科知识外，还需要了解一些交叉学科的发展，需要用一种更加广阔的视野来学习和借鉴有益于法学领域发展

---

[1] Tai Phan, Laura Hardesby & Jamie Hug, "2012. First Look. NCES 2014 – 038, National Center for Education Statistics", available at http://eric.ed.gov/? id = ED544756, 访问日期：2015 年 3 月 7 日。学术性图书馆主要包括开展大专、本科及研究生教育院校的图书馆，在美国大约有三千多个。

[2] David Gee, "A Survey of Major Law Libraries Around the World", available at hhtp://www.iall.org, 访问日期：2015 年 3 月 8 日。

[3] Priya Rai, Information Seeking Behavior of Legal Researcher Towards Use of Electronic Legal Resource: A Study, 9th International CALIBER – 2013, INFLIBNET Centre, Gandhinagar, Gujarat, March 21 ~ 23, 2013.

的因素。但是法学研究方法或法律思维是由法律学科的特点决定的，法律学科特点不变，法学研究方法或法律思维也不会变。

除此之外，法律信息的类型也没有变化。关于法律信息或法律文献的类型，国内外从不同角度都有论述，但是一般认为涉及以下三种：一是原始（一次）法律资源，指有法律约束力的资源，如法律法规（法条、成文法），判例法国家还应该包括判例；二是二次法律资源，指不具有法律约束力但和法律问题相关的法律评论文章、专著、法律词典、法律百科全书等；三是用来帮助解决特定法律问题所需要的非法律信息。

笔者既不是图书馆专家，也不是法律专家，关于法律文献的类型不敢妄加断言，只是有感于在法律图书馆工作并结合给法学院学生作检索培训和教授法律文献检索课的一些体会，将法学研究者最常用的文献列举如下：立法文件、司法文件、学者著述，以及新闻报道、统计数据、年鉴、词典工具书等。以上这些类型的信息，无论是在过去还是在未来都是法学研究必不可少的。

第二节　大数据环境下法学研究者应主动应变

大数据环境对法学研究的影响是深远的，它能为法学研究者提供符合其研究习惯的法律信息。但由于法律信息涉及古今中外与法律学科相关的所有知识，卷帙浩繁、错综复杂，今天的法学研究者并不一定清楚什么时候以及怎样使用纸本资源和电子资源。只有找到对解决法律问题真正有帮助的文献，研究者才可能做出高质量的研究成果，反之，则研究工作便无从开始。从某种程度上来说，法律信息的检索决定着法学研究的成败。

比起纸本时代，今天找到一个法律问题的答案确实容易多了，但是要找到一个恰当的、全面的答案的确还是需要一定的检索技能。[1] 掌握法律信息检索技能，意味着研究者在遇到法律问题时能够快速判断、敏锐锁定信息源，并能够熟练地获取、科学的评价和合理地运用这一信息，从而可以大大节省研究者的时间。有研究表明，研究者花在查找资料上的时间占了其总投入研究时间的 $1/3 \sim 1/2$。试想，如果我们把节省的时间集中用到知识的创新上，无疑将推动整个法律科学的发展。

---

[1] Morris L. Cohen & Kent C. Olson, *Legal Research*, 10th ed., West Nutshell Series, 2010, p. v.

对法律从业者来说，掌握法律文检索技能也意义重大。"在民主社会，法律信息对于有效的司法是至关重要的。"[1]法官的判案过程实际上就是一个寻找法律信息的过程，尤其是法官在遇到比较复杂的案子时，更需要具备找到合适法律信息的技巧。法官找法的技巧实际上在一定程度上影响着司法的公正。对于律师来说，法律文献检索技能决定了他在案件中的成败。一个律师就某一案件事实援引不恰当的法律不仅会浪费当事人的时间和金钱，还有可能会被当事人诉至法庭，致使名利俱损。[2]

第三节　大数据环境下法律信息检索通用方法

大数据开启了一个新的世界，需要法学研究者主动求变，认识到法律信息检索的重要性，掌握这一技能的要领，从而轻松开创有效的研究工作。

法律信息检索是一项技能，需要不断练习，形成一种习惯。它的基本检索步骤或方法包括：分析课题、选取关键词、选择数据库、选择字段（检索范围）以及检索结果评价。

一、分析课题

在开始检索法律文献之前，我们首先需要对课题做认真详细的考察分析，明确检索的目标和要求，做到有的放矢是成功的开始。分析课题需要考虑以下几个方面：

根据课题目的是求新、求全、还是求准，来确定需要检索的具体内容。比如，为了求新，检索用来规范某种行为如公司注册、食品安全在某国现行的法律条文以及判例法国家的、有法律约束力的最新判例和对某个新问题的权威评论文章。为了求全，检索某个法律问题研究的整个发展脉络的文献，如检索各国文化立法研究、中国历代审判制度研究的相关文献。为了求准，如检索某部法律、某个司法案例或判例、某篇文章、某一组或某项数据等。

---

〔1〕　TUHUMWIRE, Innocent and OKELLO - OBURA, C. (2010), Assessment of Legal Information Needs and Access Problems of Lawyers in Uganda. Library Philosophy and Practice (E - Journal), 1~12, available at http://digitalcommons. unl. edu/libphilprac/382, 2015/3/8.

〔2〕　如美国1975年"Smith v. Lewis案"因律师错误援引判例及其相应的法律原则，导致原告诉求未得到公正对待，法院判决原告律师付给原告10万美元的经济补偿。(530 P. 2d 589)

根据以上信息我们应进一步确定需要检索的文献的类型，如法律法规或成文法、司法案例、判例、专著、评论文章、新闻报道、统计数据等等；文献涉及的国别，如欧盟法律文件、美国法律信息（联邦/州）、其他国家法律信息等等；文献涉及的语种，如查找印度矿产资源立法的中文译本、中国关于知识产权立法的英文译本等等。

一个成功的检索，通常需要检索者掌握一定的与课题相关的背景知识。如果我们没有相关背景知识的积累也不要紧，一些小的检索工具可以帮上大忙。它们可以提供与课题相关的介绍性或背景知识，帮我们甄别检索文献的"新、全、准"。

如法律百科全书、维基百科、综述性论文，或者有条件地直接向课题相关的专家咨询。

这些背景知识往往可以给我们提供检索点。检索点是检索的开始，许多法律文献检索项目最难的是找到第一个相关文献。而该文献信息会带给你很多相关的文献。如一个判例通常会援引更早的相关判例作为法律依据；一部立法会指向有关的法律决定、立法史文件，以及其他专著、学说、年鉴、百科全书等二次文献；一篇法律评论文章也通常会参考很多相关文献。[1]

二、选取关键词

选用能够涵盖课题主要主题概念的词，或者能够表达课题中心意思的词，以及意义明确的词。专有名词要用引号引起来，如查找雾霾的相关法律规制、精神病患者作证等相关文献，"雾霾"一定不能分成"雾"和"霾"，"精神病患者"一定不能分开"精神病"和"患者"。选用有实质意义的概念词，不要使用过长词组和短语，必要时可拆分成几个关键词，如我国农民养老保险的新规定，可以拆分成"农民"、"养老保险"和"法律"三个关键词。

很多时候，同一个意思可以用不同的词来表达，因此关键词的同义词或近义词的运用也可以扩展检索范围，如在查找电子地图的知识产权问题查不到理想结果的时候，我们可以将关键词换成网络地图知识产权或者虚拟地图知识产权来重新检索。

---

[1] Morris L. Cohen & Kent C. Olson, *Legal Research*, 10th ed., West Nutshell Series, 2010, p. 34.

此外，我们还可以通过一个词的上位概念和下位概念来扩大和缩小检索范围。在确定关键词时不妨运用"头脑风暴法"来想一下和主题相关的所有的词，以最先想到的恰当的关键词为中心向更深、更广的角度扩展。如查找快餐中鸡肉的食品安全法律问题，由鸡肉想到禽类再到动物，可以扩大查找范围；反之由动物到禽类再到鸡肉则可以缩小检索范围。

我们在选取关键词时最容易犯的错误是，理所当然地认为所选的关键词是相关法域最标准的表述，实际上则不然，因而导致我们常常检索不到想要的结果。最常见的是查找台湾地区的法规信息，如查找有关知识产权的相关法律规定，选取"知识产权"作为关键词，但在我国台湾地区的法律专业数据库中无论如何也找不到，因为在我国台湾地区，相应的关键词表述应为"智慧财产权"。又如我们在查找国外有关优质（战略）矿产资源的立法时，如果将"优质和战略"直译成"good and strategic"，肯定找不到结果。〔1〕这时就需要借助权威法律词典，如在线元照英美法词典、Westlaw 的 Black's \ Thesaurus、Google（或谷粉搜搜）和维基百科等查阅已有文献的表述，或者浏览 Westlaw 和 Lexis 的自然语言检索结果搜寻关键词的标准表述。

同时，如果关键词不止一个，我们在检索时便需要注意二者之间的逻辑关系，一般数据库默认为同时出现在文档选定的位置，如两个关键词同时出现在文章的标题部分。具体介绍详见本书技能训练篇。

三、选择数据库

法学研究者在着手检索时常常会遇到不知道到哪儿去找相关信息的问题。他们希望法律数据库能超越 Google 和百度，在一个检索框中输入关键词，就可以将所有信息一网打尽。数据库开发商们也绞尽脑汁想把法律数据库整合在一个平台上，如国内外的很多发现系统都正尝试着做到这一点。从目前的研究进展来看，发现系统对电子书和论文检索还是不错的，但还未能将法律法规（成文法、法条）、司法案例、判例等有效地发现出来，因此，对法学专业数据库有一个大致了解还是非常必要的。

国内外法律专业数据库收录的内容各有特色，有的又互相交叉，明确数

---

〔1〕　后通过对 Westlaw 和 Lexis 中的自然语言检索结果相关文献的关键词和摘要的阅读，找到这里的"优质和战略"应翻译成"rare \ vital \ basic"。

据库的大致收录情况，就可以结合课题的目的和要求确定必查或重点查找的数据库。笔者根据法律文献的特点和法学研究者的研究习惯，将首选的数据库归纳如下：表中未注明的为数据更新到当前的全文数据库，表中涉及的数据库基本为法律商业数据库，而对于免费法律资源笔者在文后中会有详细介绍。

语种	文献（信息）类型	首选数据库
中文	法律法规	北大法宝
	司法案例	北大法宝
	法学期刊论文	知网、万方
	法学交叉学科期刊论文	维普
	博硕学位论文	知网、万方
	法学电子书	读秀知识库
	国内法学核心期刊索引	CSSCI（文摘索引库）
	台湾地区"法律"信息	月旦（法学）知识库
	新闻报道	慧科搜索
	统计数据	中国资讯行
英文	法律法规（成文法）	Westlaw、Lexis
	判例	Westlaw、Lexis
	法学期刊论文	HeinOnline、 Westlaw、 Lexis、Jstor（创刊号至 3－5 年前）
	法学交叉学科期刊论文	Ebsco
	博硕学位论文	PQDT、OCLC（WorldCat Dissertations）
	法学电子书	Westlaw、Lexis、MyiLibrary
	百科全书	维基百科、Westlaw、Lexis、International encyclopedia
	中国法规、案例英文译本	北大法宝、律商网、Westlaw China
	布莱克法律词典	Westlaw
	全球法学核心期刊索引	Web of Science——SSCI（文摘索引库）

续表

语种	文献（信息）类型	首选数据库
德文	法律法规、法典	Jurion、Beck – online
	判例、期刊论文、教科书	Beck – online
日文	法律法规、判例、期刊论文	Lexis Japan、Westlaw Japan

四、选择字段（检索范围）

字段在数据库中对应的英文表述有"field"或"segment"，可以理解为"检索字段"，即将一篇文档分成若干部分，如标题、摘要、作者信息、全文等。选择字段实际上就是选择课题关键词在整个文档中出现的位置，如希望课题关键词在一篇论文的标题部分出现，就要选择相应的字段（如下图所示）。

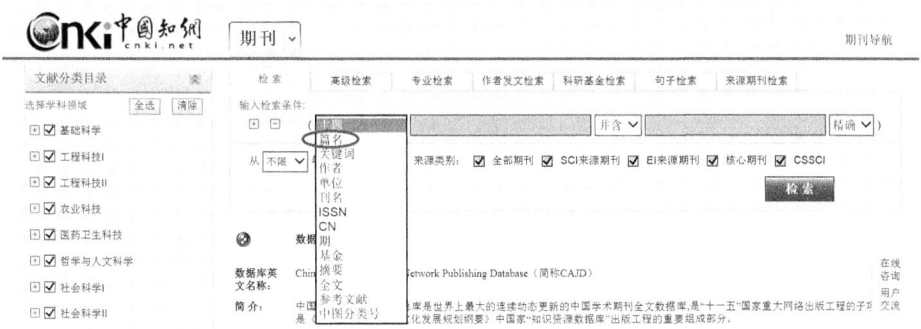

字段也被可以理解为是在数据库中检索的限制条件，字段选择的不同，可以扩大或者缩小检索范围。最常用的检索字段有标题、作者（著者）、摘要、主题（包括篇名、关键词、摘要，课题关键词在一篇文档的这三个部分的任一部分出现都可以被检索出来），常用字段大多数情况下能够帮助找到和课题相关的材料。有时用课题关键词在常用字段里检索都没找到合适结果，还会用到全文检索，全文检索需要观察该数据库是否同时提供了限制"词频"的功能，避免产生很多不相关的检索结果。如中国知网、Heinonline 和 Westlaw 都提供了全文检索加"词频"的功能（如下图所示）。

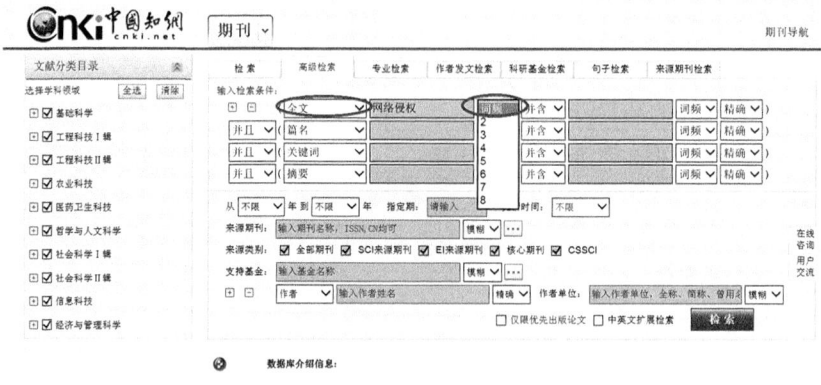

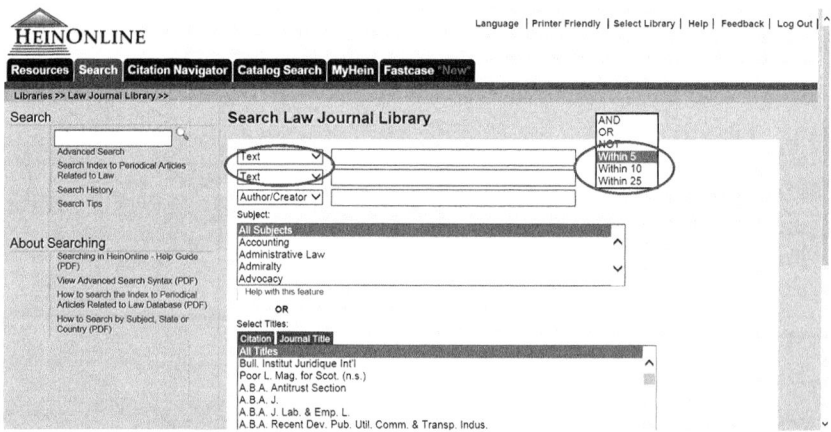

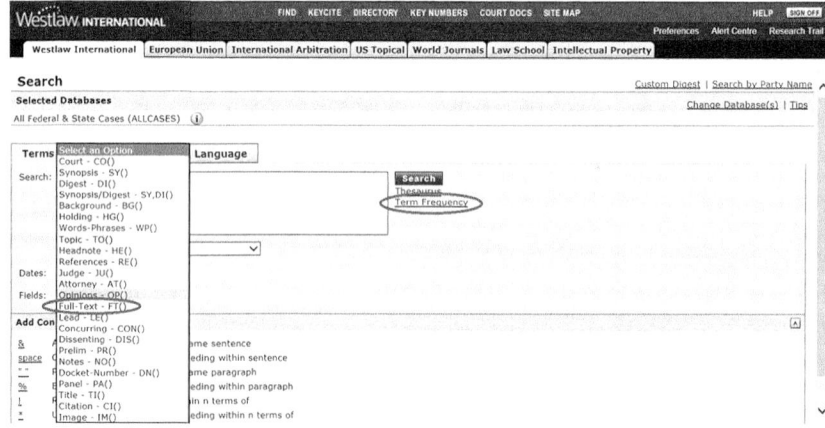

中文法律信息的检索字段比较容易选择，外文数据库字段对应的中文意思归纳为下表[1]。

字段名称	中文意思	对应数据库
title/name	标题	通用
author/creator	作者/著者	通用
abstract	摘要	通用
keywords	关键词	通用
journal name	刊名	通用
（full）text	全文	通用
source	来源	通用
description	摘要或关键词	Heinonline
subject terms	摘要或关键词	Ebsco
caption	标题或主题	Jstor
citation*	引证号或引称号	Westlaw、Lexis
court	主审法院	Westlaw、Lexis
judge（s）	主审法官	Westlaw、Lexis
opinion（s）	主审法官意见	Westlaw、Lexis
headnote（s）	涉及一个或多个法律问题	Westlaw、Lexis
attorney	辩护律师	Westlaw
counsel	辩护律师	Lexis
holding	判决	Westlaw
decision/outcome	判决	Lexis
synopsis	同时包含案件的事实和判决部分	Westlaw
digest	摘要（即对案件涉及的一个或多个法律问题的表述）	Westlaw
keynumber**	钥匙码	Westlaw

---

[1] 对应情况参照各法律专业数据库网站检索页面。

字段名称	中文意思	对应数据库
core - terms	关键词	Lexis
summary	摘要	Lexis

＊ Citation：为援引方便，判例、期刊论文、法律法规的编纂部门给特定文献的一个编号。比如一篇判例同时被三个不同的汇编机构汇编，这篇判例就会有三个 Citation，任选一个 Citaion 都能快速找到判例全文。

＊＊ Keynumber：美国法院系统和 west 公司研发的一套法律分类体系，将所有的法律分为 400 个法律主题（legal topics），逐级细分，到最底层共有 10 万多个法律内容（legal concept），每个法律内容对应一个钥匙码。

五、检索结果评价

在完成了上述分析课题、选取关键词、选择数据库和字段几个步骤后，便可进入查看检索结果阶段，检索结果有多有少、甚至为零。这时，我们通过如下几个方面来评价检索结果。

首先，通过一些小工具判断相关的检索结果是不是最新的，如对于中文法律法规可以通过北大法宝查看该法是否现行有效；中文司法案例可以结合北大法宝和"慧科搜索数据库"浏览案例的进展；外文法律法规和判例可以通过 Westlaw 的 Keycite 功能、Lexis 的 Shapedize 功能来判断法律法规和判例的效力问题。此外，还可以利用一些网站的推送功能，Westlaw 和 Lexis 的 a-lert 功能可以对特定法律主题进行定制，这样系统就可以定期将该主题的最新进展信息发送到指定邮箱。

其次，关注课题相关法律信息的来源，转载的信息一定要找到原始出处，有多个来源的则需注意选择其中比较权威的。如某学者的参会论文既在法学专业数据库电子期刊上刊登，又在会议组织网站和个人博客上发表，要优先选择数据库电子刊刊登的版本，因为这些付费的商业数据库大多都会经过严格的审查程序才会收录某一文献。如果都是免费网络资源，则要看清楚这些网站地址的后缀，优先选择以 gov 结尾的政府网站，其次是以 org 结尾的学术组织，知名学者的个人博客中的信息也可以参考。

再次，在检索非常具体的一个问题中的有关方面、一个或一组数据时，为了保证准确，除了上述几点要考虑，我们还要将检索到的信息放到特定的语境中进行对比观察，运用常识判断是否准确。如检索到 2013 年全国有关部门的信访总量数据，和已知的前几年数据相比有了明显的下降（前几年信访总量稳定上升），这就需要对检索到的 2013 年的数据持怀疑态度。而通过对信访的进一步检索便可发现，2013 年 5 月我国政法委信访改革指出涉法、涉诉信访将一律改由政法机关处理〔1〕，打消了疑虑，我们便可以放心地使用 2013 年的数据了。

最后，检索了很多文献，该如何判断是不是查全了，进而应该在什么时候结束这项工作？如果在筛选检索结果时不断看到案例或判例引用同样的法律法规（判例法国家可能是有约束力的判例），或绞尽脑汁穷尽了课题的关键词及其同义词（近义词），检索到的相关文献总是重复出现，便可以停止检索了。反之，如果查询结果出入很大，则需要审视前述几个环节，分析原因，进一步查找。对于检索不到任何结果的，则需要变换检索关键词和修正检索方式，从头再来。法律文献检索是一项反反复复的过程，无怪乎国外称其为"Legal Research"，真的是"re – search"的过程，需要耐心和技巧。

---

〔1〕　而根据信访部门统计，目前我国每年的信访总量中，涉法、涉诉信访量占 70% 左右。参见"政法委信访改革：涉法涉诉信访由政法机关处理"，载《南方都市报》2013 年 5 月 27 日。

一次法律资源检索技能

一次法律资源，又叫原始法律资源，是指有法律约束力的资源，如法律法规、法条、成文法、判例法国家有法律约束力的判例。

第一节　中外法律法规（成文法）检索

法律法规或成文法是法学研究必不可少的一手资料，除了专业的法律信息数据库外，一些政府机构和相关组织网站也会定期发布和收藏。以下，笔者将以北大法宝、Westlaw International 和 Lexis. com 为例，介绍法律法规或成文法的常用检索方法。

一、利用"北大法宝"法律法规库检索国内法律法规

北大法宝收录了自 1949 年至今的全部法律法规，包括中央法规司法解释、地方法规规章、合同与文书范本、港澳台法律法规、中外条约、法律动态等，帮助用户及时了解最新的法律法规动态。[1]北大法宝法律法规检索比较简单，方法如下。

以检索"矿产资源"相关立法为例。

进入"北大法宝"首页（如下图），默认"法律法规"库检索，[2]在检索框输入关键词"矿产资源"，点击右侧"检索"键。（默认检索范围是"标题"和"中央法规司法解释"）

---

〔1〕 "北大法宝产品与服务介绍"，载 http://www. pkulaw. cn/help/index. html? item = SYZN，访问日期：2015 年 2 月 19 日。

〔2〕 如需其他法律法规，如"地方法律法规"，可直接点选。

检索结果页面（如下图）共有273条记录按照相关立法的效力级别排序。比如，选中"法律"项下第2条"中华人民共和国矿产资源法（1996修正）"〔1〕。

〔1〕 点击该条右侧"English"键，可查看该部法律的英文译本。北大法宝——英文译本检索系统（http://en.pkulaw.cn）提供中国法律法规、案例、中外税收协定等重要法律信息的英文译本。所有英文译本均与中文法律文本相对照，且提供多种文件下载模式。

　　进入该条全文页面（如下图）可查看它的时效性、变更情况和变迁史，点击页面右上角或该部法律标题下方的"法宝联想"项下的相关链接，可查看该部法律的立法背景、相关法律法规、案例和期刊论文等。

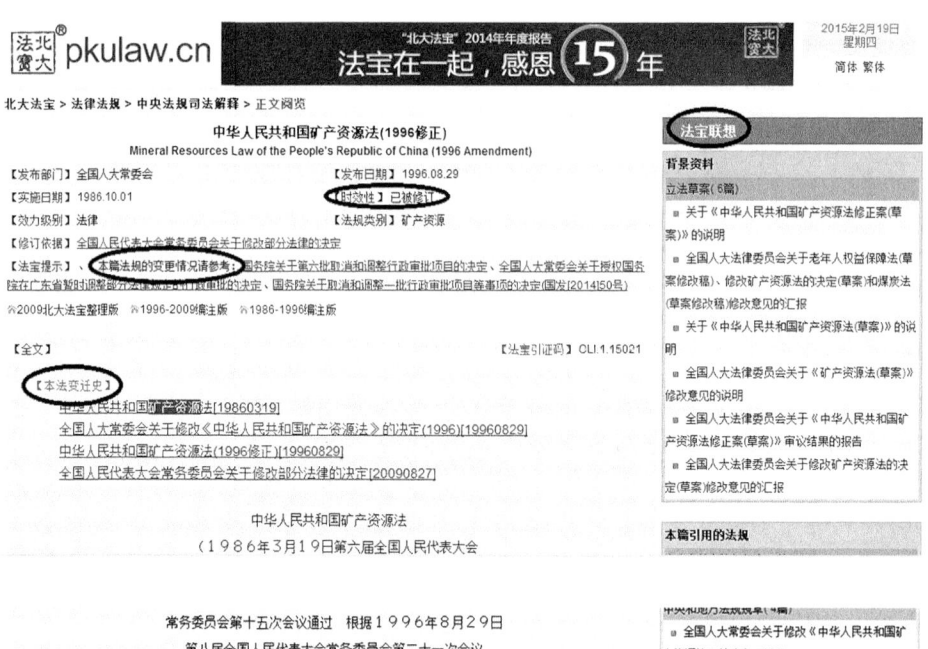

　　点击某一条下方的"法宝联想"相关链接，可查看该条的相关文献信息（如下图）。

法学期刊约4篇 修订沿革 ）

第二条　在中华人民共和国领域及管辖海域勘查、开采矿产资源，必须遵守本法。

 地方法规规章约1篇 高法公报案例约1篇 案例与裁判文书约6篇 法学期刊约1篇 修订沿革 法学文献约2篇 ）

第三条　矿产资源属于国家所有，由国务院行使国家对矿产资源的所有权。地表或者地下的矿产资源的国家所有权，不因其所依附的土地的所有权或者使用权的不同而改变。

国家保障矿产资源的合理开发利用。禁止任何组织或者个人用任何手段侵占或者破坏矿产资源。各级人民政府必须加强矿产资源的保护工作。

勘查、开采矿产资源，必须依法分别申请、经批准取得探矿权、采矿权，并办理登记；但是，已经依法申请取得采矿权的矿山企业在划定的矿区范围内为本企业的生产而进行的勘查除外。国家保护探矿权和采矿权不受侵犯，保障矿区和勘查作业区的生产秩序、工作秩序不受影响和破坏。

从事矿产资源勘查和开采的，必须符合规定的资质条件。

审议的代表提出的议案审议结果的报告
- ▣ 关于第十一届全国人民代表大会第四次会议代表提出议案处理意见的报告
- ▣ 中华人民共和国刑法修正案(八)
- ▣ 全国人民代表大会环境与资源保护委员会关于第十一届全国人民代表大会第三次会议主席团交付审议的代表提出的议案审议结果的报告

行政法规（26篇）
- ▣ 国务院办公厅关于印发国务院2013年立法工作计划的通知
- ▣ 国务院关于土地管理和矿产资源开发利用及保护工作情况的报告
- ▣ 国务院关于第六批取消和调整行政审批项目的决定
- ▣ 国务院关于印发全国海洋经济发展"十二五"规划

二、利用 Westlaw International 法律在线数据库检索国外成文法

Westlaw 是国际领先的法律检索数据库。作为汤姆森法律法规集团旗下的一个产品，从 1975 年发布以来，Westlaw 日益成为世界上最大的法律专业人士使用平台。目前，Westlaw 提供约 3.2 万个即时检索数据源，其中包含判例、法律法规、法学期刊、法律专著、词典、百科全书、法律格式文书范本以及法律新闻，覆盖几乎所有的法律学科。

Westlaw International 收录的法律条文，其中主要包括美国联邦和州法（1789 年至今）、英国成文法（1267 年至今）、欧盟法规（1952 年至今）、我国香港地区（1997 年至今）和加拿大的法律法规，[1] 以及国际条约（主要为美国、欧盟作为成员方的条约，以及部分英国缔结的条约）[2]。

在 Westlaw International 中检索成文法有多种路径和方法，具体使用哪一种方法取决于我们开始检索时掌握的已知信息，已知信息不同检索的方法和路径也不同。

（一）已知成文法的引证号（引称号，Citation）[3] 检索其全文

以查找引证号为"Pub. L. 107 - 204"的成文法为例。

具体方法：进入 Westlaw International 首页（如下图），在页面左上角"Find by citation"下方检索框输入引证号"Pub. L. 107 - 204"，点击右侧的

---

〔1〕　"Westlaw International 法律在线数据库简介"，载 http://www.lib.ruc.edu.cn/webs/res_ resourcesGet.action？idd=127，访问时间：2015 年 2 月 19 日。

〔2〕　关于国际条约的检索可参考联合国或欧盟等组织的官方网站，详见本书第四章第二节免费网络法律资源检索。

〔3〕　关于引证号的含义和用法详见本书第四章第四节美国法律资源检索。

"Go"键。

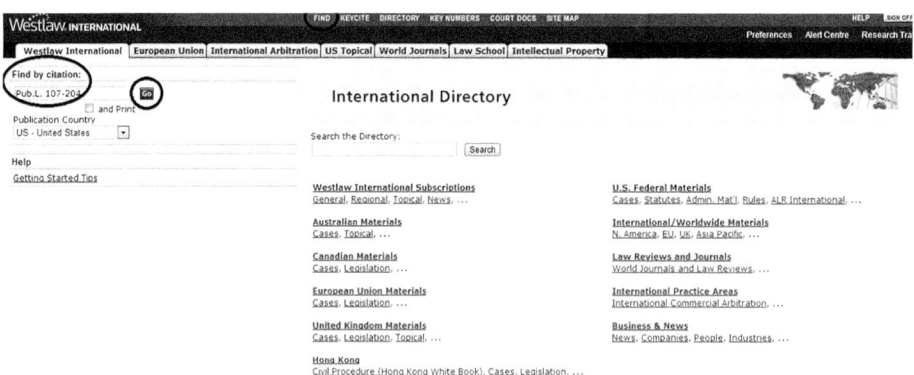

　　或点击上图首页最上方的"Find"键，在打开的次级页面（如下图）的左上角的"Enter citation"下方的检索框中输入引证号"Pub. L. 107 – 204"，点击右侧的"Go"键。

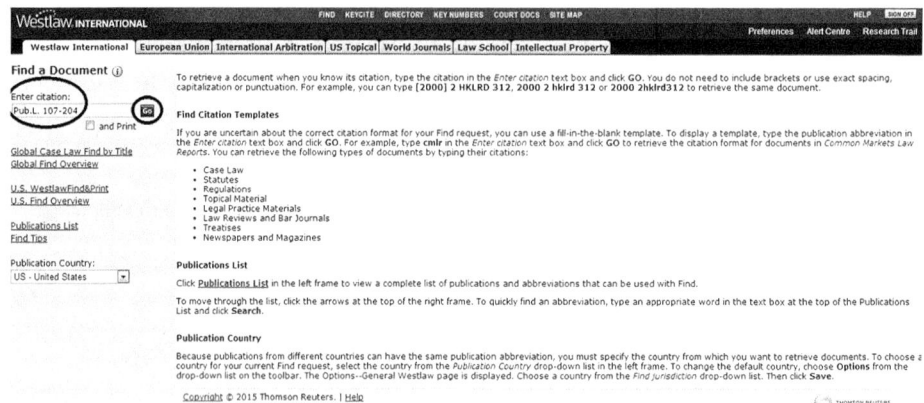

　　上述两种方法可以一键找到引证号为"Pub. L. 107 – 204"的成文法全文（如下图），点击页面右上角的向下箭头可下载全文；选择页面左侧的"ResultsPlus"项可查看该部成文法相关的文献，如法律百科全书等；选择页面左下角的"Legislative History"可查看该部成文法的立法史。

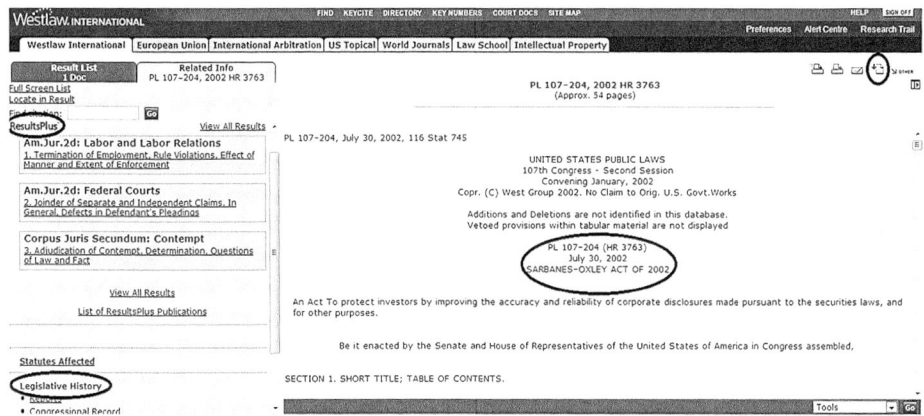

（二）已知某成文法的名称检索其全文

1. 以检索美国的萨班斯法案（Sarbanes – Oxley Act）为例〔1〕

具体方法：进入 Westlaw International 首页（如下图）点击页面右侧的"U. S. Federal Materials"，在打开的次级页面中点击"Federal Statutes"，然后进一步在打开的次级页面中点击"U. S. C. A. Popular Name Table"子库。〔2〕

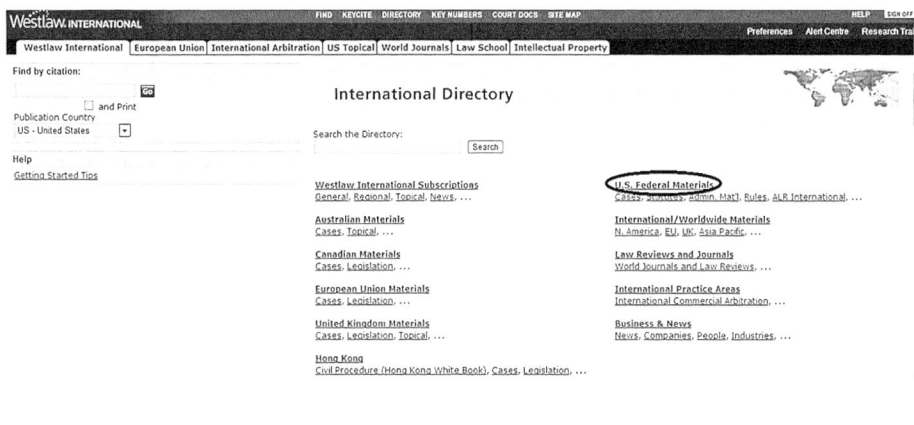

〔1〕　准备检索时如只知道该法案的中文名称，则可利用 Coogle、谷粉搜搜或维基百科获取它的英文名称的准确表述，再开始检索。

〔2〕　如果对"U. S. C. A. Popular Name Table"子库的名称比较熟悉，也可以在 Westlaw International 首页用"数据库唤出法"直接找到该子库，"数据库唤出法"详见本书第四章第四节美国法律资源检索。

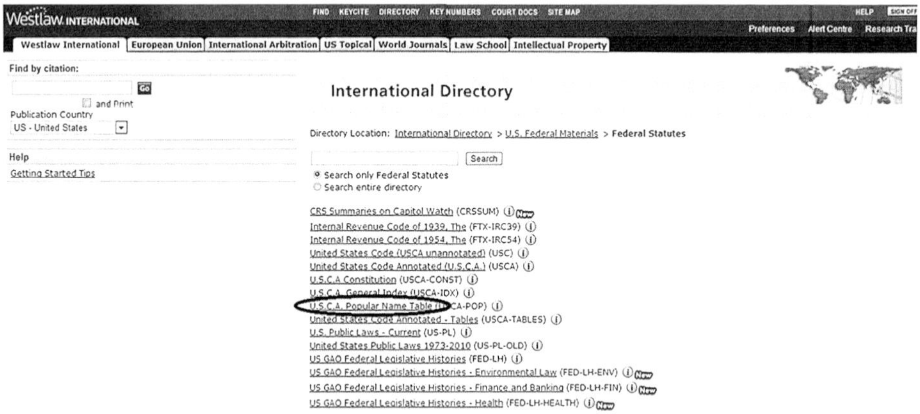

进入"U. S. C. A. Popular Name Table"子库首页后，有三种方法可以找到萨班斯法案。

方法一：目录浏览法。[1]点击"U. S. C. A. Popular Name Table"子库首页右上角的"Table of Contents"（如下图），在打开的次级页面可看到按照成文法通俗名称首字母排序的列表，点击字母"S"前面的"＋"，在弹出的列表中找到"Sarbanes－Oxley Act of 2002（Public Company Accounting Reform and Investor Protection Act）"，点击此链接可以查看该法案（法典化的形式）。

---

[1]　目录浏览法查找成文法的详细介绍见本书第四章第四节美国法律资源检索。

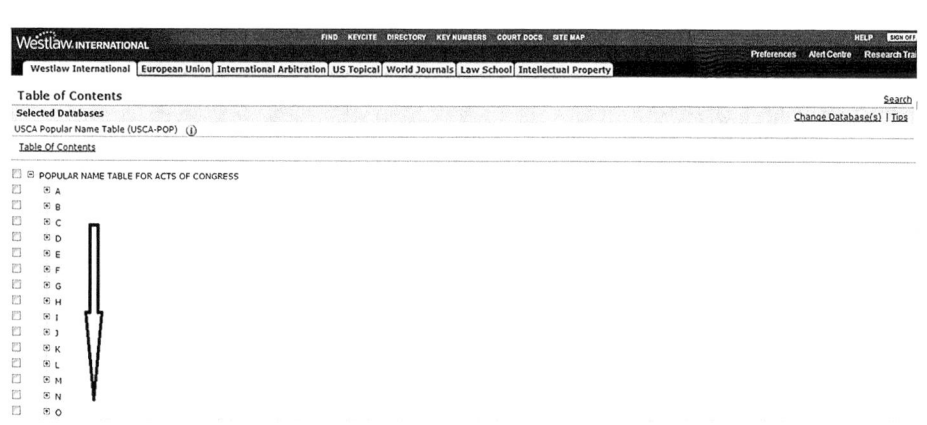

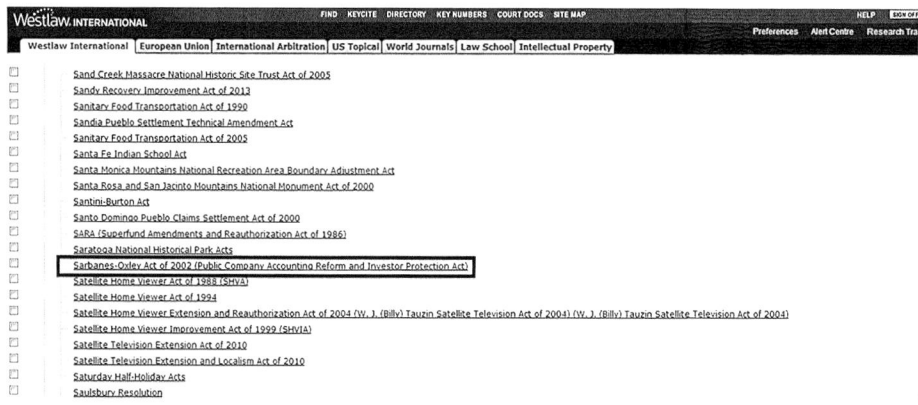

Sarbanes-Oxley Act of 2002 (Public Company Accounting Reform and Investor Protection Act)

Sarbanes-Oxley Act of 2002 (Public Company Accounting Reform and Investor Protection Act)

United States Code Annotated
Popular Name Table for Acts of Congress

Sarbanes-Oxley Act of 2002 (Public Company Accounting Reform and Investor Protection Act)
Pub. L. 107-204, July 30, 2002, 116 Stat. 745
Short title, see 15 USCA § 7201 note

Current USCA classifications:

Section of Pub.L. 107-204	USCA Classification
2(a)	15 USCA § 7201
3	15 USCA § 7202
101	15 USCA § 7211
102	15 USCA § 7212
103	15 USCA § 7213
104	15 USCA § 7214
105	15 USCA § 7215
106	15 USCA § 7216
107	15 USCA § 7217
108	15 USCA § 7218
109	15 USCA § 7219
110	15 USCA § 7220
201(b)	15 USCA § 7231
207	15 USCA § 7232
208	15 USCA § 7233
209	15 USCA § 7234

上图显示该法案颁布之后被法典化了，因此被拆分成具体的条款，按照不同主题分布在联邦法典（USC）的各个章节中。如要查看该法案全文，需点击上图页面左上角的"Pub. L. 107－204"链接，打开次级页面（如下图），可查看全文，点击页面右上角向下箭头，可下载全文。

PL 107-204, 2002 HR 3763

PL 107-204, July 30, 2002, 116 Stat 745

UNITED STATES PUBLIC LAWS
107th Congress - Second Session
Convening January, 2002
Copr. (C) West Group 2002. No Claim to Orig. U.S. Govt.Works

Additions and Deletions are not identified in this database.
Vetoed provisions within tabular material are not displayed

PL 107-204 (HR 3763)
July 30, 2002
SARBANES-OXLEY ACT OF 2002

An Act To protect investors by improving the accuracy and reliability of corporate disclosures made pursuant to the securities laws, and for other purposes.

Be it enacted by the Senate and House of Representatives of the United States of America in Congress assembled,

SECTION 1. SHORT TITLE; TABLE OF CONTENTS.

<< 15 USCA § 7201 NOTE >>

(a) SHORT TITLE.—This Act may be cited as the "Sarbanes-Oxley Act of 2002".
(b) TABLE OF CONTENTS.—The table of contents for this Act is as follows:

方法二：自然语言检索法。[1]点击"U. S. C. A. Popular Name Table"子库首页左上方"Natural Language"（如下图），并在打开的次级页面检索框输入关键词"Sarbanes－Oxley Act"，点击右侧的"Search"键。

---

[1] 自然语言检索法详见本书第四章第四节美国法律资源检索。

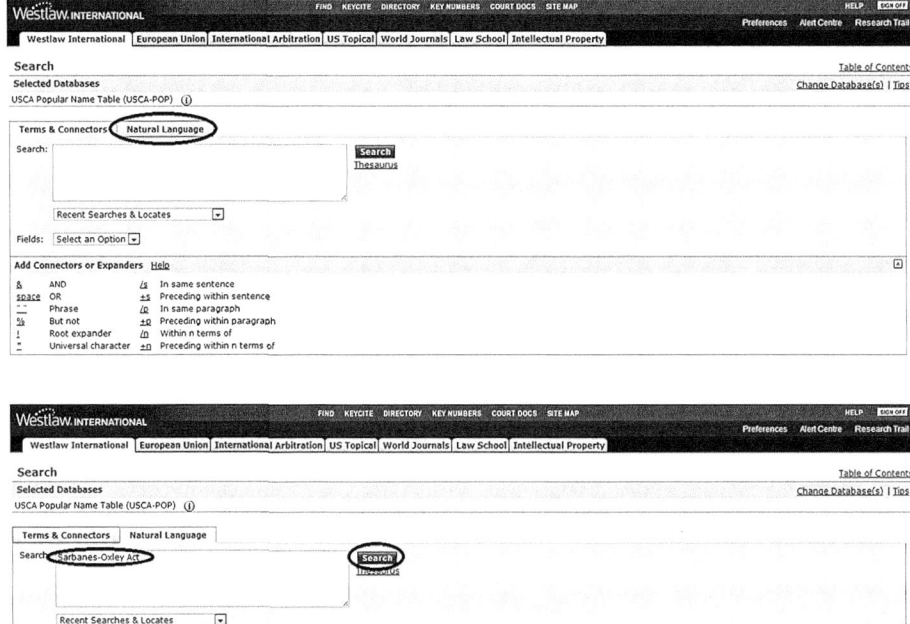

检索结果页面（如下图），共有 100 条按照相关度排序的记录，第 1 条即为萨班斯法案，点击页面法案名称下方的"Pub. L. 107 – 204"链接，可以查看和下载该法案全文。

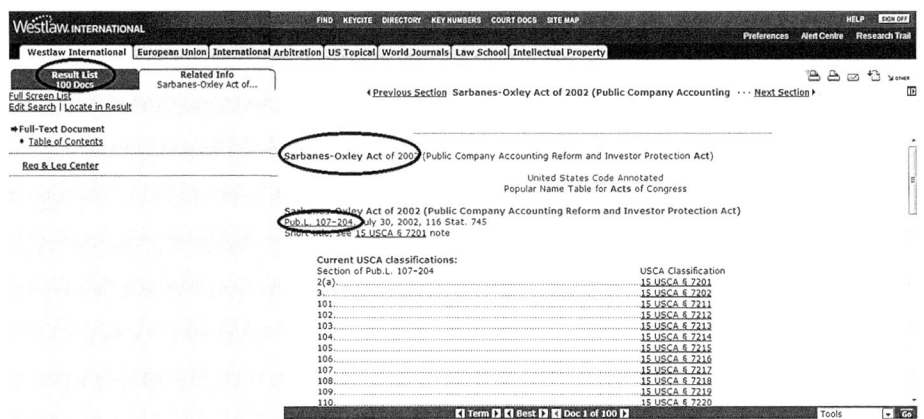

方法三：术语和连接符检索法。点击"U. S. C. A. Popular Name Table"子

库首页左侧的"Fields"旁边的"Select an Option"的下拉菜单（如下图），选择"Caption – CA（）",[1]并输入关键词"Sarbanes – Oxley Act"（为避免检索时关键词被拆分开，需要加引号引起来），点击页面"Search"键。

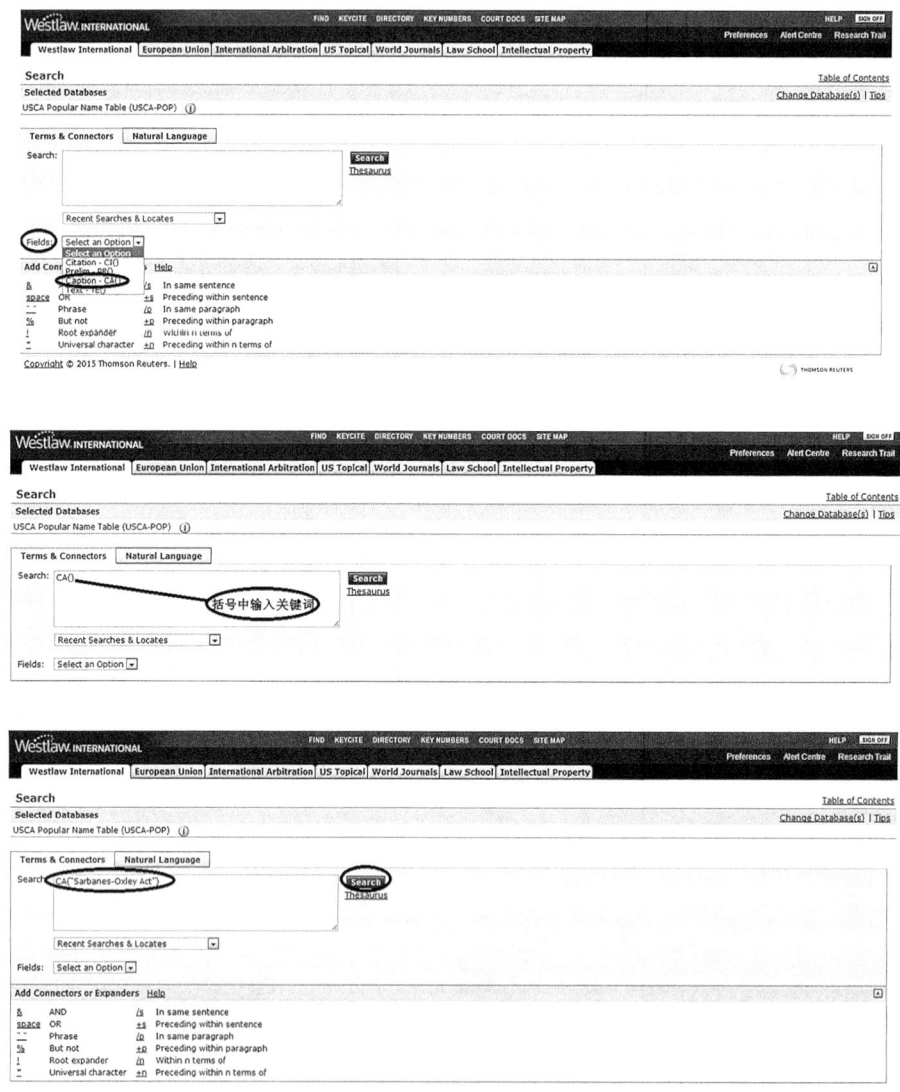

---

[1] 选择关键词出现在成文法的标题位置"Caption – CA（）"，可以保证检索到相关的结果，关于术语和连接符检索中字段的选择和应用详见本书第四章第四节美国法律资源检索。

　　检索结果页面，如下图，可看到萨班斯法案被法典化的形式，点击页面法案名称下方的"Pub. L. 107 – 204"链接，可查看或下载法案全文。

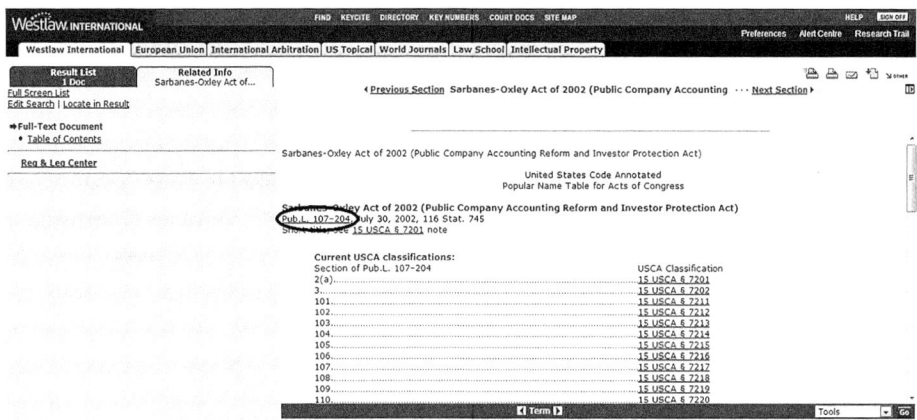

　　以上已知某成文法的名称查找其全文的几种方法都需要先找对相应的子库，检索美国联邦成文法的常用子库，除上述"U. S. C. A. Popular Name Table（USCA – POP [1]）"（美国法典通俗名称索引）外，还包括"United States Code（USC）"（美国联邦法典）、"United States Code Annotated（USCA）"（美国联邦法典注释）、"Code of Federal Regulations（CFR）"（联邦行政法典）等 [2]；查找美国某个州的成文法常用子库包括"Statutes Annotated – Individual States & U. S. Jurisdictions"（各州成文法注释合集）、"Statutes Unannotated – Individual States & U. S. Juri – sdictions"（各州成文法合集）。欧盟、英国和加拿大成文法子库分别为"EU – LEG"、"UK – ST"、"CANST – ALL"。其他国家成文法子库可按照个别国家查找。

　　"找库"方法 [3] 主要有三种，一是直接在 Westlaw International 首页"Search the Directory"下方检索框输入子库名称；二是直接在首页浏览常用子

---

　　〔1〕　Westlaw 中的 2.7 万多个数据库，每一个都有独特的数据库识别号（database identifier），如"U. S. C. A. Popular Name Table"的识别号是 USCA – POP，在 Westlaw International 首页"Search the Directory"下方检索框输入一个子库的识别号，可以快速找到该库。详见本书第四章第四节美国法律资源检索。

　　〔2〕　USC 和 CFR 分别来自美国联邦立法机关和行政机关。

　　〔3〕　"找库"方法详见本书第四章第四节美国法律资源检索。

库列表，找到相应的地区或国别文件夹后逐级打开次级页面查找；三是点击首页最上方总目录"DIRECTORY"键，在总目录中查找对应的地区或国别。

2. 以查找美国加利弗尼亚州民事诉讼法典为例

假如开始检索时不清楚美国加利福尼亚州民事诉讼法典的准确英文表述，可以利用翻译软件或维基百科，找到对应的英文名称，如用 Google 翻译找到民事诉讼法典表述为"CODE OF CIVIL PROCEDURE"。

查找美国各州成文法需要先找到各州子库。有两种方法可以先找到该州成文法子库（先查找 California 成文法子库）：一是进入 Westlaw International 首页（如下图），直接在页面"Search the Directory"下方检索框中输入"California"，点击右侧的"Search"，在打开的次级页面中选择"California Statutes – Annotated"（加利福尼亚州成文法注释）。

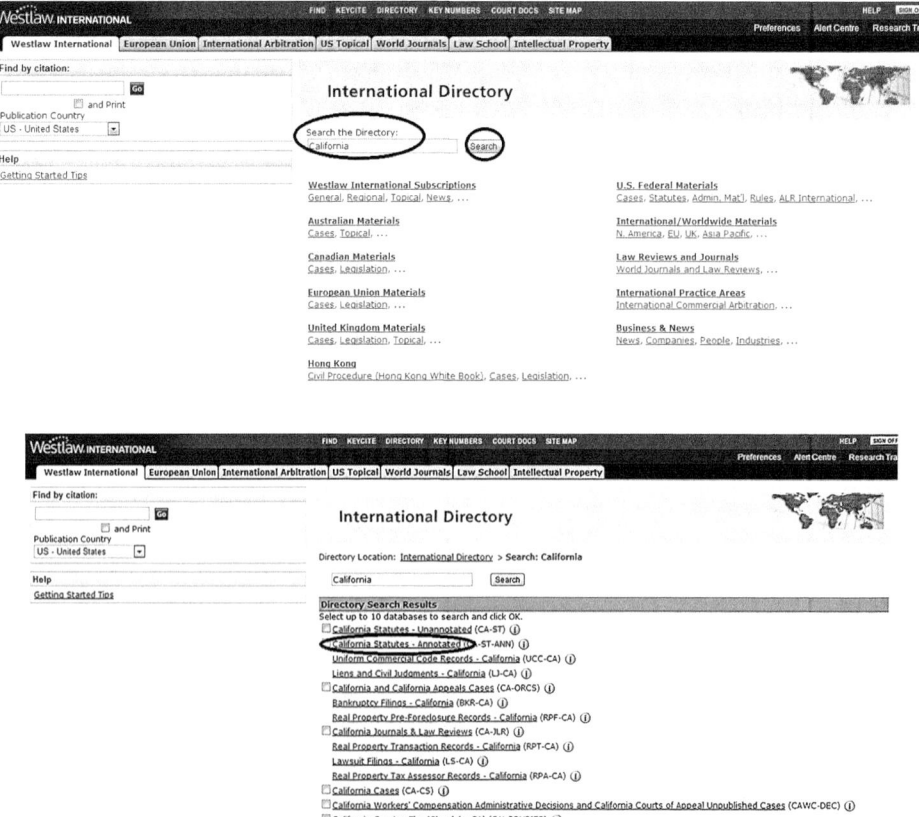

　　二是进入 Westlaw International 首页（如下图），点击页面最上方的"Di-rectory"，在逐级打开的页面分别选择"U. S. State Materials"、"Statutes & Legislative Services" 和 "Statutes Annotated – All States"。

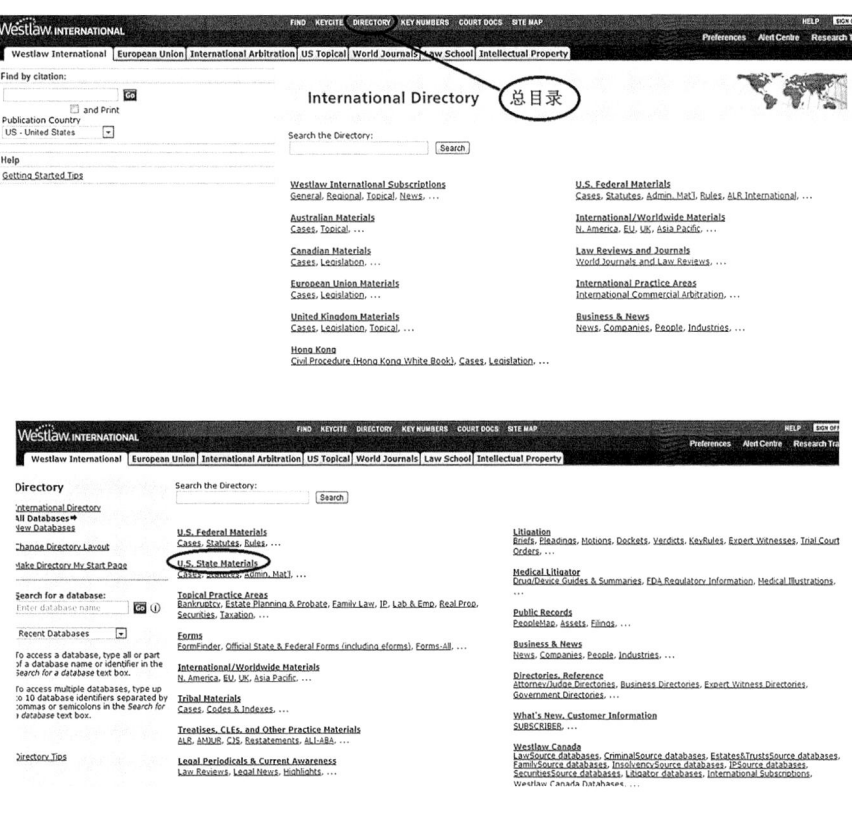

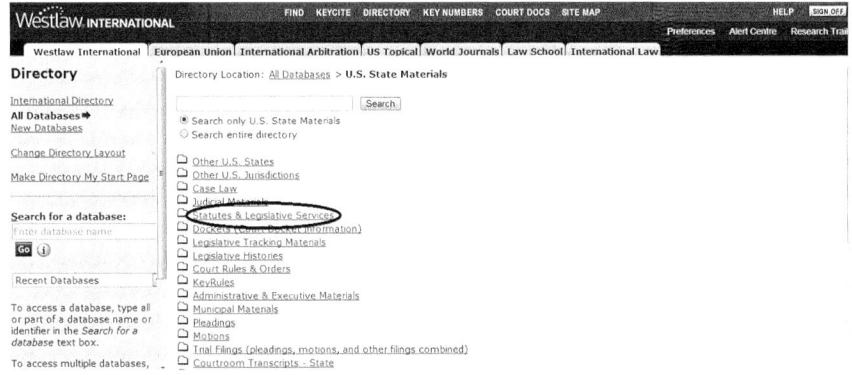

进入"Statutes Annotated – All States"页面（如下图），点击页面右上角的"Statutes Index"，在打开的次级页面中选择对应的"California"。

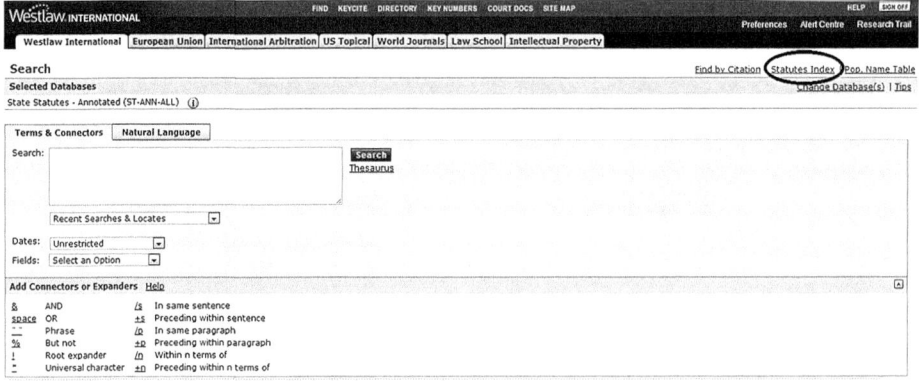

进入"California Statutes – Annotated（CA – ST – ANN）"（加利福尼亚州成文法集）（如下图），可查看该州的成文法列表，按照成文法名称首字母顺序找到民事诉讼法典（code of procedure）的全文。

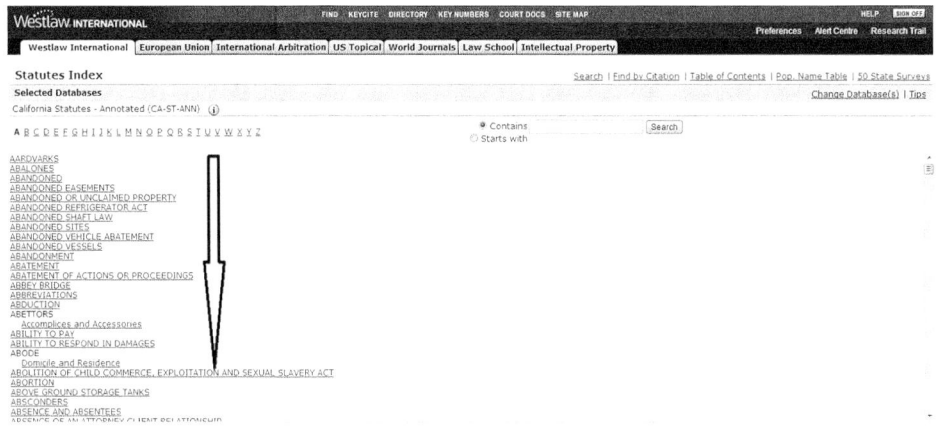

　　特别提示：检索美国成文法应注意的几个事项。

　　有几类美国的法律资料是很多中国高校和政府研究者所感兴趣的，包括示范法（Model Law），统一（Uniform Law）和法律重述（restatements of Law），统一商法典（Uniform Commercial Code /UCC）。由于这些资料本身没有法律效力，只是立法建议，因此没有被收录在有关的成文法数据库中，当查找此类资料时一定要选择好正确的路径。其检索方法与上述成文法检索相同，关键在于找对相应的子库。

　　如查找示范法（Model Law）子库，进入 Westlaw International 首页（如下图），点击页面最上方的总目录"DIRECTORY"，在逐级打开的页面分别点选"U. S. State Materials"、"Model Codes，Restatements & Principles of the Law"。

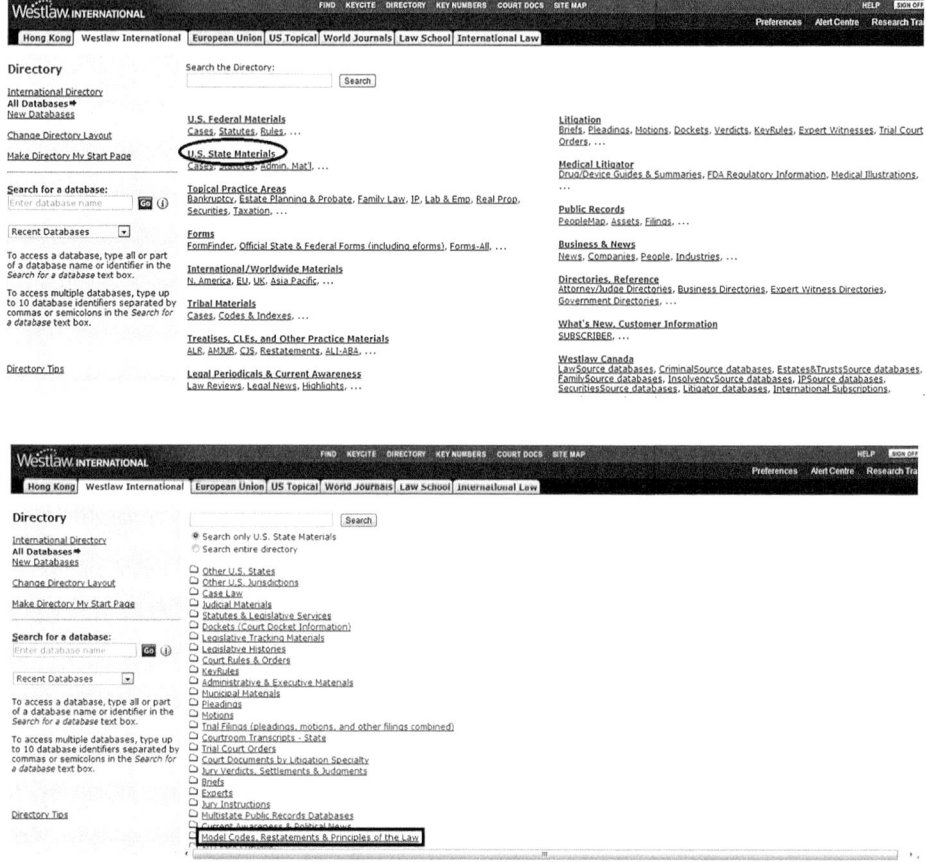

（三）已知成文法的关键词检索其全文

以查找欧盟食品安全（food safety）相关立法为例。

具体方法：首先要找到欧盟成文法子库，有两种方法可选。一是进入Westlaw International 首页，在页面"Search the Directory"下方检索框中输入"eu‑leg"（关键词字母不分大小写）（如下图），直接找到"European Union Legislation"。

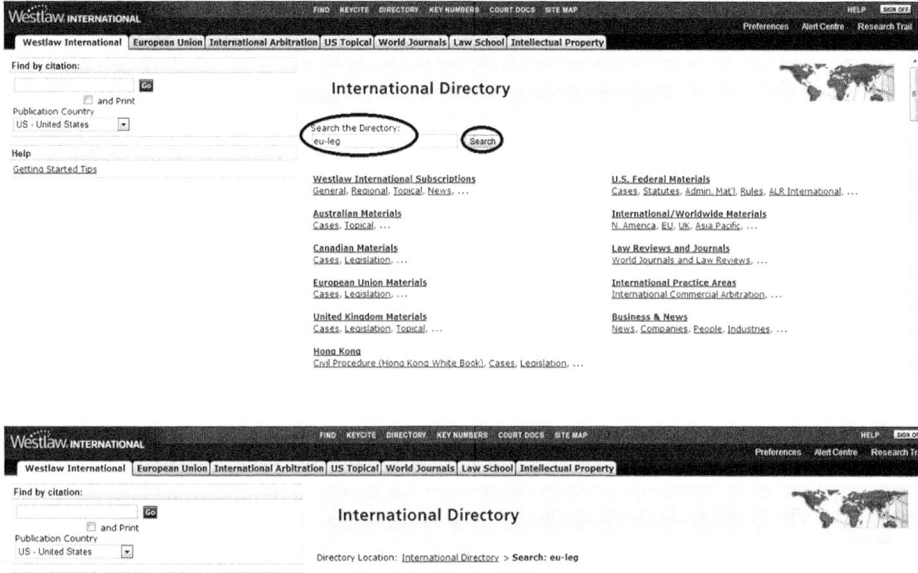

二是进入 Westlaw International 首页（如下图），直接点击页面"European Union Materials"或其下方的"Legislation"，进入"European Union Legislation"（欧盟成文法子库）。

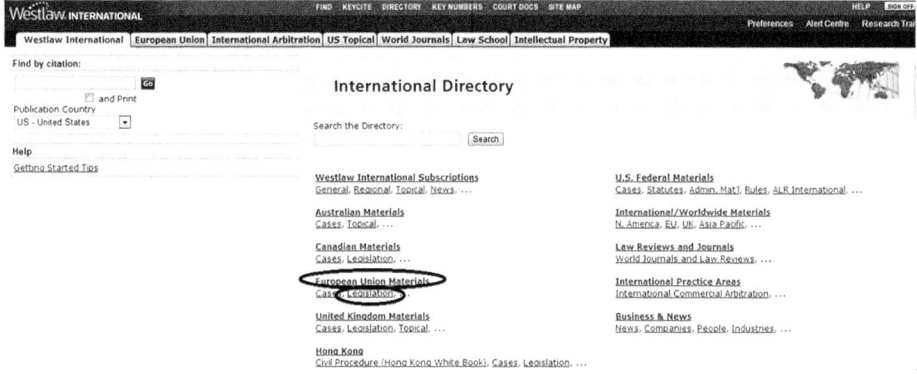

进入欧盟成文法子库后可以通过自然语言或术语和连接符检索。

首先，通过自然语言检索（如下图），点击页面"Natural Language"，在下方检索框中输入关键词"food safety"，点击右侧的"Search"键。

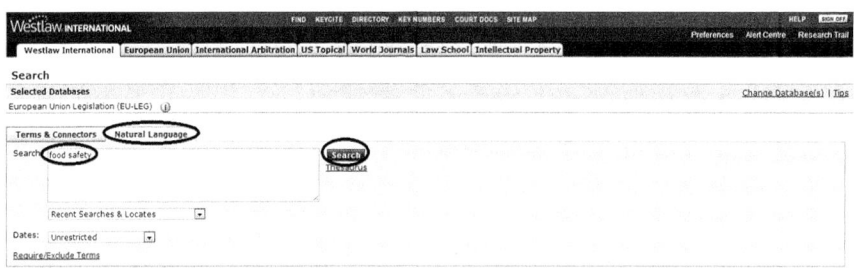

检索结果页面显示（如下图），共100条按照相关度排序的立法记录，点击页面左上角的"Locate in Result"，可以进一步输入限制条件，以缩小检索范围，点击页面右上角的向下箭头可以下载选中的记录全文。

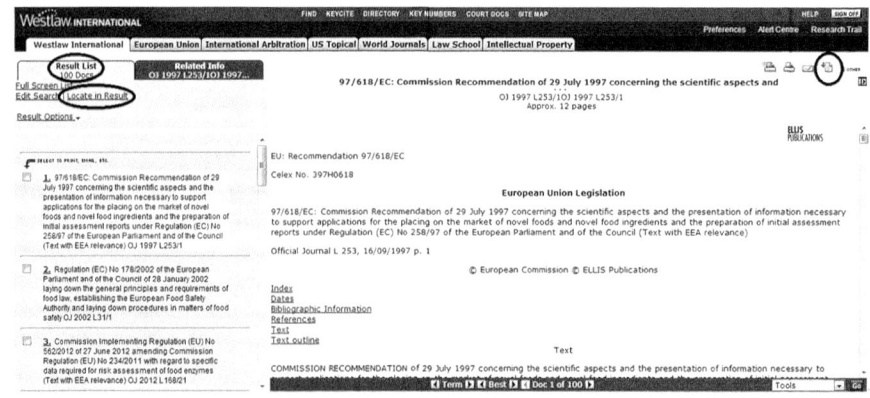

其次，通过术语和连接符检索，进入欧盟成文法子库后（如下图），选择页面左侧的"Felids"旁边的"Select an Option"下拉菜单中的字段，可以确定关键词出现在一部成文法中的位置。如选择并点击"Title - TI（ ）"，会有一个检索式自动跳到上方检索框，在检索式（ ）中输入关键词"food safety"（关键词加引号引起来），点击右侧的"Search"键。

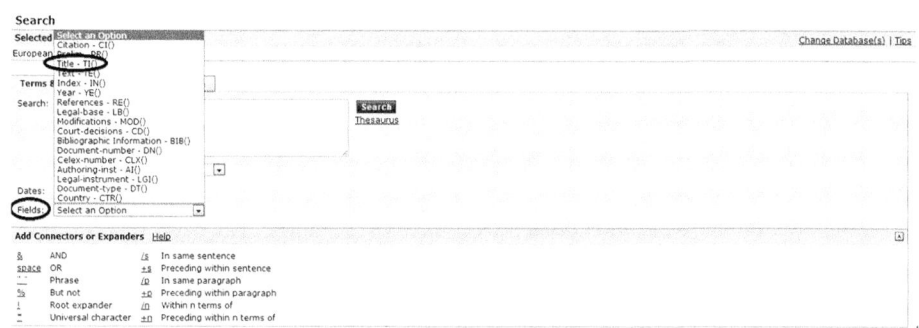

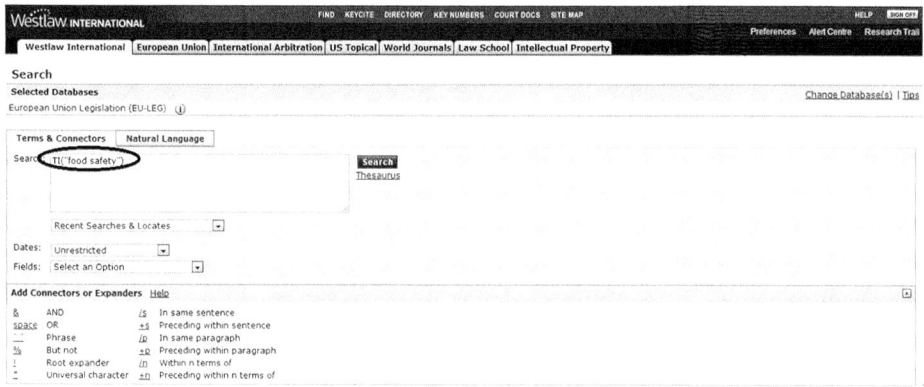

检索结果页面显示（如下图），共有58条记录，点击页面左上角的"Locate in Result"，可以进一步输入限制条件，以缩小检索范围，点击页面右上角的向下箭头可以下载选中的记录全文。

（四）已知成文法国别检索其全文

上述已知成文法的引证号、名称或关键词查找其全文的方法的前提是我们掌握了一些关于该成文法的基本信息。如果仅仅知道成文法属于哪一国家的哪一个法律部门，则可以通过 Westlaw International 首页最上方的"SITE MAP"键功能，逐级浏览成文法目录来查阅或下载全文。[1]

特别提示：其他国家成文法的检索。

其他国家成文法的查找方法与以上美国和欧盟方法相同，也是在找到相应的子库之后，用目录或索引浏览、自然语言检索或术语和连接符检索三种方法。其他国家成文法子库查找方法如下：

进入 Westlaw International 首页（如下图），点击页面中的"International/ Worldwide Materials"，在打开的次级页面选择"Databases Listed Alphabetically by Country or Region"。

---

[1]　通过"SITE MAP"浏览或下载成文法详见本书第四章第四节美国法律资源检索。

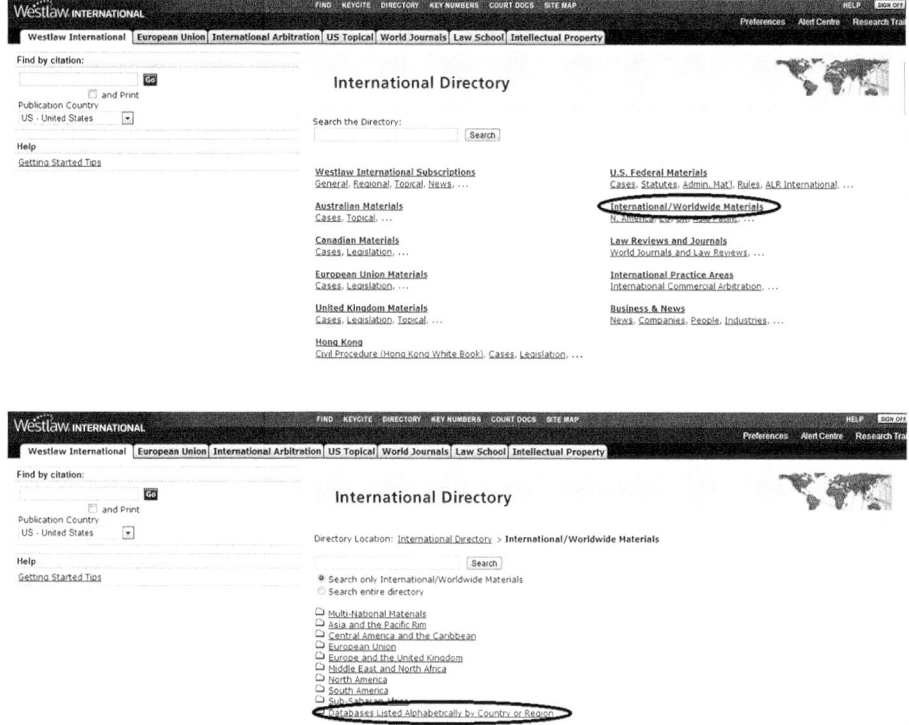

先找到具体国家（如下图），比如澳大利亚，点击该国，选择相应的成文法子库。

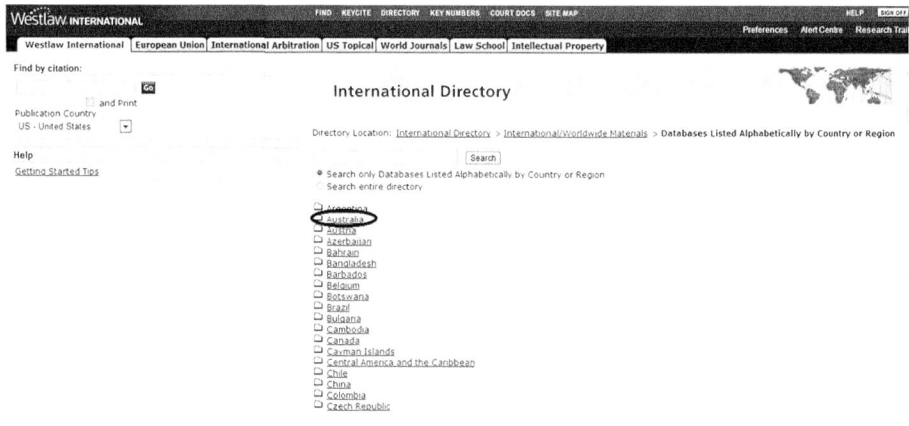

三、利用 Lexis. com 法律信息数据库检索国外成文法

Lexis. com 是全球领先的专业法律信息数据库，专门为法律专业研究人员和律师提供权威的、内容丰富的全球性法律信息。包含 19 000 个数据库、7000 余种法律信息资源。每周更新 1730 万个新文件。

Lexis. com 可以提供世界多个国家的法律法规原文，主要为美国、英国、加拿大等，八十多个国家的法律摘要，以及多个以美国和欧盟作为缔约方的国际条约和协定。Lexis 中常用的成文法子库包括：

美国联邦法律子库"Federal Legal – U. S."，包含案例、美国法典、联邦法规、美国法律公报等各种分类信息。查找国会立法或者政府法规规章一般都在此目录下。

美国各州法律子库"States Legal – U. S."，包括美国 50 个州以及哥伦比亚特区的各类法律资料。在各州的目录下，使用者可以根据分类找到所需要的资源作为检索范围。

各国的法律资料子库"Foreign Laws and Legal Sources"，按照国别或地区分类，包括不同国家的立法、判例、期刊论文等。

各国法律概要子库"International Law Digests"，由 Martindale – Hubbell 与全球各地的律所合作制作的八十多个国家的法律概览，涉及每个国家法律的基本方面，并且每年都会进行更新。[1]

在 Lexis 中查找成文法，主要有三种方法：一是通过目录浏览法查找成文

---

〔1〕 "Lexis. com 介绍详见 Lexis. com 使用指南"，载 http://lib. tsinghua. edu. cn/database/guide/lexis_ manual. pdf，访问时间：2015 年 3 月 16 日。

法全文，二是通过自然语言检索成文法全文，三是通过术语和连接符检索成文法全文。这三种方法都需要先找到相应的子库，详细举例如下：

（一）通过目录浏览检索成文法全文

1. 以检索美国法典"United States Code"为例[1]

具体方法：进入 Lexis. com 首页，点击页面上方的"Legal"（如下图），在打开的次级页面选择"USCS – United States Code Service – Titles 1 through 52"。（点击任一个子库右侧的该项链接，可以查看该库收录的详细内容。）

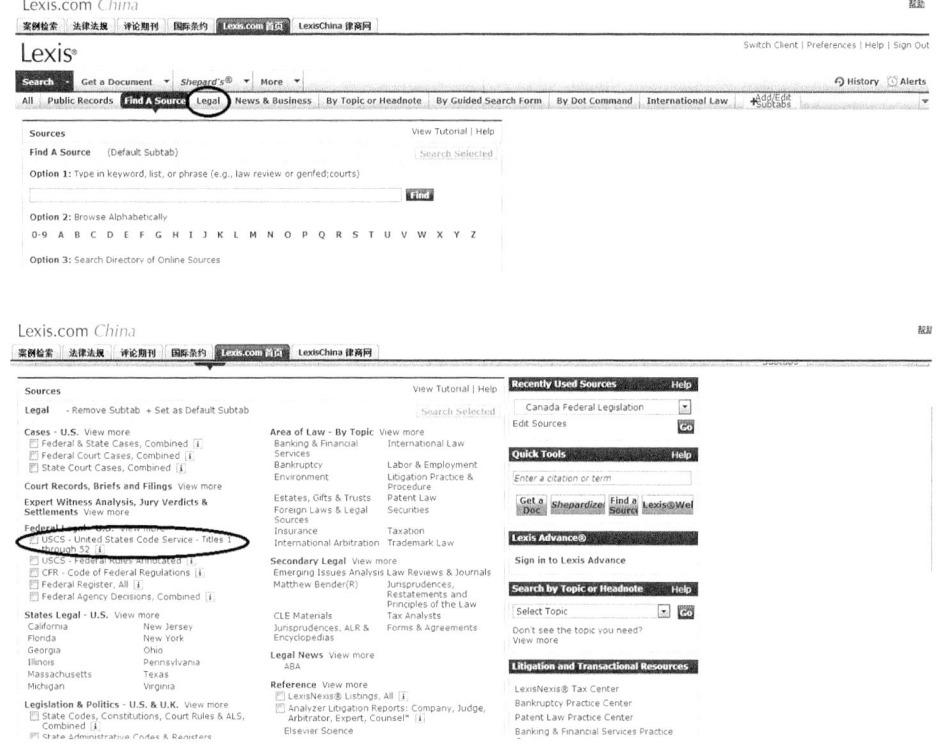

进入法典目录页面（如下图），按照目录选择相关主题。如选择"TITLE 11. BANKRUPTCY"，点击其左侧"＋"号，在打开的目录逐级点选，可查看

---

[1]　美国法典"United States Code"来自美国联邦立法机关，它按照不同法律部门分成了52类主题；还有一个来自联邦行政机关的联邦行政法典"Code of Federal Regulations"。

该部分全文。[1]

〔1〕 除目录浏览法外，还可以通过此页面检索框实现在法典的目录或全文检索相关条文的功能，详见 "Lexis.com 使用指南"，载 http://lib.tsinghua.edu.cn/database/guide/lexis_manual.pdf，访问日期：2013 年 3 月 16 日。

　　进入该部分成文法全文页面（如下图），点击页面右上角小软盘标志可直接下载该部分全文；点击页面上方的"Shepardize®"可查看该部分成文法被其后的判例、成文法或期刊论文引用的情况；页面左下角和右下角则提供了该部分成文法立法史、与条文相关的判例、评论文章等。[1]

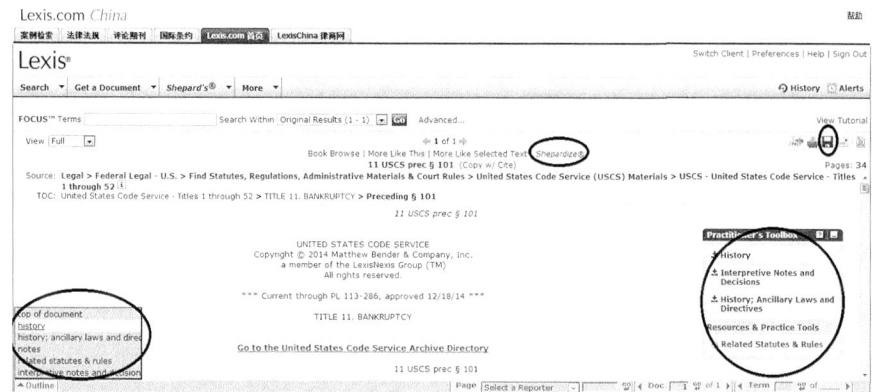

　　2. 以检索美国加利福尼亚州成文法为例

　　具体方法：进入 Lexis. com 中的"Legal"首页（如下图），直接点选页面中美国各州法律子库"States Legal – U. S."下方的"California"，在打开的次级页面中选择加利福尼亚州成文法合集"Find Statutes，Regulations，Administrative Materials & Court Rules"下方的"CA – Deering's California Codes Annotated，Constitution，Court Rules & ALS，Comb"。

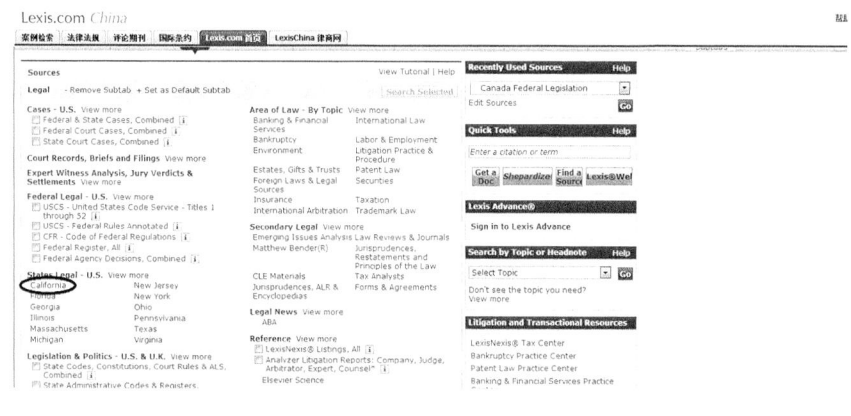

────────

[1]　查看成文法的立法史、相关文献的功能仅限于美国成文法。

　　在打开的成文法列表页面（如下图），点选相关成文法左侧的"＋"号键，可以逐级打开目录查看全文。

（二）通过自然语言检索成文法全文

1. 以检索各国关于青少年犯罪（Juvenile Delinquency）的法律概要为例

　　具体方法：首先要找到各国法律概要子库"International Law Digests"。有两种方法找到该库，一是进入 Lexis. com 的"Legal"首页（如下图），点击页

面 "Area of Law – By Topic"〔1〕下方的 "International Law"，在逐级打开的页面中分别点击 "International Law Digests" 和 "LexisNexis® International Law Digest＊"，进入各国法律概要子库 "International Law Digests" 检索页面。

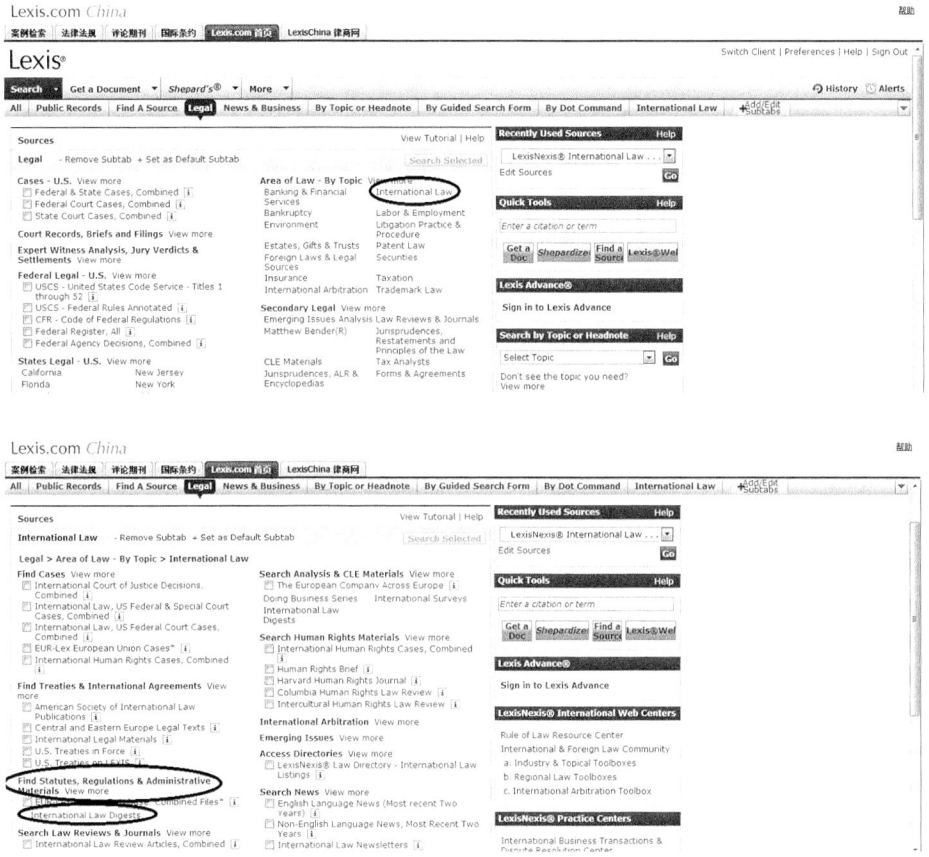

---

〔1〕　Lexis. com 的法律资源总库 "Legal" 根据不同标准对法律资源进行了分类，如首页按照国别和地区的分类；按照文献类型的分类，如一次法律资源判例 Case、成文法 Legislation，二次法律资源 Secondary Legal 的期刊论文 Law Reviews and Journals；以及按照法律部门或法律主题的分类 Area of Law – By Topic。不同分类对应不同的子库，子库之间又有重复，主要是为了方便查找。选择哪个子库开始检索由我们对某个子库掌握的熟练程度和事先掌握的已知信息决定的，可灵活处理。

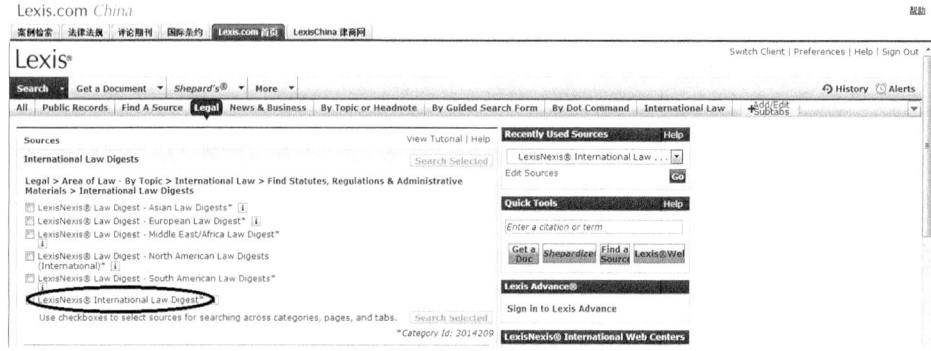

　　二是进入 Lexis. com 中的"Legal"首页（如下图），点击页面下方，按照国家和地区查找子库"Find Laws by Country or Region"，在逐级打开的页面中分别点击"Foreign Laws & Legal Sources"、"International Law Digests"和"LexisNexis® International Law Digest ∗"。

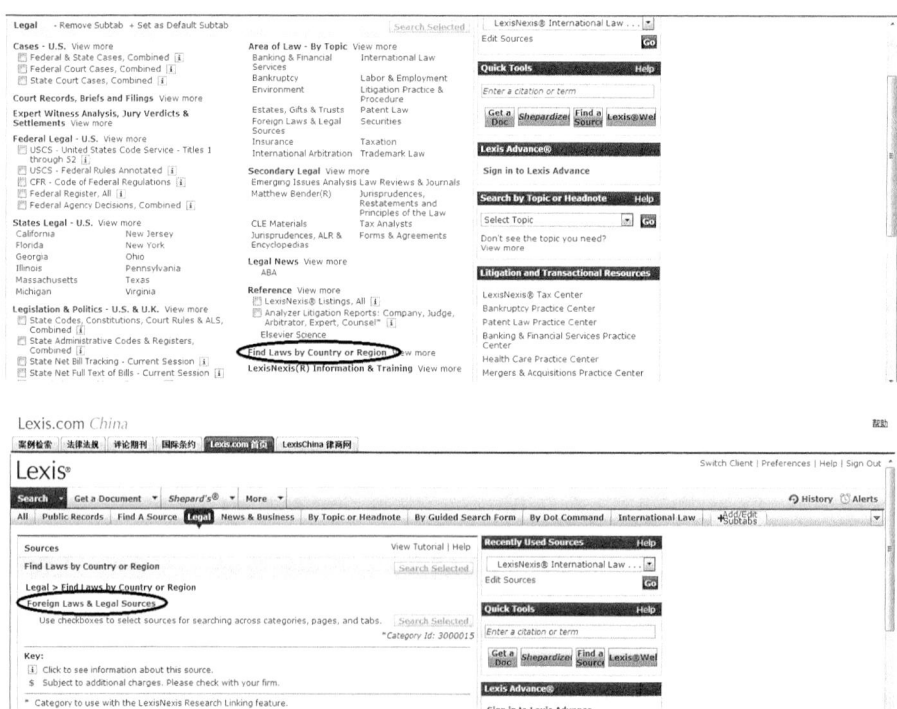

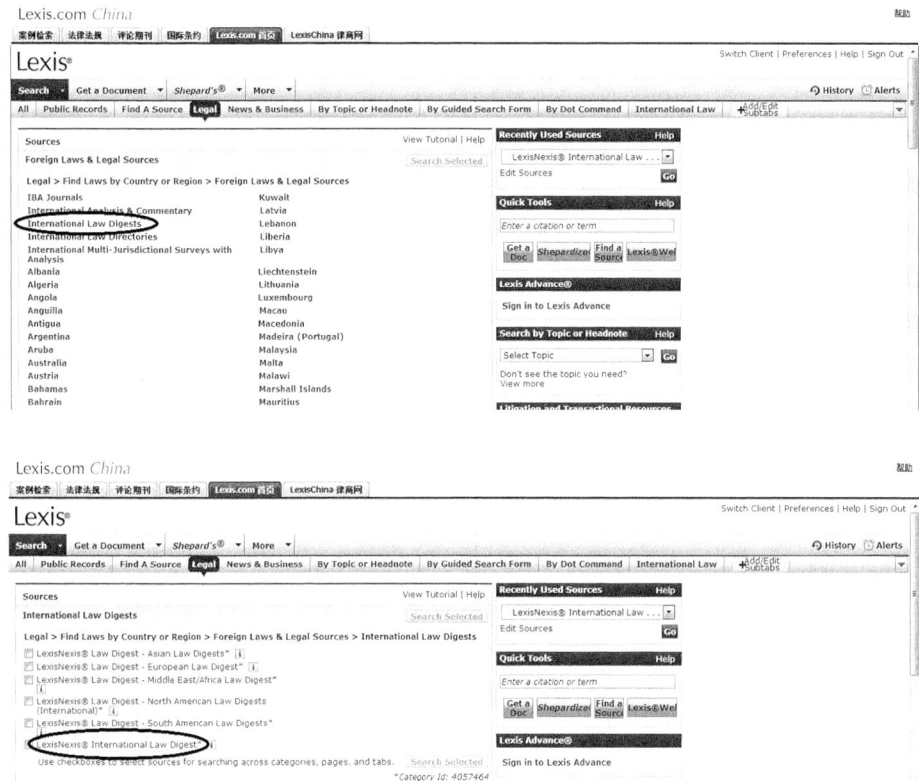

进入各国法律概要子库"International Law Digests"检索页面（如下图），直接在页面检索框中输入关键词"Juvenile Delinquency"〔1〕，默认为自然语言检索"Natural Language"，点击右侧的"Search"键。〔2〕

---

〔1〕 关键词字母不分大小写，自然语言检索关键词不需要加任何标点符号。

〔2〕 除自然语言检索外，也可以在此页面利用术语和连接符检索（Terms & Connectors），详细方法见下文术语和连接符检索法。

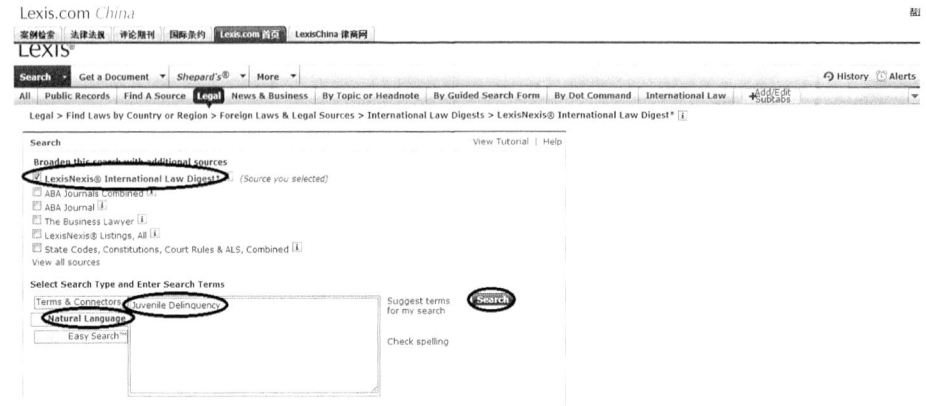

　　检索结果页面显示（如下图），共有 36 条记录，默认按照相关度"Relevance"排序；点击页面左侧"Sort By"右侧的下拉菜单，可选择按照时间"Date"排序，找到最新的记录；通过页面左上角的"FOCUS™ Terms"和页面上方的"Advanced…"键可以进一步添加新的关键词和限制条件，缩小检索结果；选择页面任一条，比如第 1 条记录，点击该条可进入其全文页面，点击全文页面右上角的小软盘标志可下载该条全文。

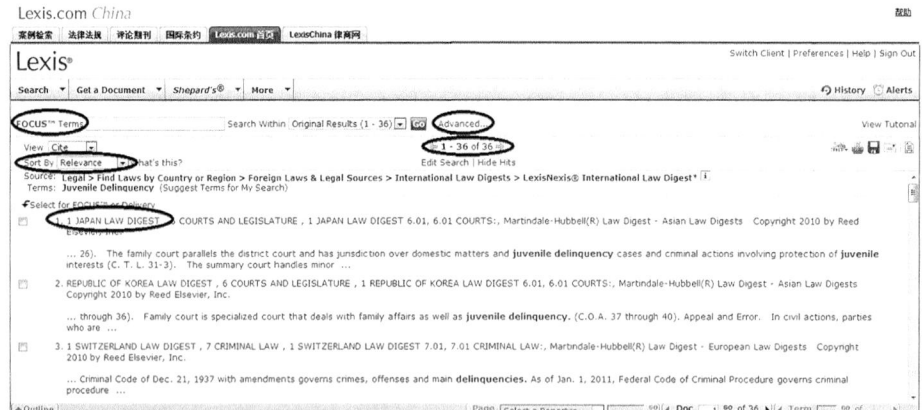

2. 以检索加拿大食品安全相关立法为例

具体方法：进入 Lexis. com 的"Legal"首页（如下图），点击页面下方的"Find Laws by Country or Region"，进入各国法律资料子库"Foreign Laws & Legal Sources"。

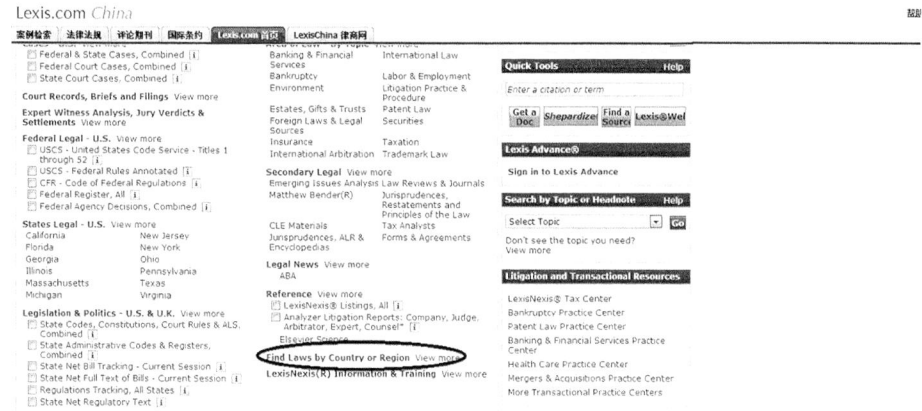

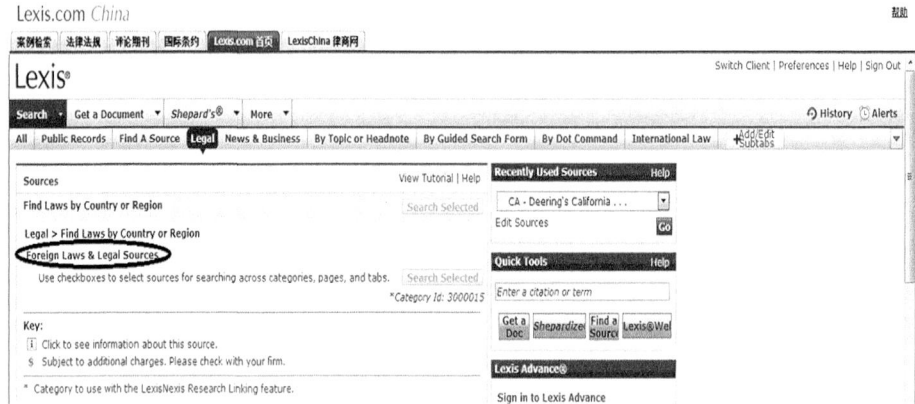

在各国法律资源列表中选择"Canada",并在逐级打开的页面中分别选择"Legislation & Regulations"和"Canada Federal Legislation"(如下图)。

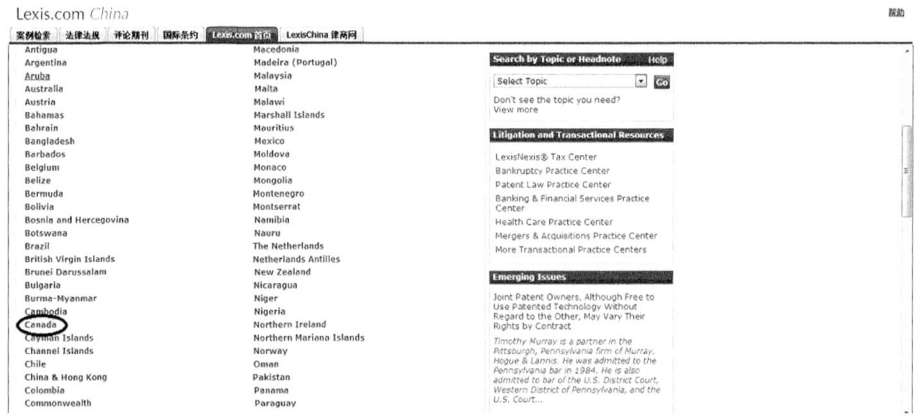

　　进入"Canada Federal Legislation"子库（如下图），点击页面"Natural Language"，在其右侧检索框中输入关键词"food safety"（字母不区分大小写，不加标点符号，关键词可以是一个单词、一个词组或一句话），点击右侧的"Search"键。

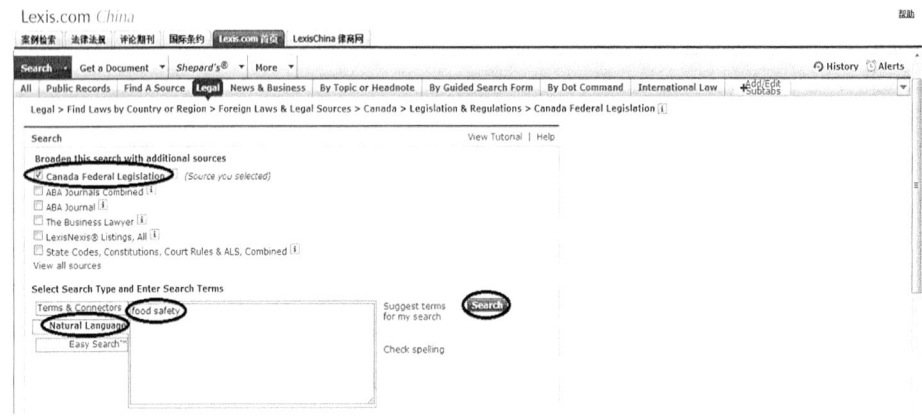

　　检索结果页面显示（如下图），共有 250 条记录，检索结果默认排序方式为相关度"Relevance"，点击页面左上角"Sort By"右侧的下拉菜单可以选择按照时间（Date）排序，找出发布时间最新的相关成文法；如果结果过多不便于筛选，可在页面左上角"FOCUS™ Terms"右侧的检索框添加新的关键词，或通过页面上方"Advance…"键添加新的限制条件，缩小检索范围；选中页面任一条记录，如第 1 条记录是相关的，直接点击该条链接，即可进入该条的全文页面，点击全文页面右上角的小软盘图标可下载该条全文。

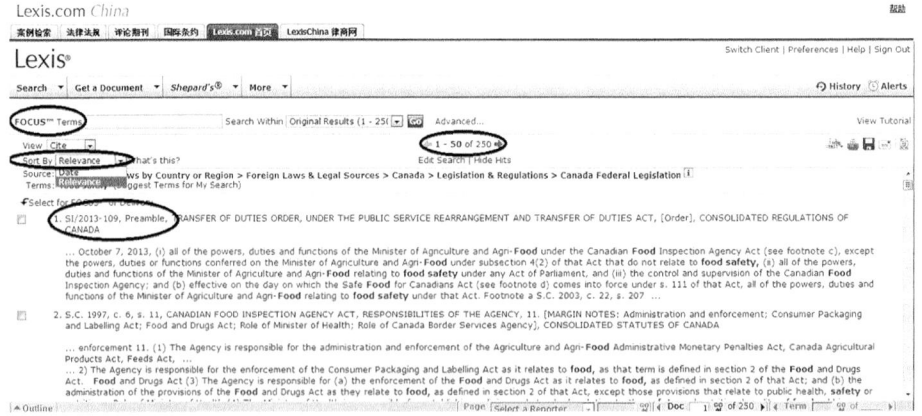

自然语言检索成文法相对简单，但是往往检索结果过多。如要快速获得精确记录，可使用下述术语和连接符检索法。

（三）通过术语和连接符检索成文法全文

以检索加拿大食品安全相关立法为例

具体方法：首先进入"Canada Federal Legislation"子库（找库方法同自然语言检索）（如下图），选择页面左侧"Select a Segment"[1]下拉菜单中的"HEADING"，在其右侧检索框中输入关键词"food safety"，点击右侧的"Add"键，系统会自动生成一个检索式跳到上方检索框，点击右侧的"Search"键。

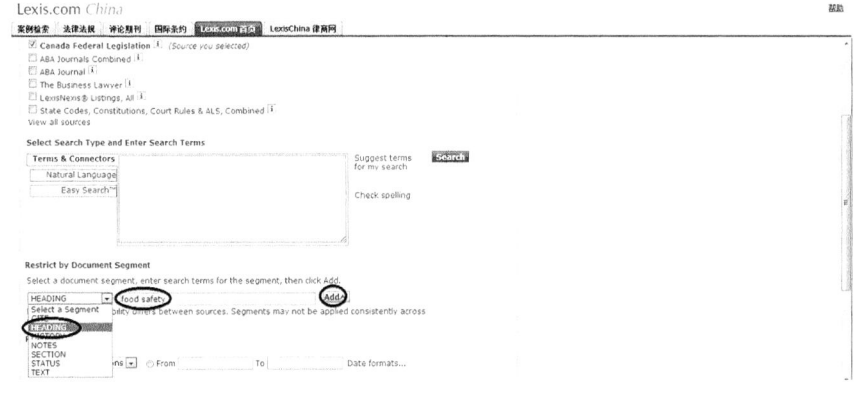

---

〔1〕 Lexis. com 中选择字段"Select a Segment"的具体用法详见"Lexis. com 使用指南"，载 http://lib. tsinghua. edu. cn/database/guide/lexis_ manual. pdf，访问日期：2015 年 3 月 16 日。

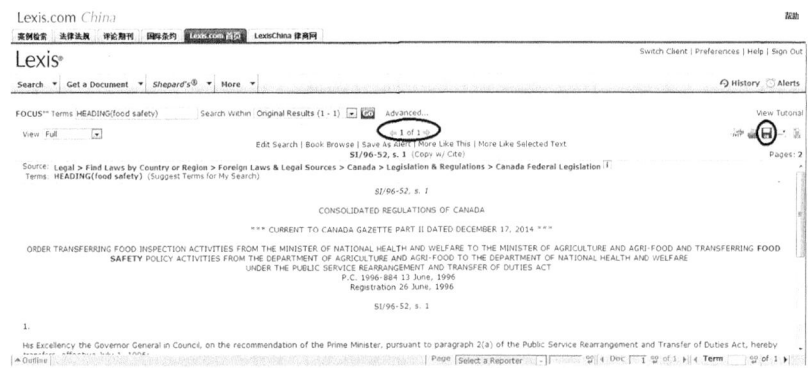

检索结果页面显示（如下图），共有 1 条记录，点击页面右上角小软盘标志可直接下载该成文法全文。

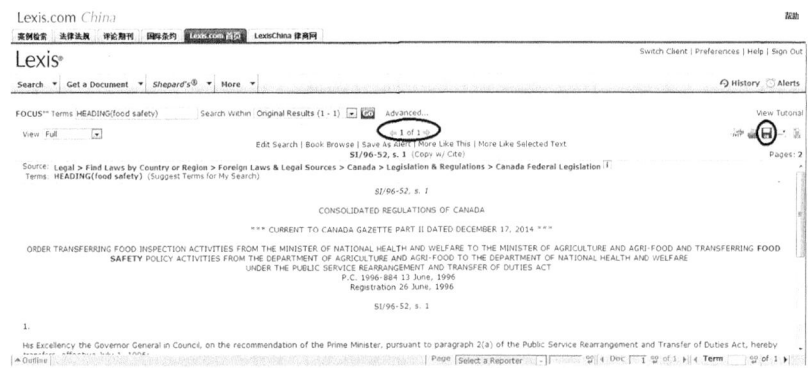

第二节 中外案例（判例）检索

中外案例（判例）检索常用数据库有检索中文案例的"北大法宝"司法案例数据库，检索中文媒体案例的"慧科搜索（报纸库）"，以及检索国外判例（英文）的 Westlaw International 和 Lexis. com 法律数据库等。[1]

---

〔1〕 免费获取资源中也有提供案例或判例检索服务的，详见本书第四章第二节免费网络法律资源检索。

一、利用"北大法宝"司法案例数据库检索国内案例

"北大法宝"——司法案例库(以下简称"法宝案例库")收录了全国各级人民法院公布的各类裁判文书,主要包括"两高"发布的指导案例、"两高"从创刊号开始至今出版的公报上登载的案例、全国公开出版的案例类书籍中的裁判文书及社会关注度高的热点案例、案例报道及仲裁裁决案例,并由相关专业人士对其点评、整理,形成案例与裁判文书、案例报道、仲裁裁决与案例、公报案例、案例要旨五大子库。它的特点是依据权威机关文件将各类案例进行细致分类,通过案由将与其相关的资料进行关联展示,如案由体系、案由释义、法条依据、相关法条、相关案例、期刊论文、裁判标准等,从理论和实践的角度展现案例案由的亮点信息,便于用户全方位、多角度的分析案例。[1]

法宝案例库是目前研究国内司法案例非常重要的资源,检索方法介绍如下。

(一)同类案件检索

比如查找醉酒驾车方面案例,关键词选为"醉酒驾车"。

具体方法:进入法宝案例库首页,输入关键词"醉酒驾车",系统默认检索范围是"案例与裁判文书"和"标题",点击"检索"(如下图)。

---

〔1〕 "北大法宝产品与服务介绍",载 http://www.pkulaw.cn/help/index.html? item=SYZN,访问日期:2015 年 2 月 11 日。

进入检索结果页面（如下图），共有 3 篇案例，如果第 1 篇是相关的，点击该篇进入它的全文页面，可以查看该篇的案由、审理法院、判决结果、核心术语、争议焦点、案例要旨和正文，还可以通过案例全文页面右上角的"法宝联想"找到相关参考资料，如相关案例要旨、本案法律依据及相关资料、同案由重要案例、本法院同类案例、相关职务专题和相关论文。

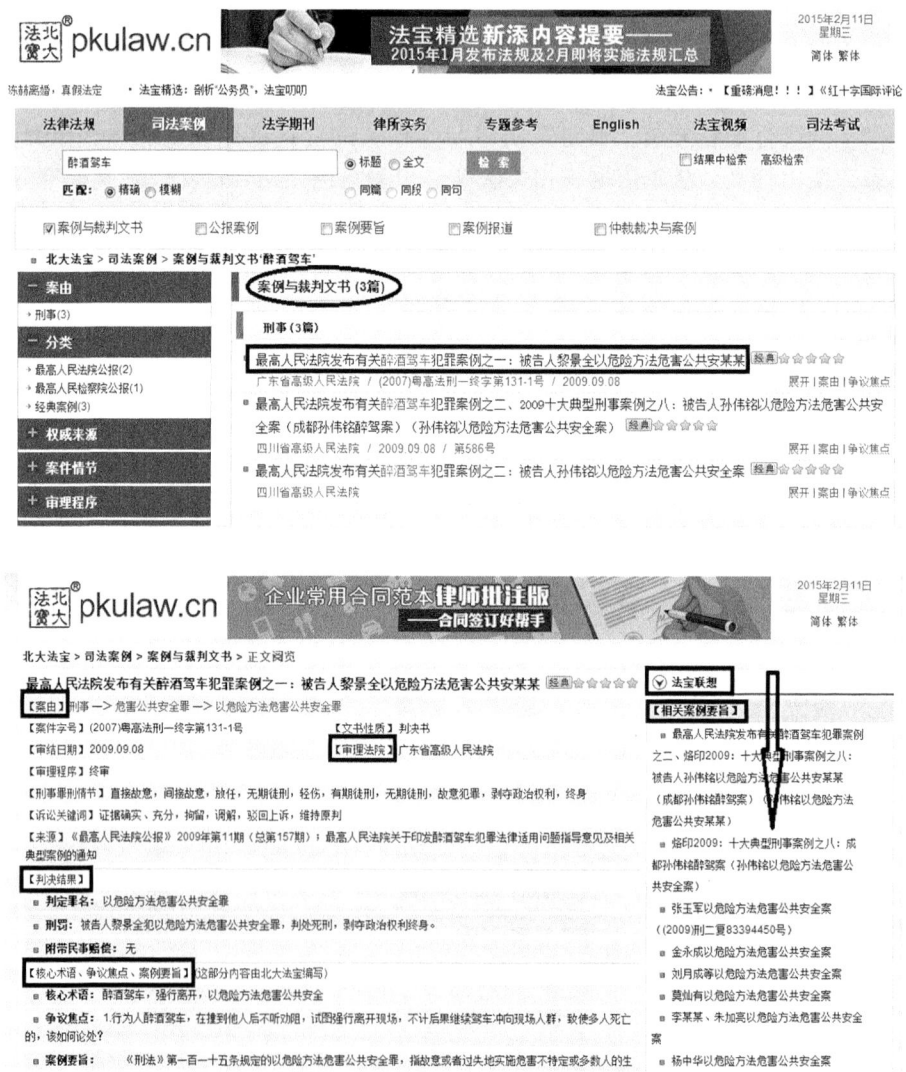

案例要旨： 《刑法》第一百一十五条规定的以危险方法危害公共安全罪，指故意或者过失地实施危害不特定或多数人的生命、健康或者重大公私财产安全的行为。该罪侵犯的客体是不特定或多数人的生命、健康或重大财产的安全。且在客观方面，表现为实施了危害不特定或多数人的生命、健康或重大公私财产安全的行为。行为人酒醉驾车，在撞到他人后，不予阻拦，试图强行离开现场，不计后果继续驾车冲向现场人群，致使多人死亡的，其行为已严重侵犯了不特定多数人的生命、健康安全，主观上系间接故意，应以以危险方法危害公共安全罪定罪，对其判处十年以上有期徒刑、无期徒刑或者死刑。

【全文】

【法宝引证码】CLI.C.215752

最高人民法院发布有关醉酒驾车犯罪案例之一：被告人黎景全以危险方法危害公共安全某某

被告人黎景全。1981年12月11日因抢劫罪、故意伤害罪被判处有期徒刑四年六个月。2006年9月17日因本案被刑事拘留，同月28日被逮捕。

2006年9月16日18时50分许，被告人黎景全大量饮酒后，驾驶车牌号为粤A1J374的面包车由南向北行驶在广东省佛山市南海区盐步碧华村新路治安亭附近路段时，从后面将骑自行车的被害人李某某及其搭乘的儿子陈某某撞倒，致陈某某经伤。撞人后，黎景全继续开车前行，撞环污安亭前的铁栅及旁边的柱子，又掉头由北往南向路北路东向快速行驶，车轮被卡在路边花基上。被害人梁某某（系黎景全的好友）及其他村民上前救助伤者并劝阻黎景全，黎景全加大油门驾车冲出花地，碾过李某某并撞倒梁某某，致李某某、梁某某死亡。黎景全驾车驶出路面外被治安队员及民警抓获。经检验，黎景全案发时血液中检出乙醇成分，含量为369.9毫克/100毫升。

被告人黎景全在医院约束至酒醒后，对作案具体过程无记忆，当得知自己撞死二人、撞伤一人时，十分懊悔。虽然其收入微薄，家庭生活困难，但仍多次表示要积极赔偿被害人亲属的经济损失。

广东省佛山市人民检察院指控被告人黎景全犯以危险方法危害公共安全罪，向佛山市中级人民法院提起公诉。佛山市中级人民法院于2007年2月7日以（2007）佛刑一初字第1号刑事附带民事判决，认定被告人黎景全犯以危险方法危害公共安全罪，判处死刑，剥夺政治权利终身。宣判后，黎景全提出上诉。广东省高级人民法院于2008年9月17日以（2007）粤高法刑一终字第131号刑事裁定，驳回上诉，维持原判，并依法报请最高人民法院核准。

最高人民法院复核认为，被告人黎景全酒后驾车撞倒他人后，仍继续驾驶，冲撞人群，其行为已构成以危险方法危害公共安全罪，黎景全醉酒驾车撞人，致二人死亡、一人轻伤，犯罪情节恶劣，后果特别严重，应依法惩处。鉴于黎景全是在严重醉酒状态下犯罪，属间接故意、与蓄意直接危害公共安全的直接故意犯罪有所区别，且其归案后认罪、悔罪态度较好，依法可判处死刑。第一审判决、第二审裁定认为的事实清楚，证据确实、充分，定罪准确，审判程序合法，但量刑不当。依照《中华人民共和国刑事诉讼法》第一百九十九条和《最高人民法院关于复核死刑案件若干问题的规定》第四条的规定，裁定不核准被告人黎景全死刑，撤销广东省高级人民法院（2007）粤高法刑一终字第131号刑事裁定，发回广东省高级人民法院重新审判。

广东省高级人民法院重审期间，与佛山市中级人民法院一同做了大量民事调解工作。被告人黎景全的亲属倾其所有，筹集16万元赔偿给被害方。

广东省高级人民法院审理认为，被告人黎景全醉酒驾车撞倒李某某所骑自行车后，尚知道驾驶车辆掉头行驶；在车轮被路边花地卡住的情况下，知道将车辆驶离固定，说明其案发时其辨认和判断能力。黎景全撞人后，既不顾被撞人员于不顾，也不顾在车前对其进行阻拦和救助伤者的众多村民，仍继续驾车企图离开现场，撞向已倒地的李某某和救助群众梁某某，致二人死亡，说明其主观上对在场人员伤亡的危害结果持放任态度，具有危害公共安全的间接故意。因此，其行为已构成以危险方法危害公共安全罪。黎景全犯罪的情节恶劣，后果严重。但鉴于黎景全是间接故意犯罪，与蓄意故意犯罪、主观恶性程度很深，人身危险性极大是很大；犯罪时处于严重醉酒状态，辨认和控制能力有所减弱；归案后认罪、悔罪态度较好，积极赔偿了被害方的经济损失，依法可从轻处罚。据此，于2009年9月8日作出（2007）粤高法刑一终字第131-1号刑事判决，认定被告人黎景全犯以危险方法危害公共安全罪，判处无期徒刑，剥夺政治权利终身。

本篇【法宝引证码】CLI.C.215752 ➕分享到： 0 关注法宝动态：

声明

下一篇：最高人民法院发布有关醉酒驾车犯罪案例之二、2009十大典型刑事案例之八：被告人孙伟铭以危险方法危害公共安全案（成都孙伟铭醉驾案）（孙伟铭以危险方法危害公共安全某某） 四川省高级人民法院 2009.09.08 第586号

>>查看此篇文件的用户还看过的其他文件：

上海市虹口区人民检察院诉陈新金、余明觉等诈骗案

王丽春诉长春站等其夫在列车上醉酒过站后承运人未履行保护义务致继续乘车时窒息死亡赔偿案

张某伪造公司印章案

江苏省泰州市人民检察院诉王桂平以危险方法危害公共安全、销售伪劣产品、虚报注册资本案_全文 英文:The People's Procuratora

---

■ 杨中华以危险方法危害公共安全案
■ 黎某某以危险方法危害公共安全案
■ 刘翼等以危险方法危害公共安全案

【本案法律依据及相关资料】

■ 中华人民共和国刑事诉讼法(1996修正)第199条
■ 最高人民法院关于复核死刑案件若干问题的规定(试行)第4条

【同案由重要案例】

■ 陈某某以劫持汽车的危险方法危害交通安全案
■ 李某某、邓国劲、王平以制造、贩卖有毒酒的危险方法致人伤亡案
■ 左成兵、李永泰、谢麟、吴自均以制造、贩卖有毒酒的危险方法致人伤亡案
■ 最高人民法院公布五起涉毒犯罪典型案例之四：傅程君以危险方法危害公共安全案
■ 最高人民法院公布危害食品安全犯罪典型案例之一：刘襄、奚中杰、肖兵、陈玉伟、刘瑞林以危险方法危害公共安全案
■ 最高人民法院发布有关醉酒驾车犯罪案例之二：被告人孙伟铭以危险方法危害公共安全案

■ 江苏省泰州市人民检察院诉王桂平以危险方法危害公共安全、销售伪劣产品、虚报注册资本案
■ 最高人民法院发布有关醉酒驾车犯罪案例之二、烙印2009：十大典型刑事案例之八：被告人孙伟铭以危险方法危害公共安全某某（成都孙伟铭醉驾案）（孙伟铭以危险方法危害公共安全某某）
■ 李广仪以危险方法危害公共安全案

【本法院同类案例】

■ 陈某某1以危险方法危害公共安全案
■ 金某某以危险方法危害公共安全案
■ 姚军某故意杀人、以危险方法危害公共安全、寻衅滋事、故意伤害案
■ 莫君超以危险方法危害公共安全案

■ 黎景全以危险方法危害公共安全案
■ 黎某某以危险方法危害公共安全案
■ 卢镜海以危险方法危害公共安全案
■ 陈爱峰以危险方法危害公共安全案

【相关实务专题】

■ 死刑的核准
■ 死刑
■ 死刑立即执行案件的核准权

【相关论文】

■ 论制售伪劣商品犯罪的死刑削除
■ 2014年《人民司法·案例》总目录
■ 吸食毒品后驾驶机动车发生重大交通事故的定罪与处罚
■ 论附条件不起诉自由裁量权的风险与规制
■ 论刑事裁判中的结果导向及其控制
■ 后劳教时代，故意伤害案件规制模式刍议
■ 论在"打虎拍蝇"中的法治理性

（二）标题中有人名的案例检索

比如查找薄熙来案，关键词选为"薄熙来"。

具体方法： 进入法宝案例库首页（如下图），输入关键词"薄熙来"，系统默认检索范围是"案例与裁判文书"和"标题"，点击页面"检索"即可找到。

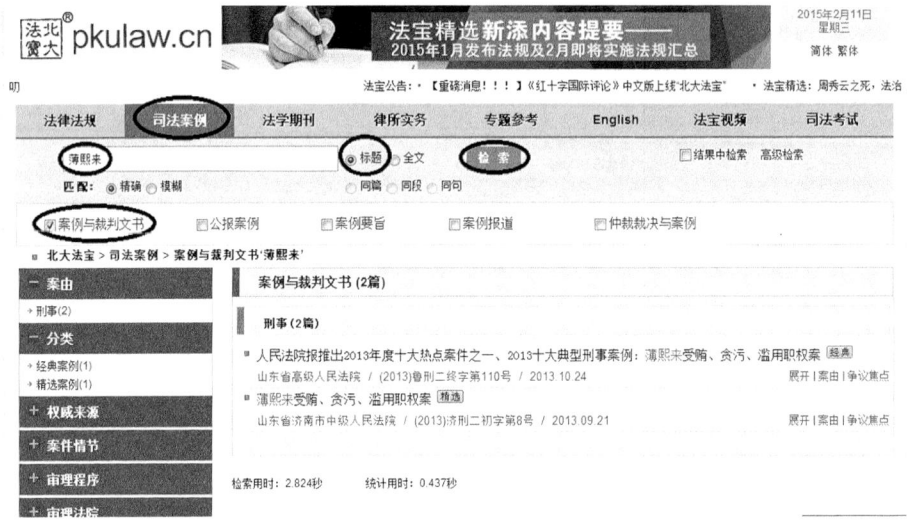

（三）检索结果过多时的筛选

如查找机动车道路交通事故人身损害赔偿的案例，关键词确定为"机动车"、"道路交通事故"和"人身损害赔偿"。

具体方法： 进入法宝案例库首页（如下图），先输入一个关键词"道路交通事故"，[1] 点击"检索"。

---

〔1〕 三个关键词的输入不分先后顺序，但是要分别输入。

　　然后在检索结果页面（共75 883篇）（如下图），选择"在结果中检索"，输入第二个关键词"人身损害赔偿"，点击"检索"。

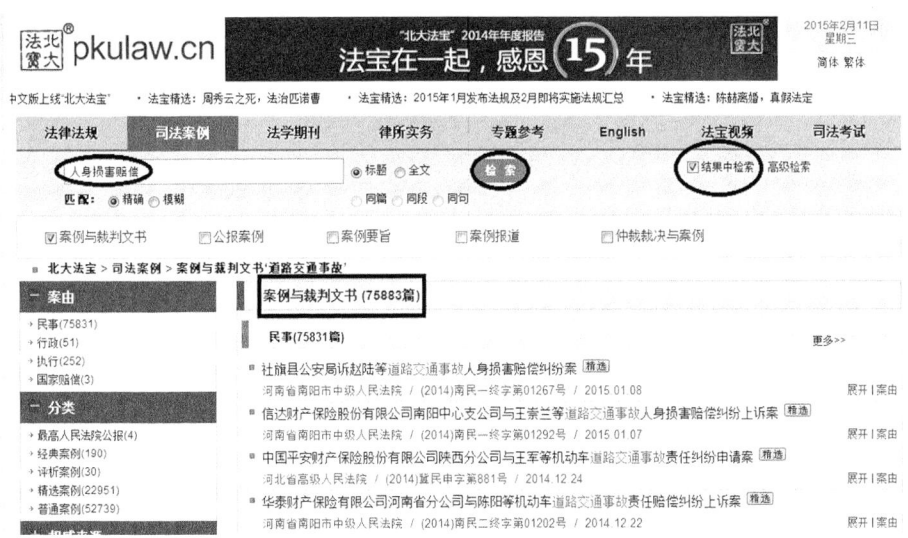

　　在打开的次级页面（共63 843篇记录）（如下图），继续选择"在结果中检索"，输入第三个关键词"机动车"，点击"检索"，找到104篇相关记录，可以进一步通过该页面（104篇记录页）左侧的案由、分类、权威来源、终

审法院等信息查看案件的来源、效力和适用范围，并再次筛选。

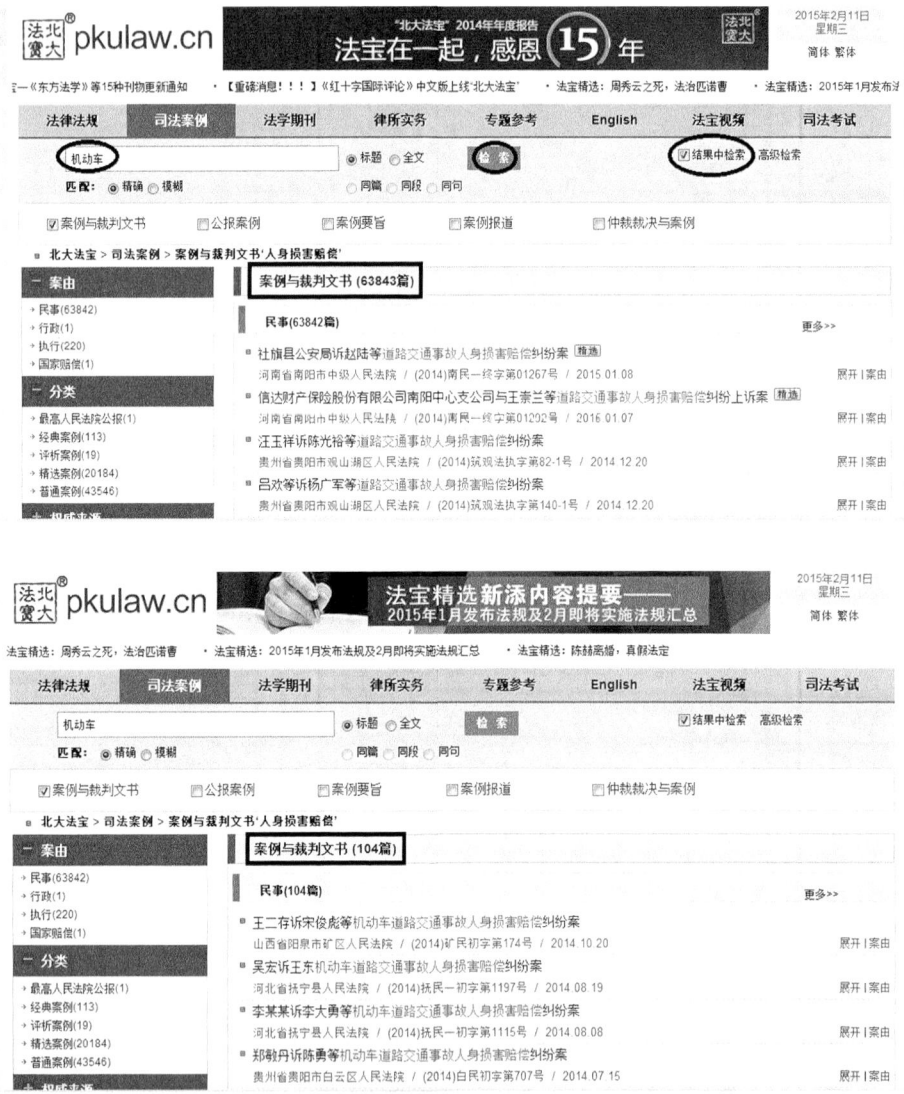

二、利用慧科搜索（报纸库）检索中文媒体案例

慧科搜索数据库收集了大陆、港澳台及新加坡、美国等近1600多家媒体资源，历史回溯15年以上，并且每天早8点即时更新，收录超过20万篇新闻

及分析文章，包括来自重点报纸、杂志、电台、电视台、通讯社及网站的顶尖级媒体来源。[1]慧科搜索（报纸库），本书简称"慧科新闻搜索"，是查找最新媒体案例的重要来源。

比如查找"福喜事件"的相关报道。

具体方法：进入慧科搜索首页（如下图），点击页面左上角的"新闻搜索"，输入关键词"福喜食品"，搜索范围选择"标题"（默认搜索范围为"标题和内文"），搜索日期选择"2014－07－01 至 2015－02－11"，点击"搜索"键。

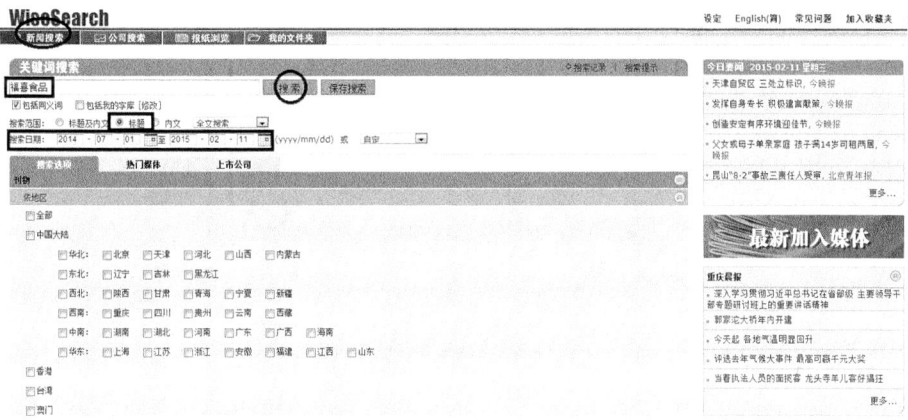

检索结果页面（如下图）显示相关媒体报道71篇（页面列表），网站新闻77条，比如选择报纸报道第8条记录，直接点击该条记录，可以显示该条的全文。

---

〔1〕"慧科搜索简介"，载 http://www.lib.ruc.edu.cn/webs/res_ resourcesGet.action? idd＝159，访问日期：2015 年 2 月 11 日。

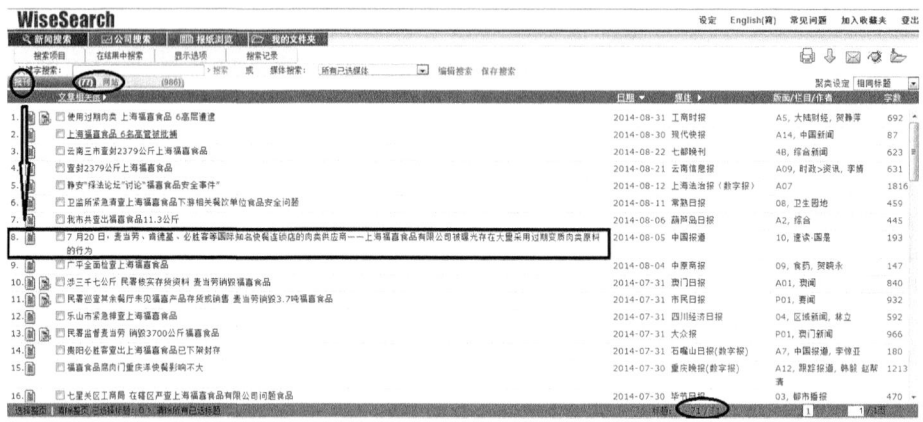

第8条记录全文页面（如下图），点击页面上方的向下箭头图标，即可将该篇全文下载。

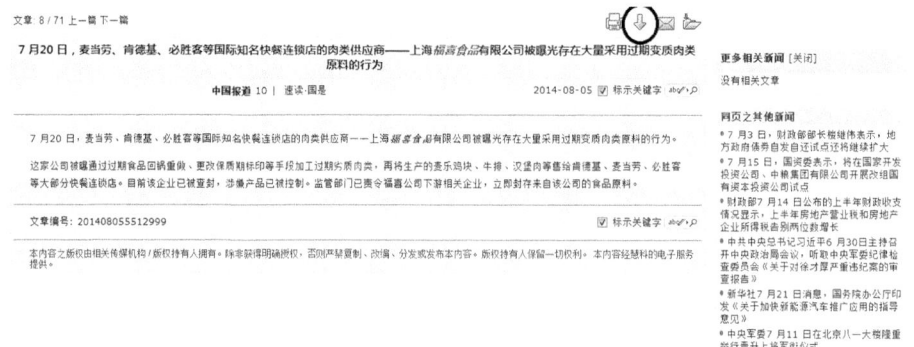

此外，检索结果过多时，还可以通过检索结果页面上方的"在结果中检索"，将搜索范围进一步缩小。比如查找福喜事件中和麦当劳有关的报道。

具体方法：点击检索结果页面（有71条媒体报道记录的页面）上方的"在结果中检索"（如下图），并在页面左上角检索框中输入关键词"麦当劳"，点击"搜索"键，在打开的次级页面可查看福喜事件和与麦当劳有关的15条媒体报道。

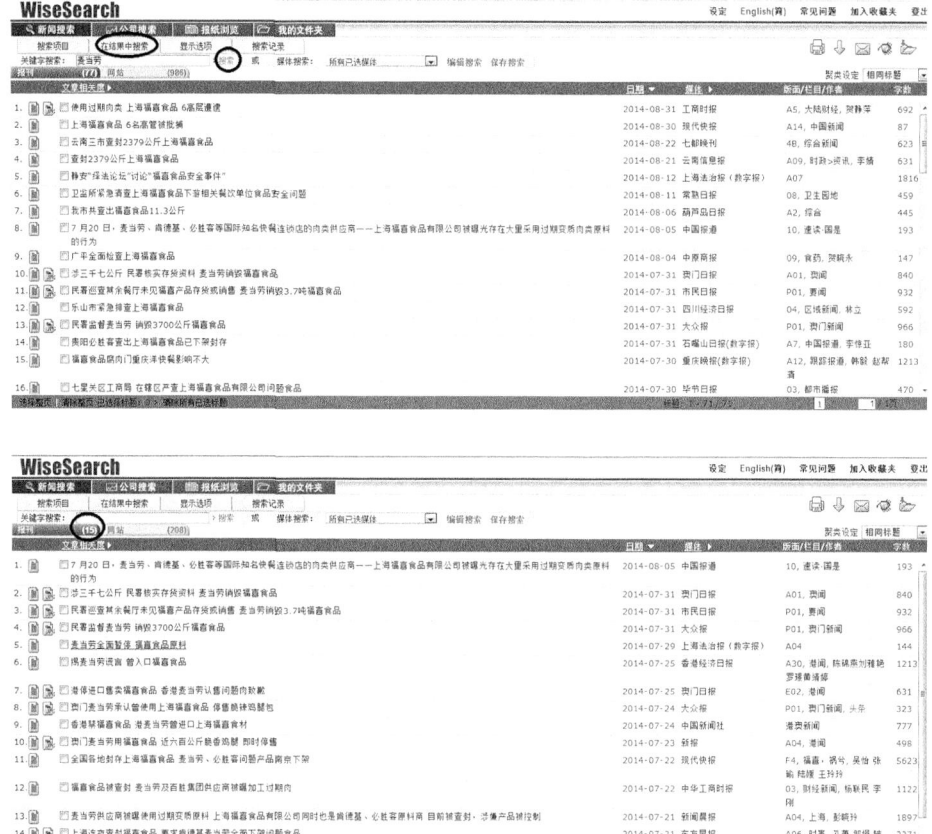

三、利用 Westlaw International 法律在线数据库 [1] 检索国外判例

汤姆森法律法规集团作为诸多国家法律报告官方授权的出版者，收录了美国联邦和州判例（1658 年至今）、英国（1865 年至今）、欧盟（1952 年至今）、澳大利亚（1903 年至今）、我国香港地区（1905 年至今）和加拿大（1825 年至今）的所有判例。除此之外，还提供其他形式的判例报告，包含国际法院、国际刑事法院（包含前南法院和前卢旺达法院）、世贸组织等判例

---

〔1〕 对 Westlaw International 法律在线数据库的介绍详见本书第二章第一节中外法律法规（成文法）检索和本书第四章第四节美国法律资源检索。

报告。

在法律数据库中检索国外的判例,方法很多,具体使用哪一种是由开始检索时我们提前掌握的相关信息决定的,比如已知判例当事人一方或双方的名称、已知判例的引证号,〔1〕或仅仅知道要查找的某一主题的关键词的英文表述,甚至有的时候连关键词的准确英文表述都不清楚。准备检索时掌握的信息不同,检索方法也会不同。

在 Westlaw International 中通过判例当事人一方或双方的名称,以及通过关键词查找判例,都需要先找对子库,〔2〕常用的判例子库有如下三个:(1)"All Law Reports"(判例报告全集),内容始于 1865 年,收录了英国、欧盟及其成员国、欧洲其他国家、世界其他国家的法院所做的所有判例报告。(2)"All Federal & State Cases"(美国联邦和各州判例集),该库始于 1658 年,包括联邦最高法院、上诉法院、巡回法院、地区法院、50 个州内的所有法院、哥伦比亚地区的地方法院产生的判例。(3)"European Reports All"(欧洲判例汇编),内容始于 1865 年,包括英国、欧盟及其成员国、欧洲其他国家的判例报告汇编。

查找子库有两种方法:一是进入 Westlaw International 首页,在首页直接查找相应子库并点击进入,如查找美国联邦或州的判例(如下图),点击页面右侧的"U. S. Federal Materials"项下的"Cases"子库,进入美国判例库,然后在打开的新页面中选择"All Federal & State Cases"(美国联邦和各州判例集)。此方法适合对该数据库不太了解的初学者。

---

〔1〕 关于引证号(引称号、Citation)的含义和用法详见本书第四章第四节美国法律资源检索。

〔2〕 为检索方便,Westlaw International 根据不同分类方法将其海量资源划分成无数子数据库,简称子库,而且不同数据库之间有交叉和重复,因此不同的路径可以指向同一个子库,具体选择哪个路径,取决于使用者对数据库的熟练程度。对于选择合适的子库,初学者适合用浏览网页目录逐级查找,而检索经验丰富的人更适合直接用数据库名称查找的方法。详见本部分文后实例。

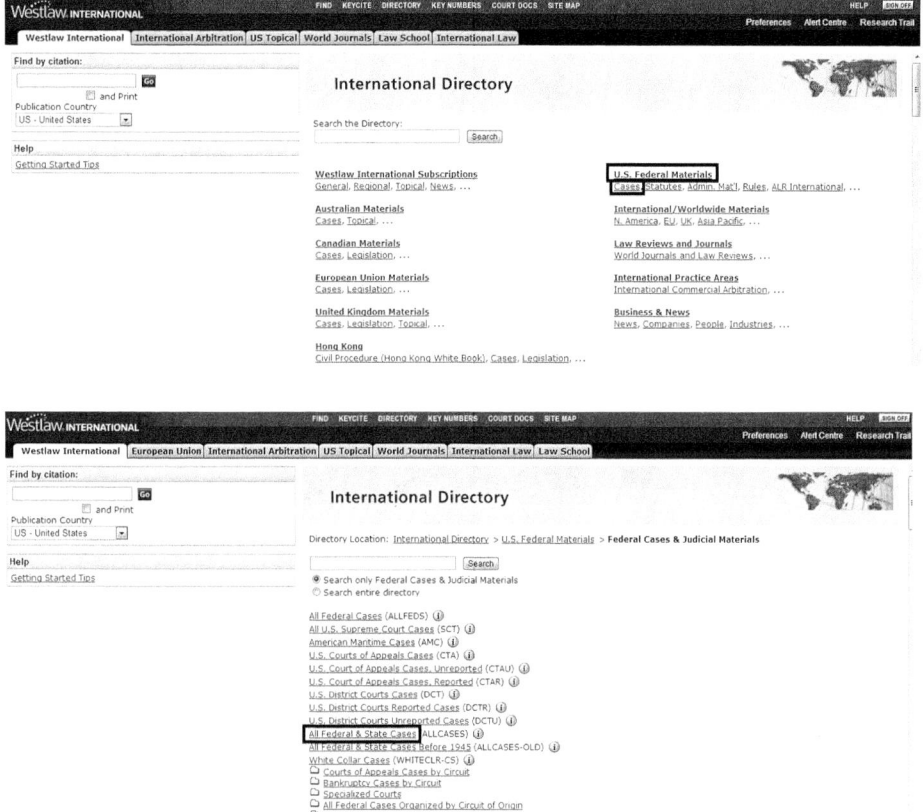

　　查找 Westlaw International 首页未列出国家的判例，可通过其首页的"International/Worldwide Materials"（世界范围材料集）子库先查找相关国家，点击首页"International/Worldwide Materials"（如下图），在逐级打开的新页面中分别点选"Databases Listed Alphabetically by Country or Region"、"Australia"和"Cases"，进入澳大利亚判例集子库开始检索，检索方法与其他国家判例检索相同。

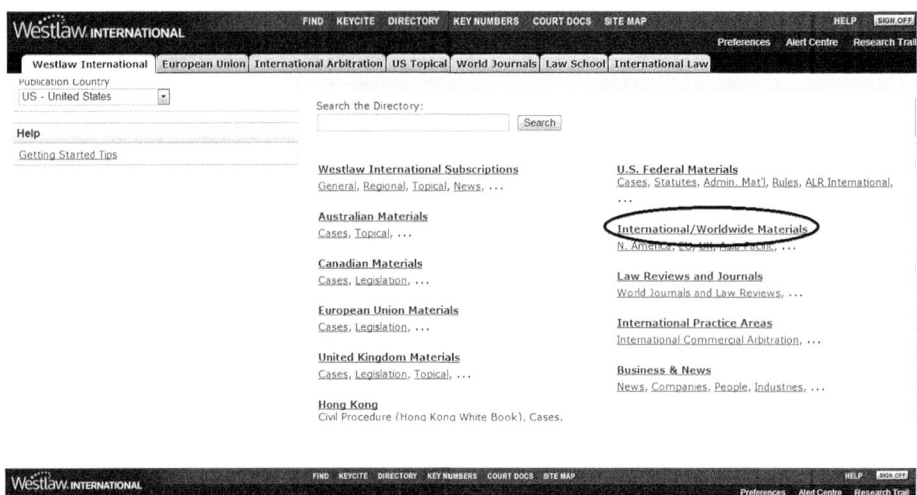

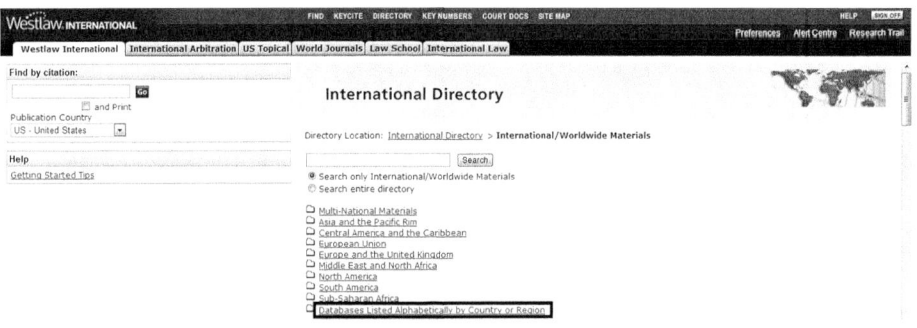

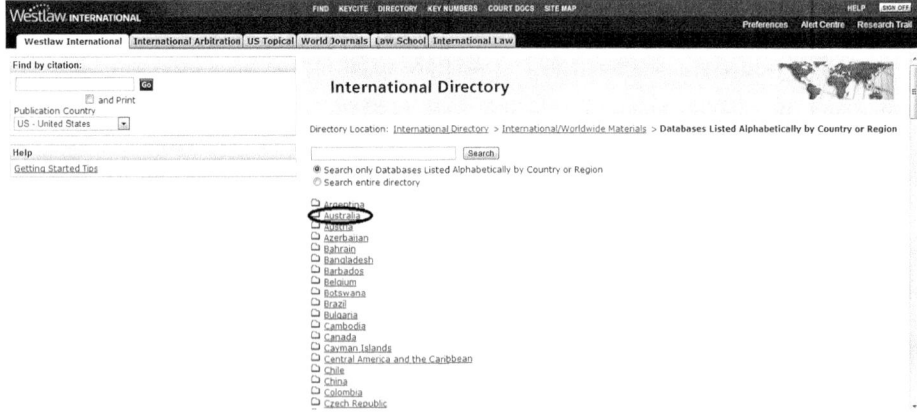

　　二是进入 Westlaw International 首页（如下图），在页面上方检索框中直接输入子库的名称，如输入"All Law Reports"，点击"Search"键，就可以将该子库直接找出来，此方法适合对常用判例子库名称比较熟悉的人。

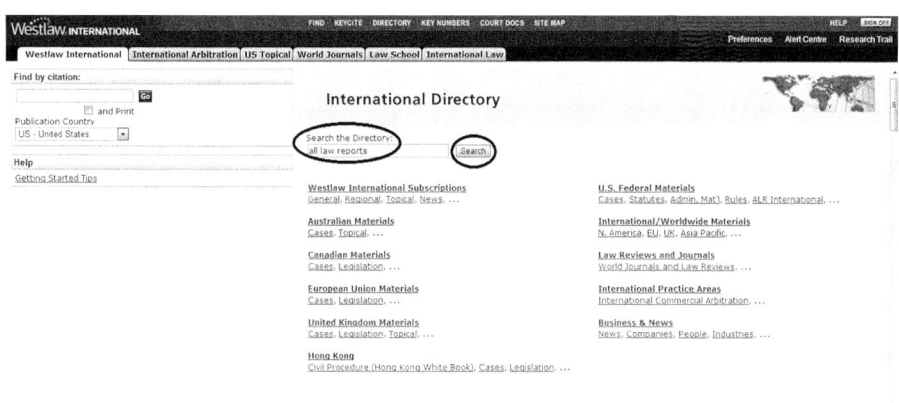

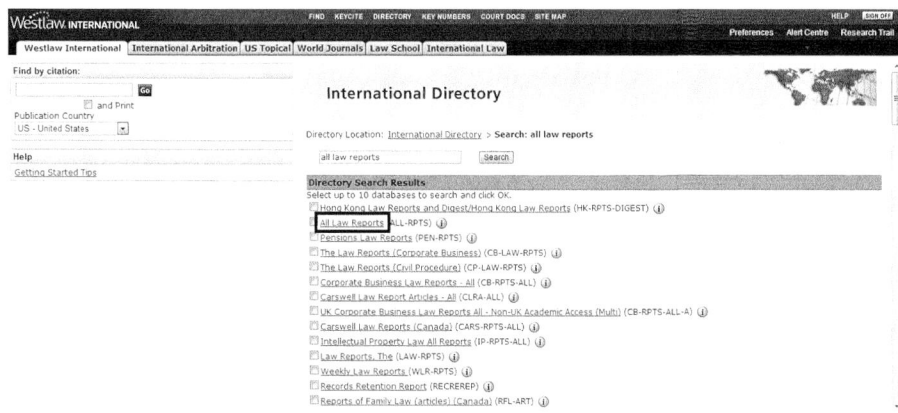

判例检索具体方法如下：

（一）已知判例当事人一方或双方的名称检索相关判例

比如查找美国判例"马布里诉麦迪逊"（marbury v. madison）案。

首先，要找对该判例所在的子库，进入 Westlaw International 首页（如下图），选择页面右侧的"U. S. Federal Materials"项下的"Cases"子库，在打开的次级页面选择"All Federal & State Cases"（美国联邦和各州判例集）。

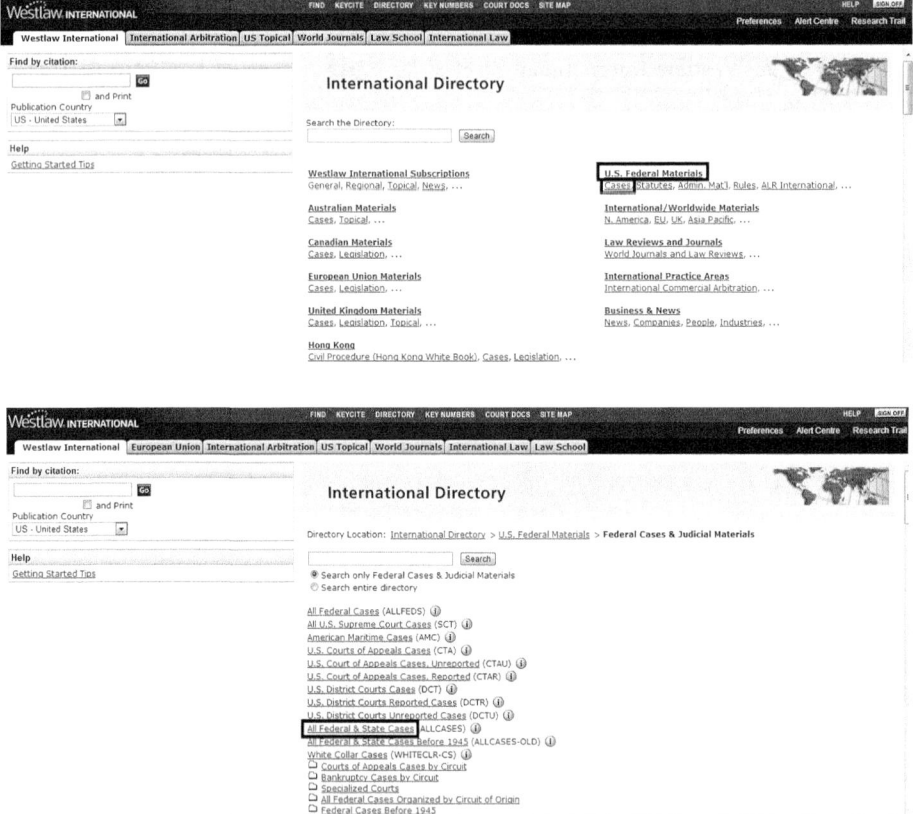

进入"All Federal & State Cases"子库首页（如下图），点击页面右上角的"Search by Party Name"，在打开的次级页面左侧"Party Name"下方检索框中输入"marbury v. madison"（Westlaw International 中检索，字母不分大小写），点击"Search"键。

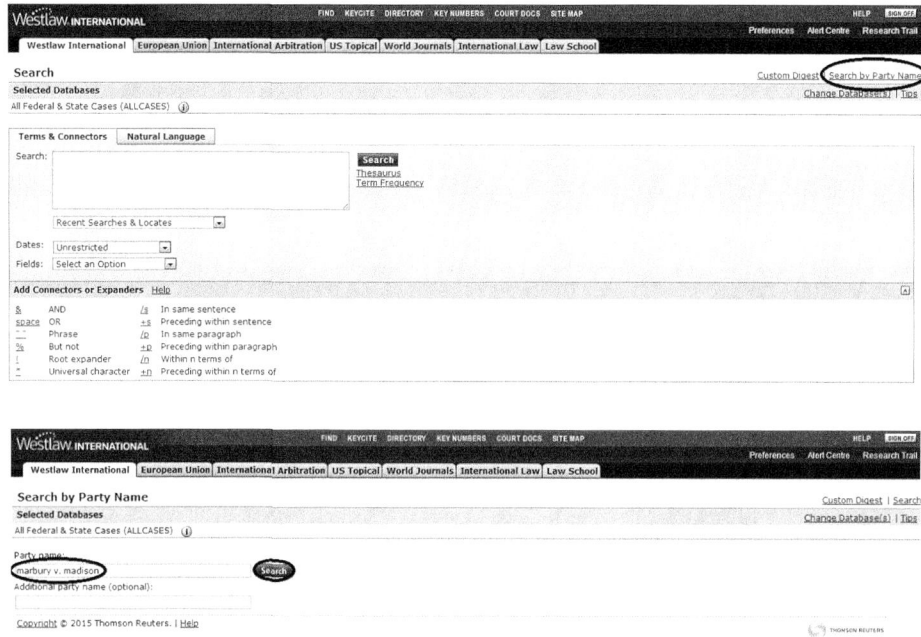

检索结果页面显示共有 3 条记录（Result List 3 Docts）（如下图），点击该页面下方的"Doc 1 of 3"后面的小三角图标（检索结果文档跳转键）将第 1 篇结果文档跳转到第 3 篇，即可找到"marbury v. madison"案。

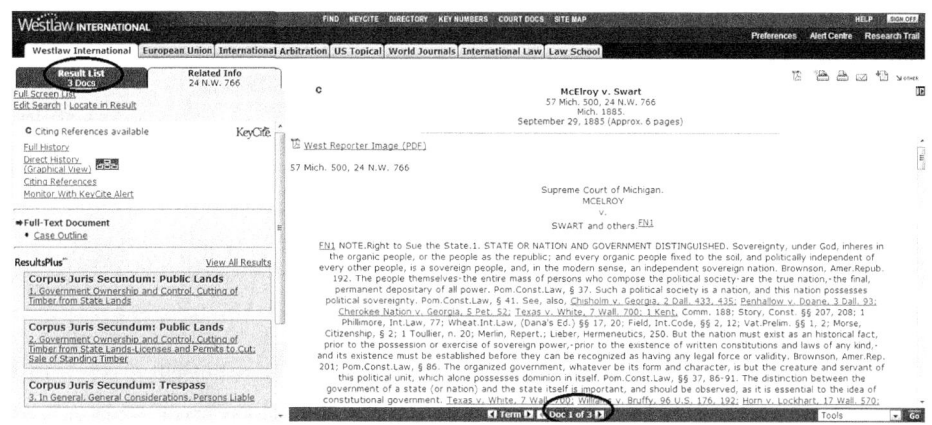

进入该篇判例全文页面（如下图），点击页面右上角的箭头标志可直接下

载全文；页面左侧的"KeyCite"（"关键引用"）项可以提供该篇判例的引证
报告（该篇案例被其后判例的肯定、推翻或被质疑的记录），点击"Citing
References"可查看被引用详情；点击该页面左侧的"Case Outline"键，可以
查看该篇判例的判决摘要；页面左下方的"ResultsPlus"项还提供了该篇判例
的相关文献，如法律百科全书等。

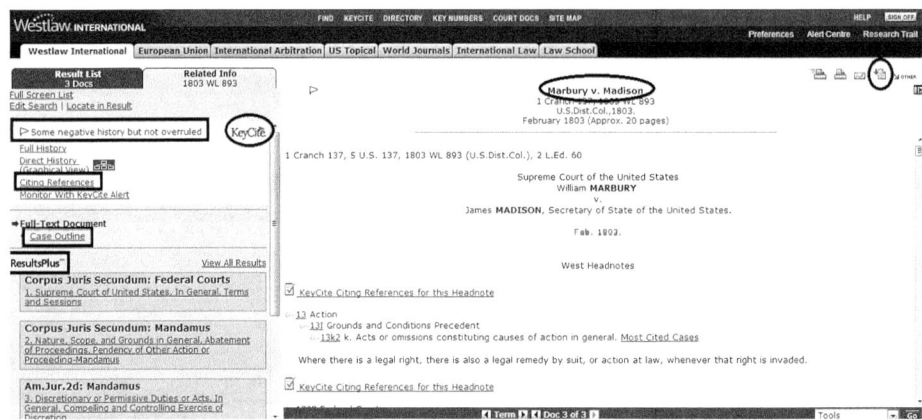

　　如果查找当事人作为涉诉一方的判例，如查找微软公司（Microsoft）作为
一方当事人涉诉的，可以在"All Federal & State Cases"（美国联邦和各州判
例集）当事人名称检索页面的检索框中直接输入关键词"microsoft"，点击
"Search"键（如下图）。

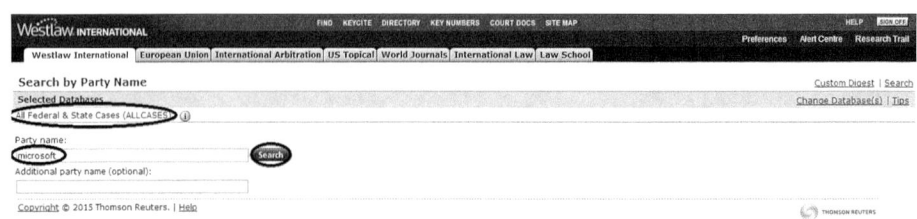

　　检索结果页面（共有1190条记录）（如下图）检索结果如果过多，还可
以点击该页面左上角的"Locate in Result"（在结果中检索），在打开的次级页
面"Locate"右侧检索框中输入关键词，在"Dates"和"Fields"后面下拉菜
单中分别选择具体时间和关键词在一篇文档全文出现的具体位置，然后点击

"Search"键，可以缩小检索范围，方便筛选。

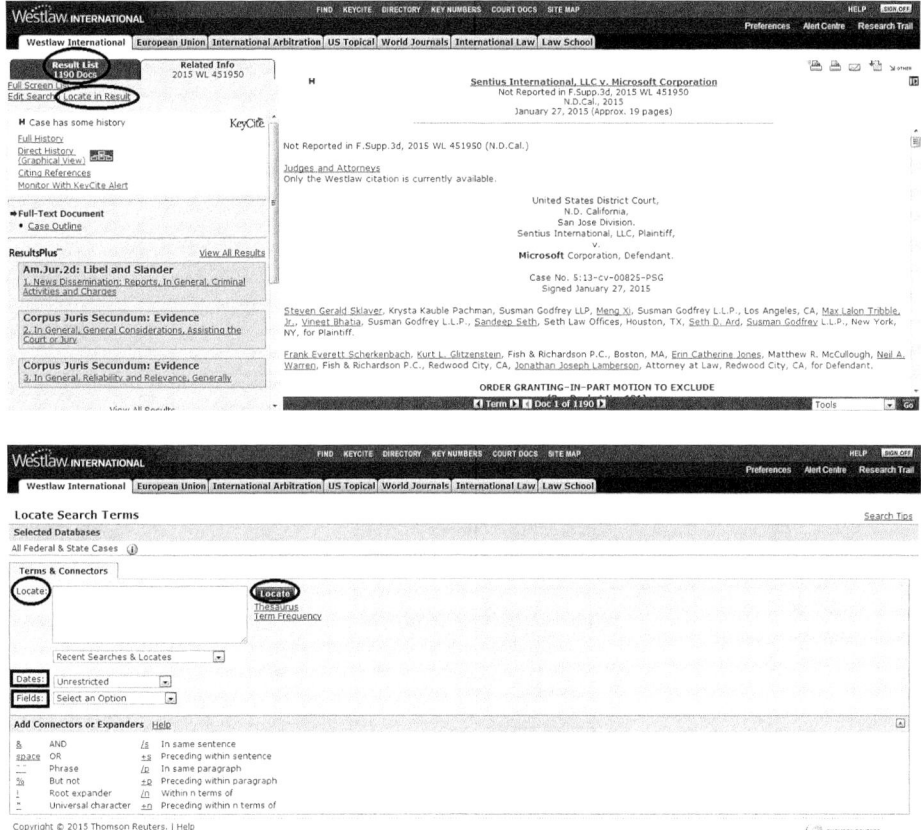

（二）已知某一主题的关键词检索相关判例

已知某一法律主题的关键词查找相关判例，主要通过两种方法来实现：一是"Natural Language"（自然语言检索），自然语言检索相对简单，适合初学者。二是"Terms & Connectors"（术语和连接符检索），术语和连接符检索相对复杂，适合有一定检索经验的人。

1. 通过"Natural Language"检索（自然语言检索）相关判例

如查找除美国以外世界其他国家的法院所做的所有关于掺假食品的判例。

具体方法：进入 Westlaw International 首页（如下图），在页面中上方检索框中直接输入子库的名称，如输入"All Law Reports"点击"Search"键，进入"All Law Reports"（判例报告全集）。

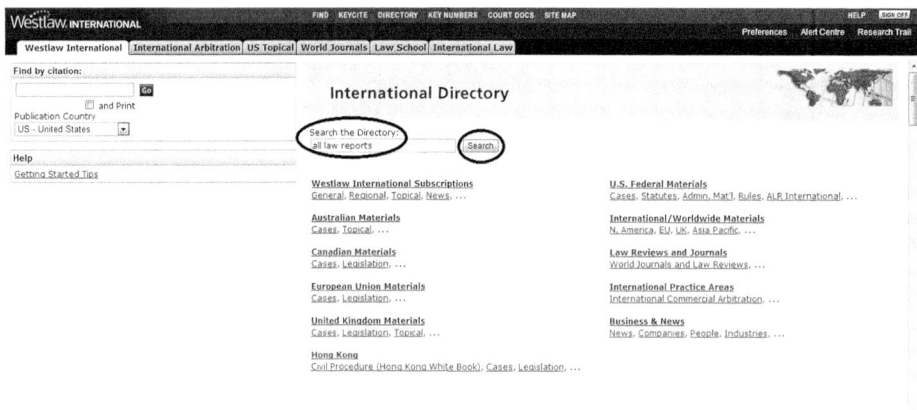

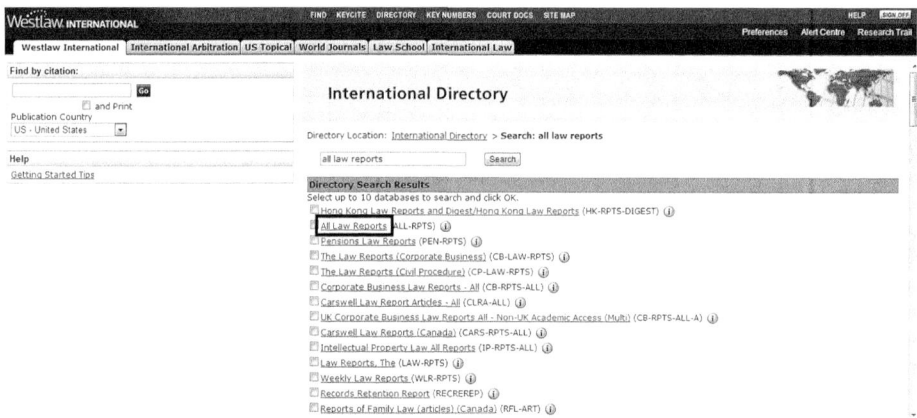

　　在"All Law Reports"（判例报告全集）检索页面（如下图），点击"Natural Language"（默认为"Terms & Connectors"），输入关键词"adulterated food"（关键词字母不分大小写），[1]点击"Search"键。

————————————

〔1〕 自然语言检索输入的关键词可以是一个单词、词组或一句话，而且词与词之间不需要添加任何标点符号。

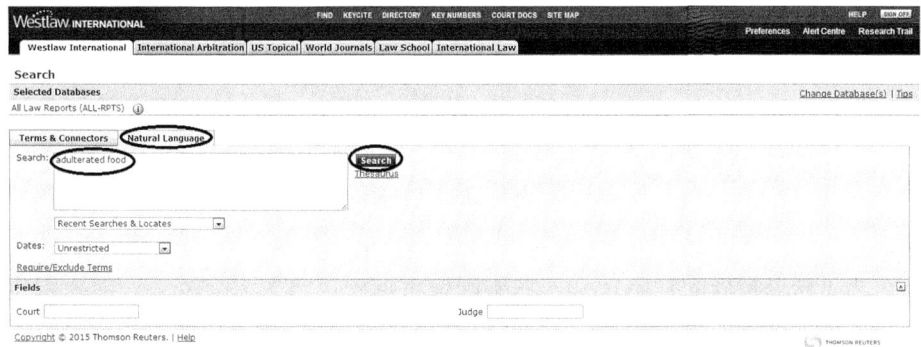

　　检索结果页面（共有100条记录）[1]也是第1篇判例的全文页面（如下图），点击页面右上角的向下箭头可以将该篇全文下载；点击页面最下方的"Term"左右的小三角键可以实现在一篇文档中关键词之间的跳转；点击"Best"右侧的三角键可以锁定一篇文档中和关键词最相关的部分并高亮显示；[2]点击"Doc 1 of 100"左右的小三角键可以实现在100篇检索结果文档之间的跳转。此外，还可通过页面左上角的"Locate in Result"键在结果中进一步检索，缩小筛选范围。

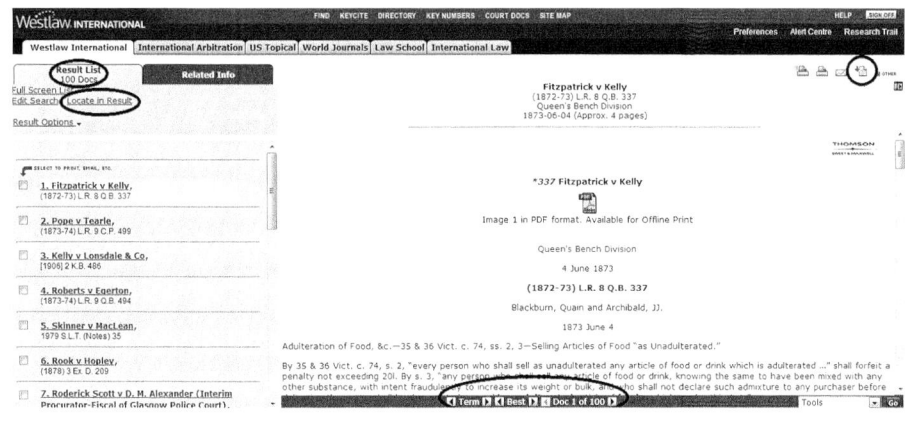

　　[1]　自然语言检索结果通常会出现100条按照相关度排序的记录。

　　[2]　用一个关键词进行检索，检索结果非常少或者不理想时，可以在一篇文档中"Term"（关键词）的上下文中寻找关键词的同义词或者近义词，或者点击"Best"右侧三角键在一篇文档中和关键词最相关的高亮部分寻找关键词的同义词或近义词，或者在一篇文档的摘要部分寻找关键词的同义词或近义词，用新的表述更精确的关键词重新开始检索，以保证找到相关的结果。

2. 通过"Terms & Connectors"检索（术语和连接符检索）相关判例

与自然语言检索相比，术语和连接符检索是更为精确的检索。术语（Terms）指输入的检索词或关键词，连接符（Connectors）是连接不同检索词[1]并表示它们之间一定逻辑关系的符号。术语和连接符共同组成一个检索指令[2]，如 narcotic & warrant 表示两个检索词必须同时出现在一篇文档全文中。

为了获取精确的检索结果，除明确检索词的逻辑关系之外，还需要限定字段，即关键词或检索词在一篇文档中出现的具体位置。比如，希望检索词出现在判例的摘要部分表示为 summary（Microsoft），两个检索词同时出现在判例的判决部分表示为 holding（contract）& holding（breach）。[3]

在 Westlaw International 中通过术语和连接符检索判例，能否找到相关的判例取决于字段的选择，即关键词或检索词是否出现在一篇判例的要旨部分（事实和判决部分）或摘要部分。其中，最常用的字段有两个。

（1）查找美国判例最常用的是判例要旨字段（Synopsis/Digest）。比如，查找美国食品安全中和添加剂有关的判例，关键词选择"food safety"和"additive"。

具体方法：进入 Westlaw International 首页（如下图），选择页面右侧"U. S. Federal Materials"项下的"Cases"子库，在打开的次级页面选择"All Federal & State Cases"（美国联邦和各州判例集）。

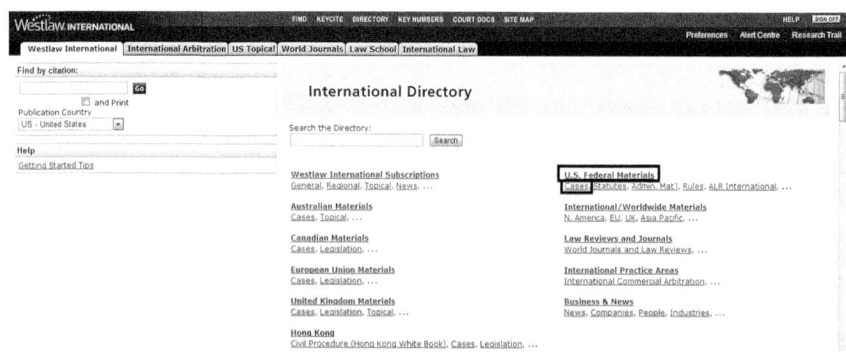

---

［1］ 为了获得精确检索结果，通常会选取两个或更多的课题关键词。

［2］ 简单理解，检索指令应该指由检索词、表示检索词之间逻辑关系的连接符以及检索词在文档出现具体位置的三部分组成的一串能够让系统执行特定任务的符号。

［3］ 术语和连接符检索介绍详见本书第四章第四节美国法律资源检索。

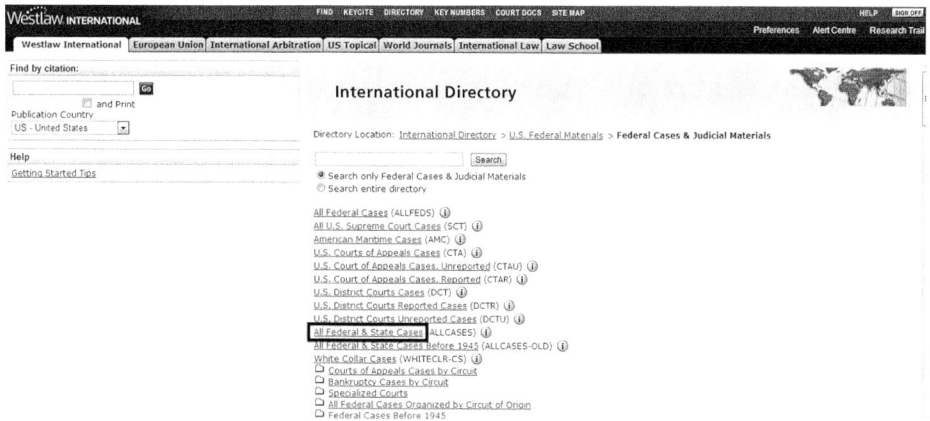

　　进入"All Federal & State Cases"页面后（如下图），系统默认为术语和连接符检索，点击页面左侧"Fields"旁边的下拉菜单，选择判例要旨〔"Synopsis/Digest – SY，DI（）"〕字段，点击该字段会自动跳到上方检索框，在检索框"SY，DI（）"的括号中输入第一个关键词"food safety"（关键词不止一个单词时，为避免分开检索，要加""引起来）。

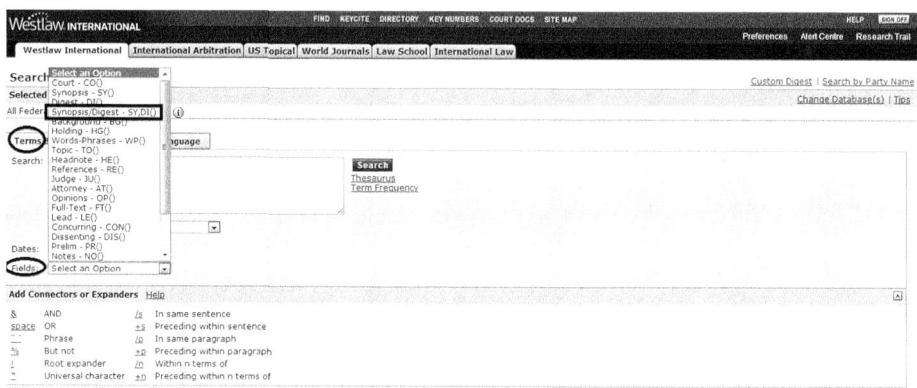

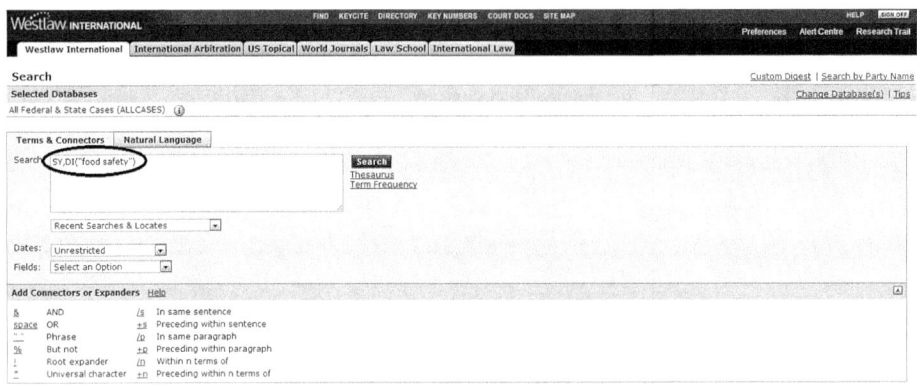

然后再次选择该字段（如下图），输入第二个关键词"additive"，点击"Search"键。

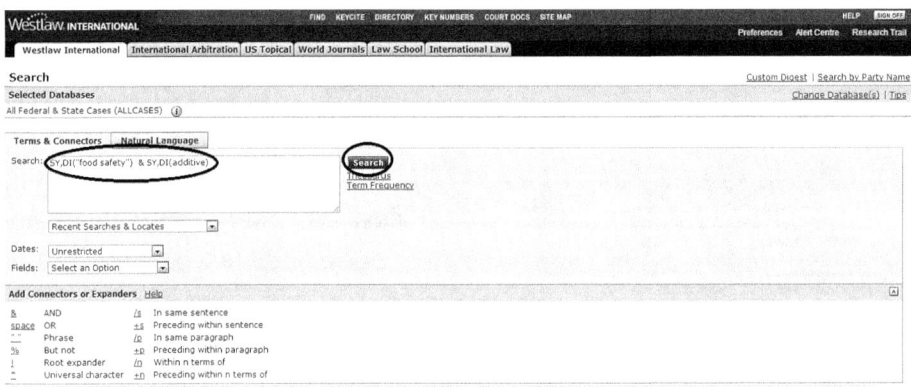

检索结果页面显示（如下图），有 1 条满足条件的记录，点击页面右上角的向下箭头可以下载该篇判例全文；点击页面左侧"KeyCite"项下的"Citing References"可查看该篇判例的被引用情况；点击"Case Outline"可查看判例摘要信息；点击"ResultsPlus"可查看该篇判例的相关文献。

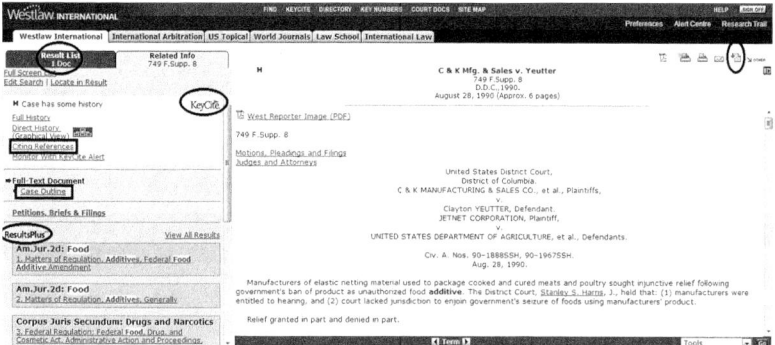

（2）查找除美国外世界其他国家判例最常用的是判例摘要字段（summary）。如查找欧盟及其成员国关于食品安全的判例，关键词选择"food safety"。

具体方法：进入 Westlaw International 首页（如下图），在页面中上方检索框中输入"European Reports All"（欧洲判例汇编），点击"Search"键，将该欧洲判例集子库找出来。

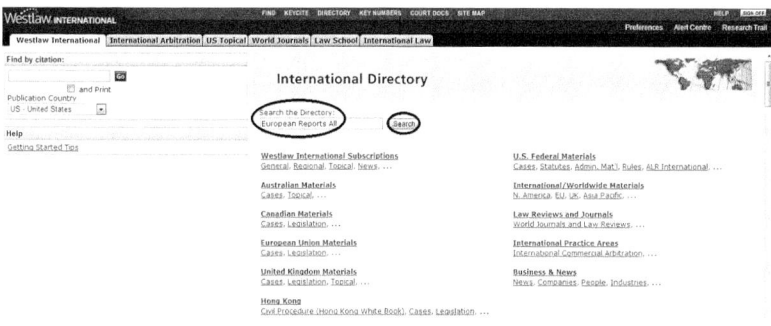

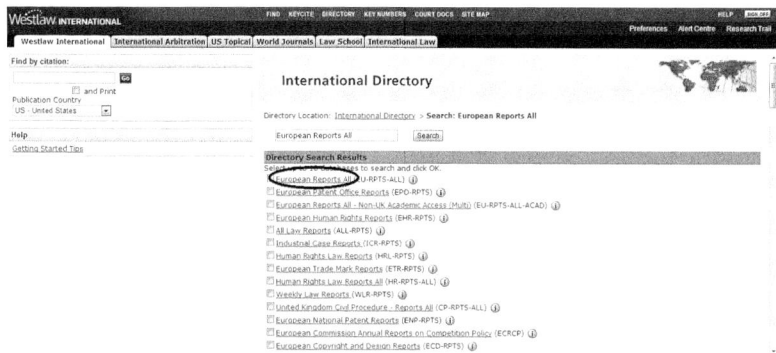

点击进入"European Reports All"子库页面（如下图），点击"Field"（字段）右侧的下拉菜单，选择"Summary"（判例摘要），该判决摘要字段"SU（）"会自动跳到上方的检索框，在其后括号中输入关键词"food safety"，点击页面的"Search"键。

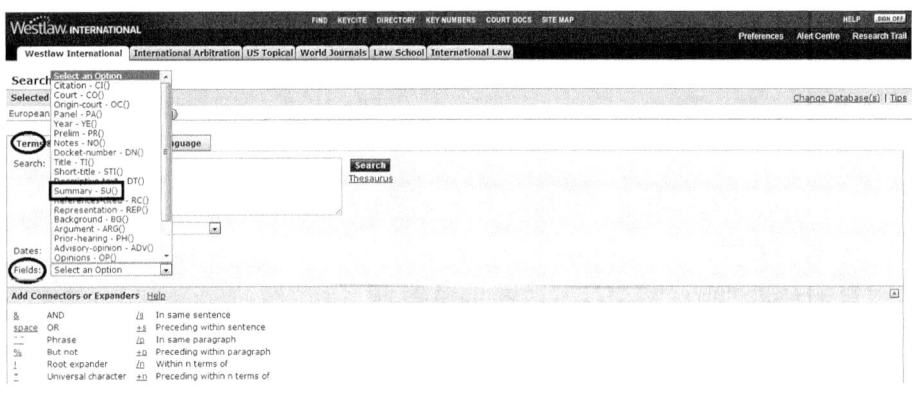

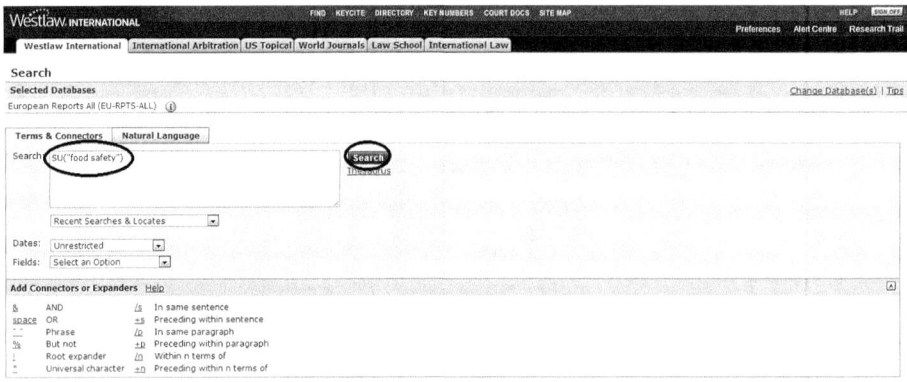

检索结果页面（共36条记录）（如下图），点击页面右上角的向下箭头可下载判例全文，点击页面左上角的"Locate in Result"（在结果中检索），可以进一步添加限制条件，缩小检索范围。

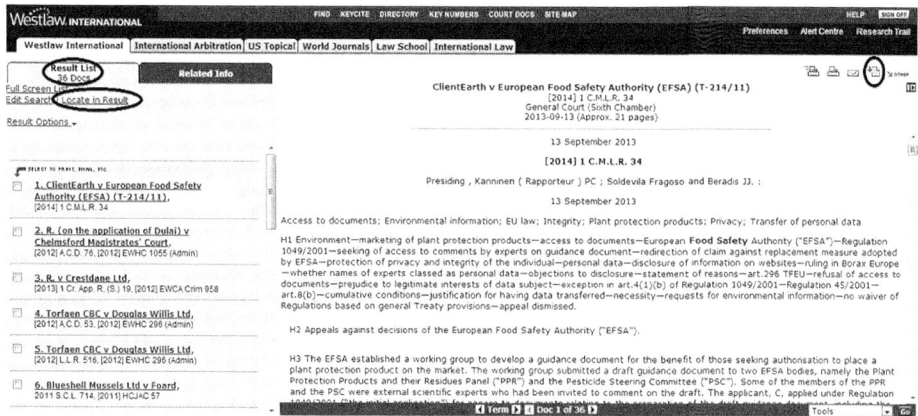

(三) 已知判例的引证号检索相关判例〔1〕

引证（引称）号，即 citation，是判例的汇编机构为援引便利，在汇编判例时为每篇判例编的、由字母和数字组成的一串字符，类似于人的身份证号，只不过如果一篇判例被不同的汇编机构汇编整理，它就会有不止一个引证号，但是不管其中的哪一个引证号，都可以直接找到该篇判例。

比如查找引证（引称）号为"5 U. S. 137"的一篇判例。

具体方法：进入 Westlaw International 首页（如下图），在页面左上角的"Find by citation"下方检索框中输入"5 U. S. 137"，点击右侧"Go"键。

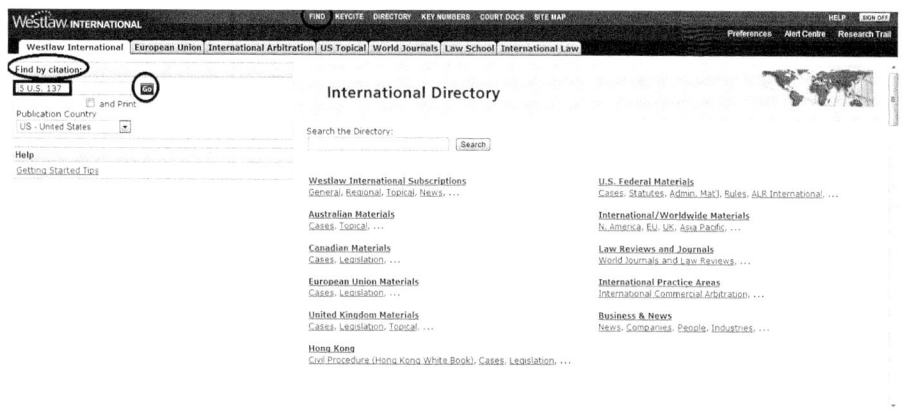

---

〔1〕 如果开始检索时，已知信息比较多，建议优先使用引证号检索，因为引证号检索是最便利的检索方法。

或者进入 Westlaw International 首页（如下图），点击页面最上方的"FIND"键，在打开的次级页面左上角的"Enter citation"下方检索框中输入引证号"5 U.S.137"，点击右侧的"Go"键。

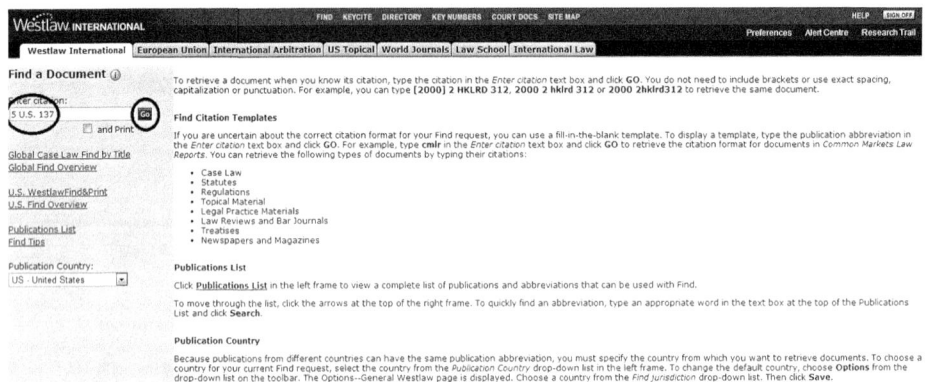

以上两种方法都可以直接找到该判例（如下图），在判例全文页面可以下载该篇判例，查看其后被引用的报告、判例的摘要以及相关文献等。

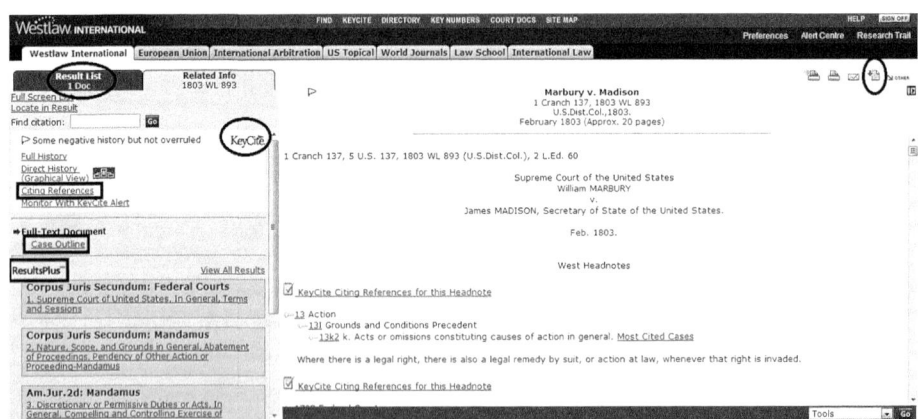

（四）通过未知判例信息检索相关判例

以上通过判例的名称、引证号或关键词查找判例的方法中，最便捷的是通过引证号查找，但是无论是哪种查找方法，前提都是我们在开始检索时要知道所查找的判例的名称、引证号或关键词。实际上，我们在检索时拥有的准备信息往往是零散的、不完整的，这时可以通过阅读已有文献的参考文献、脚注，或者直接在 Google、"谷粉搜搜"或维基百科中查找该篇判例，从其背景信息中获取相关信息后，再到 Westlaw International 中按照上述方法进行检索，就会快速找到相关判例。

如查找"马布里诉麦迪逊案"的英文名称或引证号。

具体方法：进入"谷粉搜搜"首页（http://www.gfsoso.com）（如下图），在检索框中输入关键词"马布里诉麦迪逊"，点击页面"谷粉搜搜"，在打开的次级页面选择第 1 条记录"马伯利诉麦迪逊案 – 维基百科"，然后在打开的维基百科页面可以查看该案准确的英文名称和引证号。

（五）通过钥匙码（Key Numbers）检索相关判例[1]

（六）Westlaw International 检索判例的特别提示与常见错误

1. 特别提示

上述通过关键词检索，常用的字段选择是一篇判例的要旨或者摘要。除此之外，还可以通过选择下图中的主审法院"Court"字段检索某一主审法院做出的案件，或者通过选择主审法官"Judge"字段检索某一主审法官审理的相关案件。总而言之，用什么样的方法检索，还是取决于开始检索时我们手里掌握的已知信息。

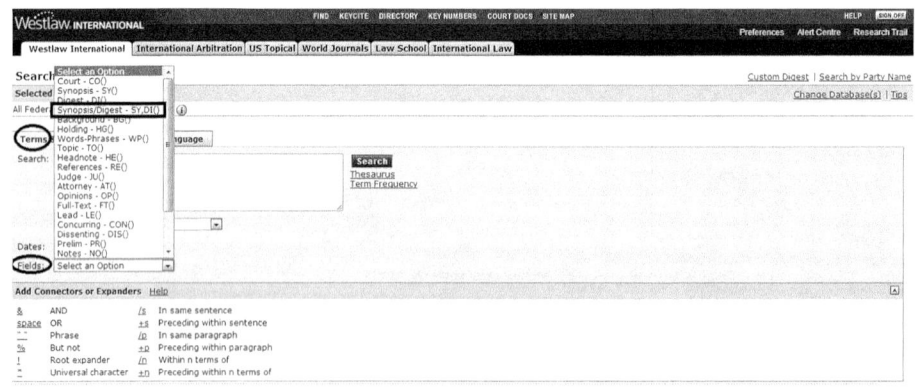

---

[1] 钥匙码检索法详见本书第四章第四节美国法律资源检索。

2. Westlaw International 检索判例常见错误

错误一： 把首页搜索子库的检索框当成搜索文档的检索框。通过关键词检索判例，进入 Westlaw International 首页（如下图），直接在页面 "Search the Directory" 下方检索框中输入关键词。一定要注意，这个检索框是用来查找子库的，而不是查找相关文档全文的。通过关键词在 Westlaw International 中检索判例，一定要先找对相应的子库。

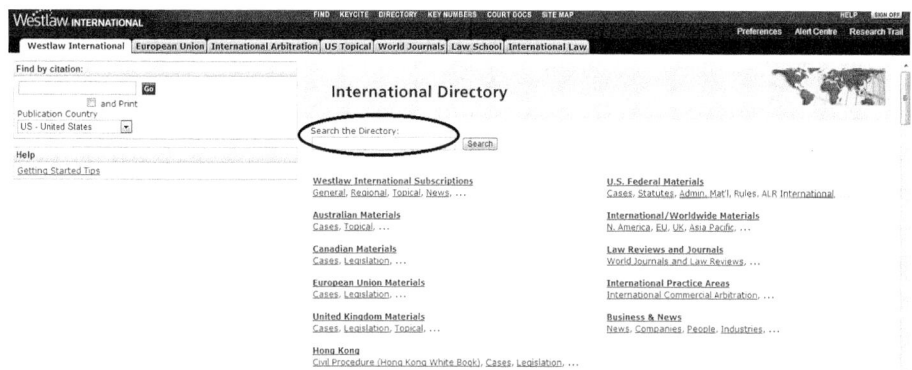

错误二： 找对子库后，直接输入关键词开始全文检索会导致很多不相关结果的出现。（如下图）进入"美国联邦和各州判例集"子库后，如果不选择"Fields"右侧下拉菜单中的字段，直接在页面左侧的"Search"右侧检索框中输入关键词（如输入"food safety"），系统默认执行全文检索，即关键词在一篇文档的正文中只要出现一次就会被检索出来，很多不相关结果的出现会给筛选造成困难。

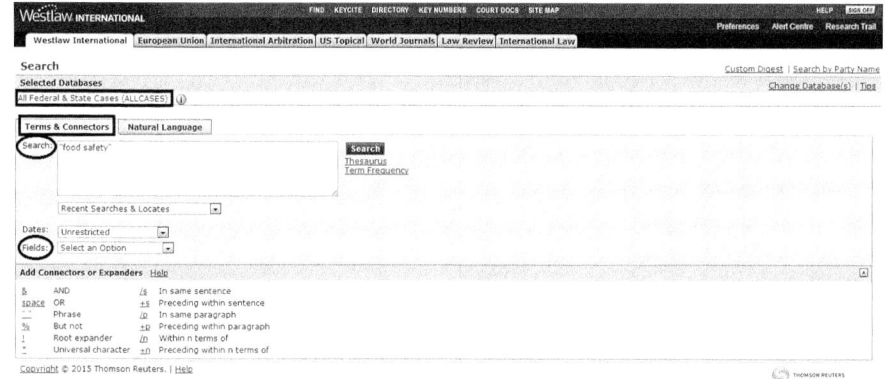

四、利用 Lexis. com 法律数据库检索国外判例〔1〕

Lexis. com 提供世界多个国家和国际组织的判例资源，包括美国联邦和各州的判例法、英国、加拿大、澳大利亚、欧盟、WTO 等的判例。

在 Lexis. com 中检索判例，通常有如下几种方法：

（一）已知判例一方或双方当事人名称检索相关判例

1. 已知判例双方当事人名称检索判例

以查找"marbury v. madison"为例。

具体方法：打开"Lexis. com 首页"页面（如下图），点击页面上方的"Legal"进入 Lexis 法律资源总库。

---

〔1〕 Lexis. com 法律数据库介绍详见本书第二章第一节中外法律法规（成文法）检索和 Lexis. com 使用指南（http://lib. tsinghua. edu. cn/database/guide/lexis_ manual. pdf，2015/3/16）。

　　进入"Legal"首页（如下图），点击页面左上角的"Get a Document"右侧的下拉菜单，选择"By Party Name"进入次级页面，分别在页面左上角输入双方当事人名称，选择下方管辖法院"Federal and State Courts"，并点击页面最下方的"Search"键。

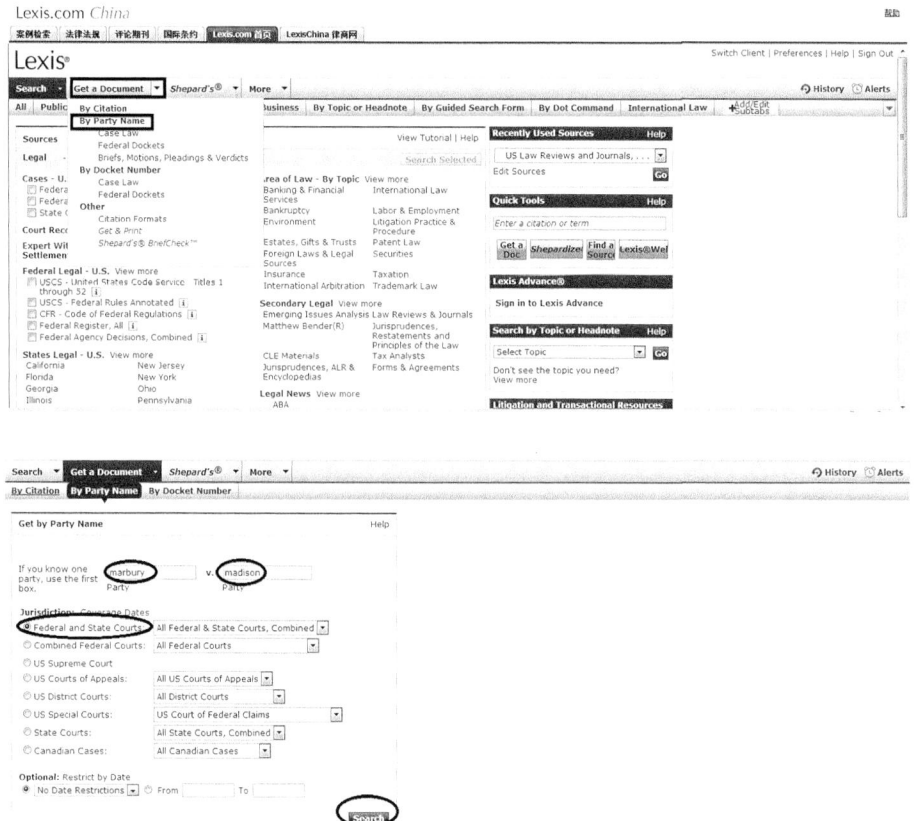

　　检索结果页面（如下图），显示该篇判例全文，点击页面右上角的小软盘标志可直接下载全文；点击页面上方的"More Like This"可查看相似判例；点击旁边的"Shepardize®"可查看该篇判例的被引用情况，如被其后的判例推翻、肯定或者质疑等；页面左侧的"Case File"下方汇总了所有与选定的这篇判例相关的法庭记录、期刊论文、专家评注等信息；点击页面下方的"Outline"，可查看该判例的背景、摘要或关键词等信息。

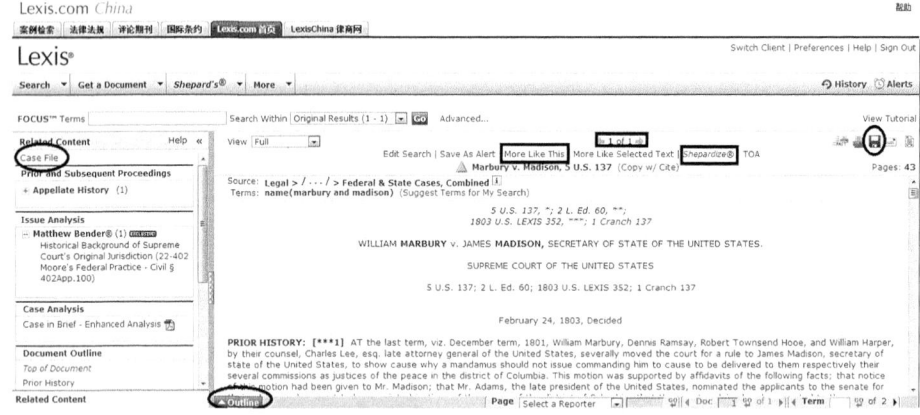

2. 已知判例一方当事人名称检索判例

以查找微软公司（Microsoft）为一方当事人的判例为例。

具体方法：进入通过当事人名称检索判例页面（"By Party Name"页面）（如下图），输入一方当事人"microsoft"（字母不分大小写）名称，选择页面左侧管辖法院为"Federal and State Courts"，点击页面下方的"Search"键。

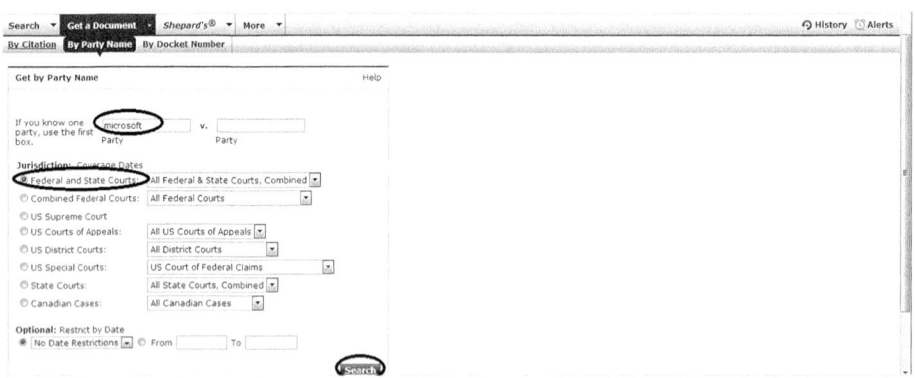

检索结果页面（共有1350条记录）（如下图），显然，这么多的结果是不利于筛选的，此时可以返回上图界面进一步添加限制条件，如选择更具体的管辖法院或时间。也可以在有1350条记录的这个页面中添加条件，进一步在结果中检索。如查找美国反垄断和微软公司有关的判例，这时可直接在1350条记录页面左上角的"FOCUS Terms"右侧检索框中输入"antitrust"，点击右侧的"Go"键（如下图）。

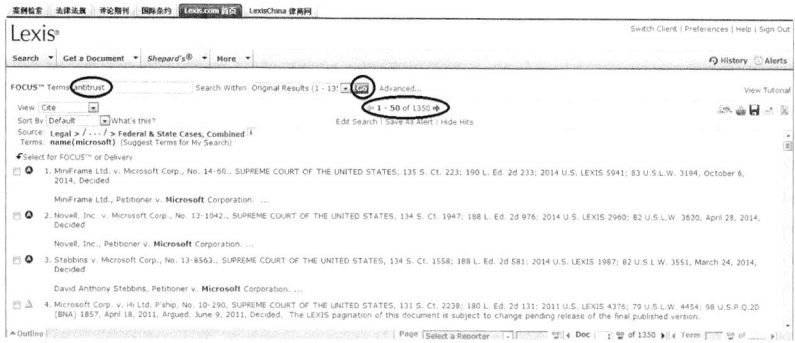

检索结果页面（如下图），仍有 237 条记录，还可以点击页面上方的
"Advance…"键，在打开的次级页面中进一步添加限制条件，如时间限制为
近两年，并点击页面下方的"FOCUS"，继续检索，最后找到相关记录 18 篇，
比较适合筛选，点击 18 篇中的任何一条记录，都可查看该篇判例的全文。

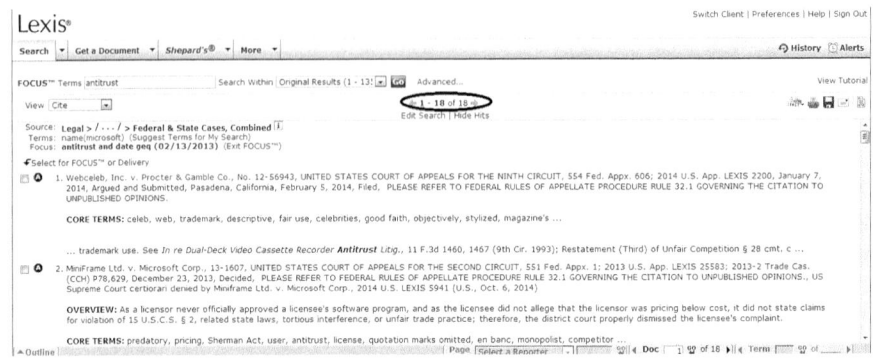

（二）已知判例引证号检索相关案例

以查找引证号为"5 U. S. 137"的一篇判例为例。

具体方法：进入"Lexis. com 首页"（如下图），点击页面上方的"Legal"进入 Lexis. com 法律资源总库。

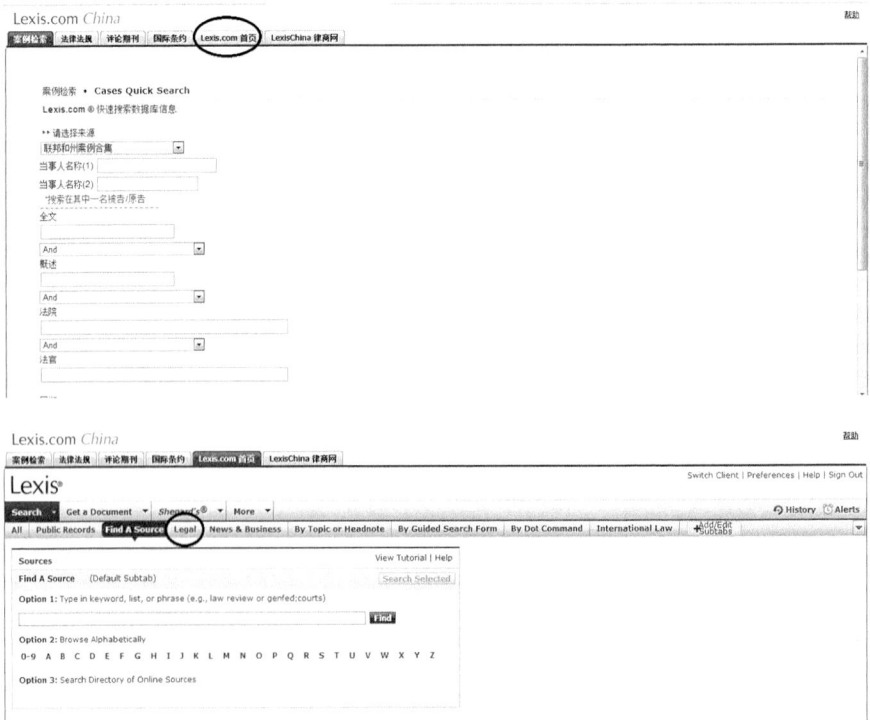

进入"Legal"首页（如下图），点击页面左上角的"Get a Document"右侧的下拉菜单，选择"By Citation"。

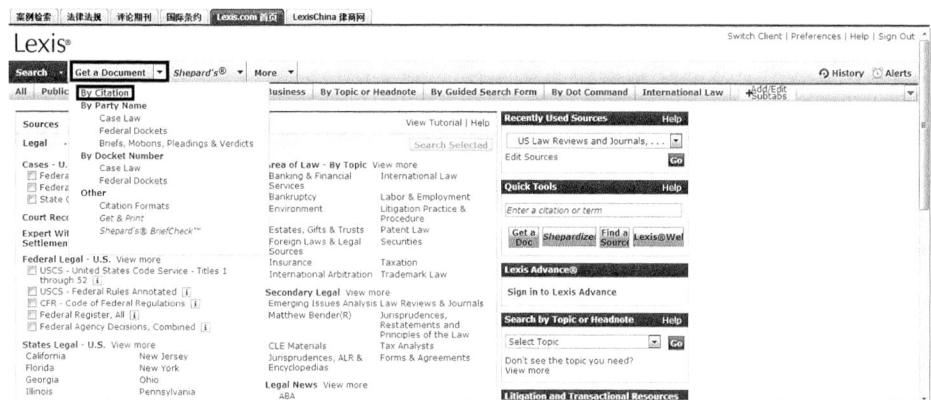

在打开的次级页面左侧检索框中输入判例的引证号"5 U. S. 137"（如下图），点击右侧的"Get"，可直接找到该篇判例全文。

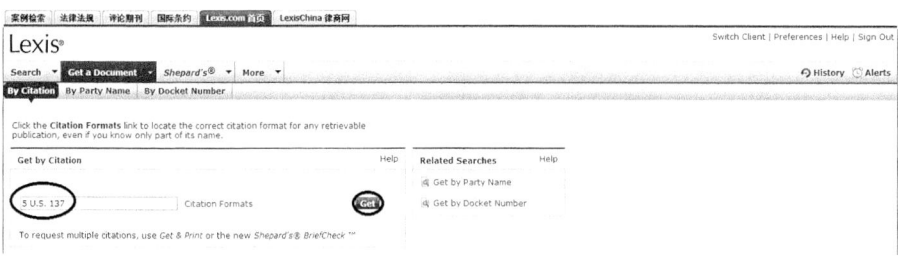

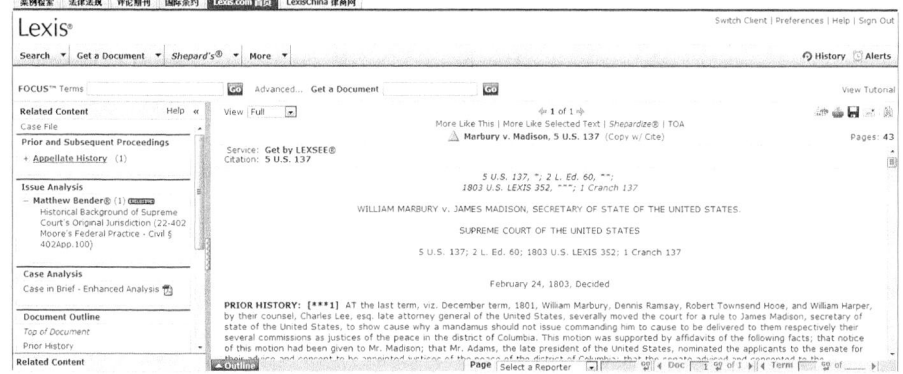

（三）已知判例的关键词查找相关判例

在 Lexis. com 法律数据库中通过关键词查找判例，通常也要先找对相应的子库[1]，常用查找判例的子库主要有两个：一是 "Federal & State Cases, Combined"（美国联邦和各州判例合集），二是 "Find Laws by Country or Region"，单个国家或地区判例集。

在 Lexis. com 中通过关键词检索判例，通常也支持两种检索方式，"Natural Language"（自然语言检索）和 "Terms & Connectors"（术语和连接符检索）。这两种检索方式与 Westlaw International 自然语言检索、术语和连接符检索方法基本相同。自然语言检索相对比较简单，不需要对关键词或检索词进行设置，通常是按我们日常说话的方式输入关键词就可以；而术语和连接符检索需要根据一定的逻辑关系对关键词或检索词进行设置，相对复杂，但是检索结果比较精确。

1. 通过 "Natural Language"（自然语言检索）检索相关判例

（1）以查找美国食品安全相关判例为例，关键词选为 "food safety"。

首先，找到美国联邦和各州判例子库。进入 Lexis. com 首页（如下图），点击页面上方的 "Legal"，然后在打开的次级页面选择 "Federal & State Cases, Combined"，进入 "美国联邦和各州判例合集" 子库。

---

[1] Lexis. com 法律数据库和 Westlaw International 数据库非常相似，为查找便利，它们都根据不同分类将整个数据库划分成无数子库，子库之间有交叉和重复，具体选择哪个数据库检索判例取决于开始检索时我们掌握的已知信息，已知信息不同，所选的子库和检索路径也不同。

　　（如下图）在"美国联邦和各州判例合集"子库检索页面中间的检索框中输入关键词"food safety"（默认检索方式为"Natural Language"），点击页面中间的"Search"键。

　　检索结果页面（共有 203 条记录）（如下图），此时检索结果默认排序方式为"Relevance"，可直接选择列表记录中的相关结果查看判例全文，也可以通过新的关键词在结果中进一步检索，缩小检索范围。比如需要检索"和牛肉安全相关的判例"，可在 203 条检索结果页面左上角的"FOCUS Terms"右侧的检索框中输入另一个关键词"beef"，并点击右侧的"Go"键。（还可以通过该页面上方的"Advanced…"键添加限制条件，缩小检索范围。）

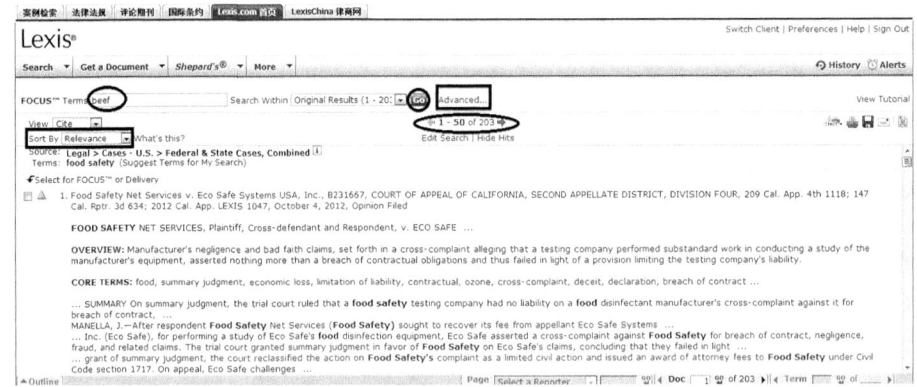

检索结果页面（共 15 条记录）（如下图），点击任一条可以查看判例全文。

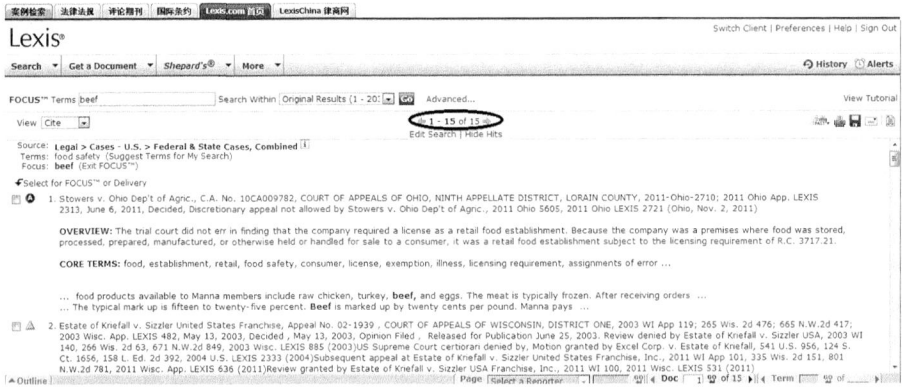

（2）以查找欧盟食品安全相关判例为例，关键词选为"food safety"。

首先，找到欧盟法律资料子库。（如下图）进入 Lexis. com 法律数据库"Legal"页面，点击页面下方的"Find Laws by Country or Region"，进入按照国家或地区查找法律资源子库，并在打开的次级页面中选择"Foreign Laws & Legal Sources"，进入外国法律资源子库。

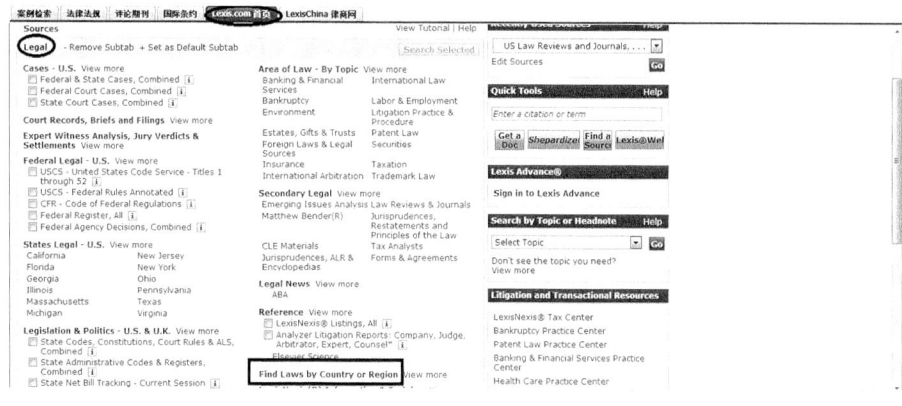

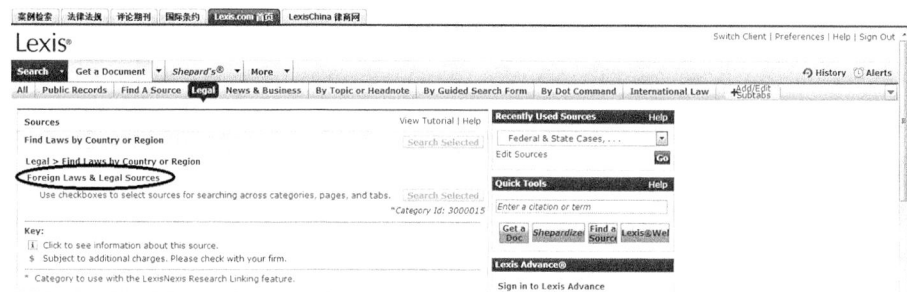

在打开的各国资源列表（按照国家的首字母排序）中选择"European Union"欧盟资料子库并打开（如下图）。

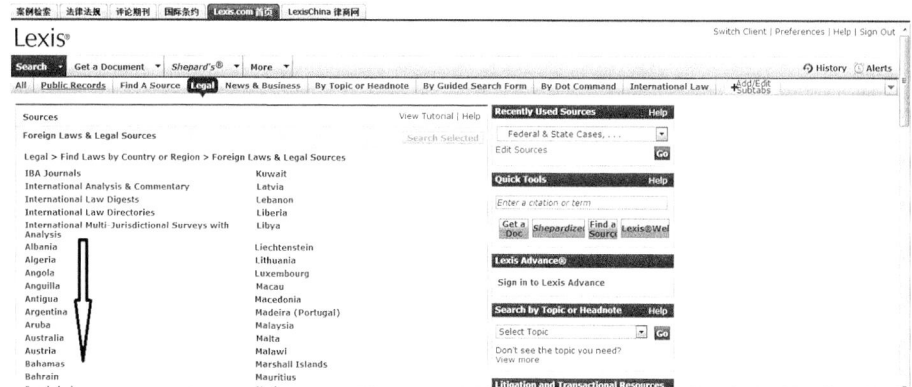

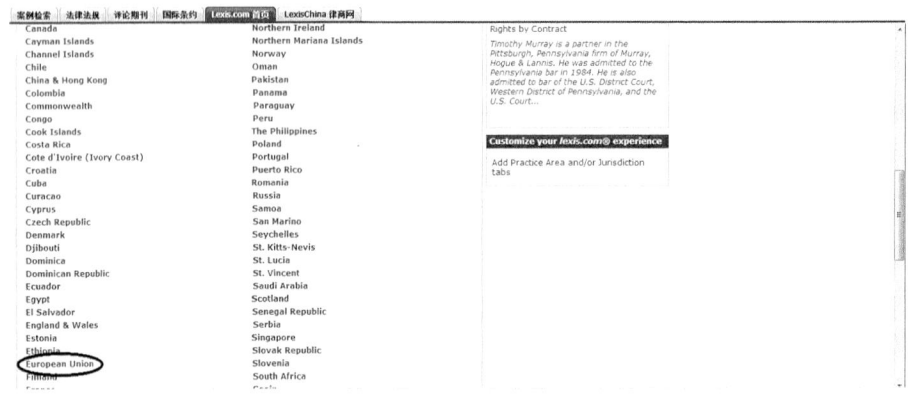

进入"European Union"欧盟资料子库（如下图），选择"Caselaw"判例子库，并在打开的次级页面选择"EUR‑Lex European Union Cases"。

进入"EUR‑Lex European Union Cases"检索页面（如下图），在页面检

索框中输入关键词"food safety"（默认条件为"Natural Language"自然语言检索），点击页面中间的"Search"键。

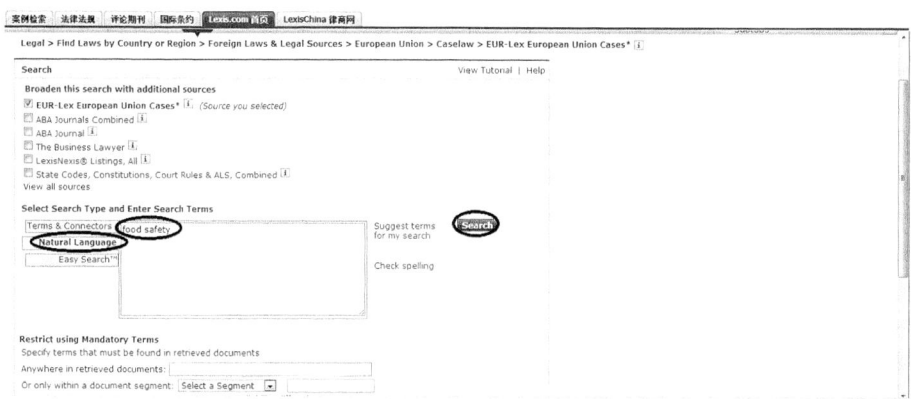

检索结果页面（共有 102 条记录）（如下图），默认排序方式为"Relevance"（相关度），可以任选一条记录查看判例的全文。此外，还可以利用该页面左上角的"FOCUS Terms"右侧的检索框添加新的关键词，实现在结果中检索，进一步缩小检索范围，直到方便筛选为止。

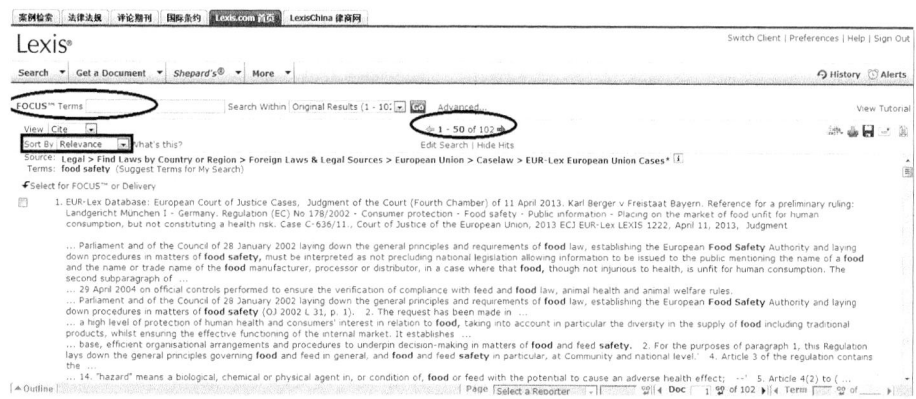

2. 通过"Terms & Connectors"（术语和连接符检索）检索相关判例

（1）以检索美国食品安全相关判例为例，关键词选为"food safety"。

首先，找到美国联邦和各州判例子库（找库方法同自然语言检索）。进入 Lexis. com 首页（如下图），点击页面上方的"Legal"进入法律数据库，然后在打开的次级页面选择"Federal & State Cases, Combined"（美国联邦和各州判例合集）。

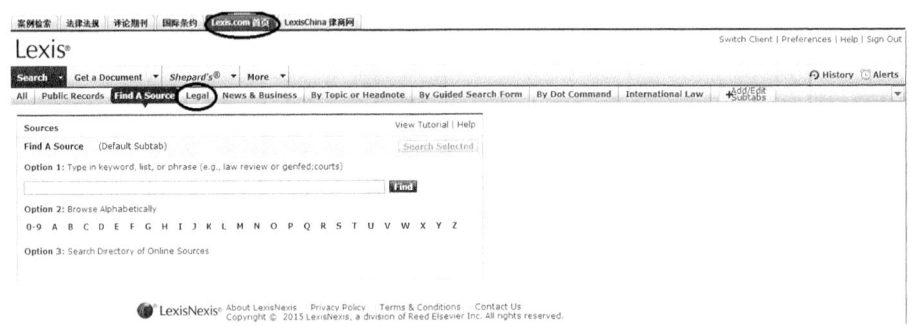

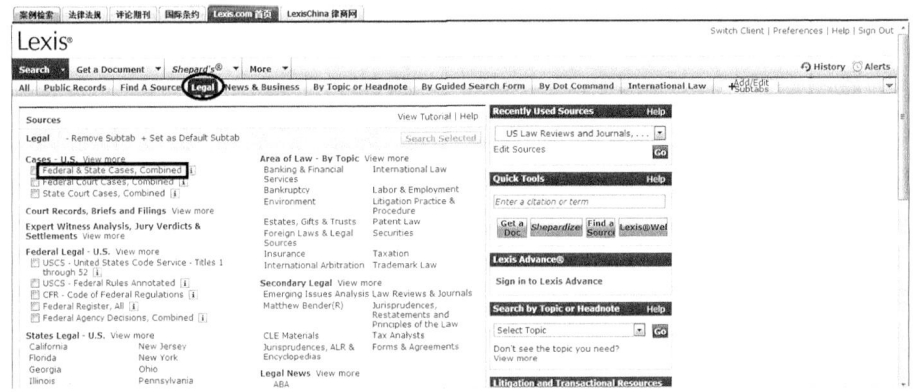

进入"美国联邦和各州判例合集"子库页面（如下图），点击页面左侧的"Terms & Connectors"（选择术语和连接符检索方式，默认为自然语言检索方式），并点开页面左下方的"Select a Segment"〔1〕右侧的下拉菜单。

---

〔1〕 Lexis. com 中关于"Select a Segment"选择字段的介绍详见"Lexis. com 使用指南"，载 http://lib. tsinghua. edu. cn/database/guide/lexis_ manual. pdf，访问日期：2015 年 3 月 16 日。

　　（如下图）在下拉菜单列表中选择"CORE－TERMS"，并在右侧检索框中输入关键词"food safety"，点击右侧的"Add"键后会在上方检索框自动生成一个检索式"CORE－TERMS（food safety）"，再点击右侧的"Search"键。

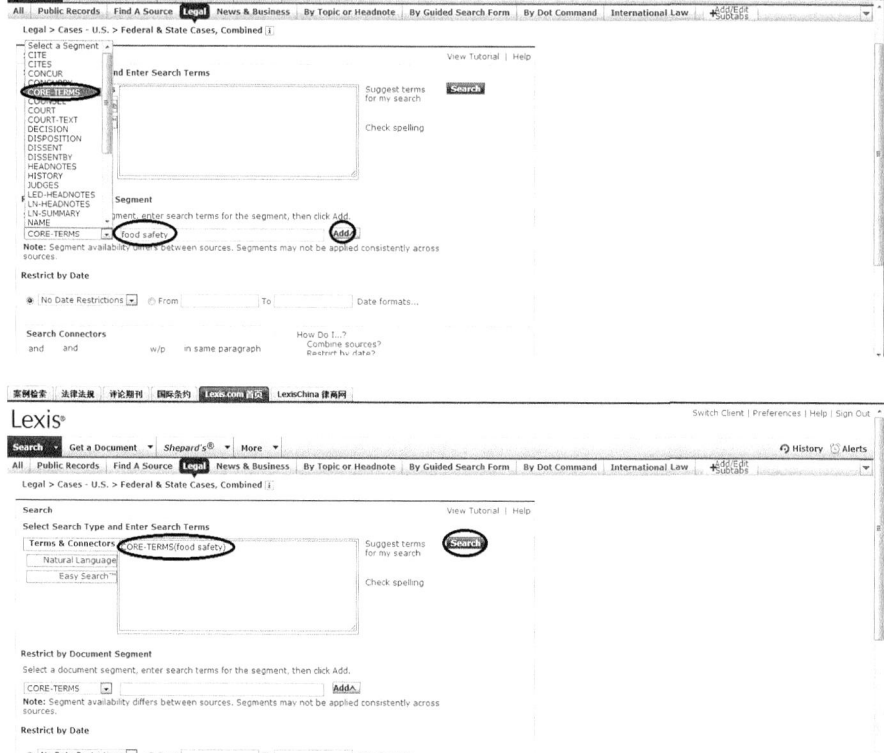

检索结果页面（共有78条记录）（如下图），点击结果列表中的任一条记录都可查看该篇判例全文。

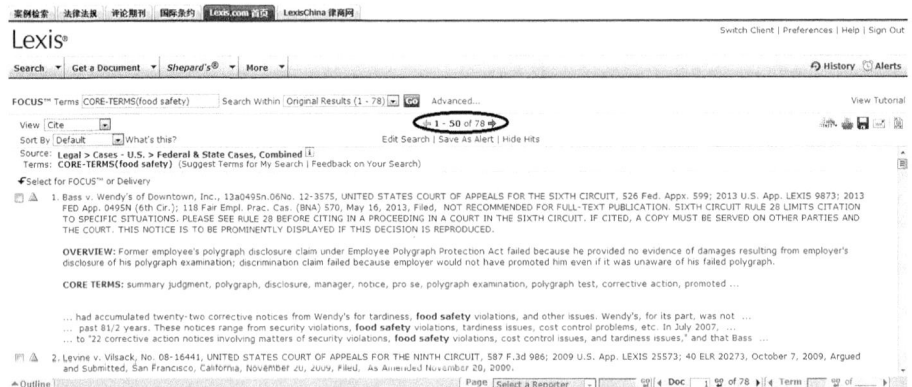

如果对上述检索结果不满意，还可以在检索结果页面（如下图），进一步添加限制条件，精炼检索结果。如点击页面左侧的"Sort By"右侧的下拉菜单中选择"Relevance"可以将78条记录重新按照相关度排序，或通过页面左上方的"FOCUS Terms"添加新的关键词，实现在检索中检索，缩小检索范围。

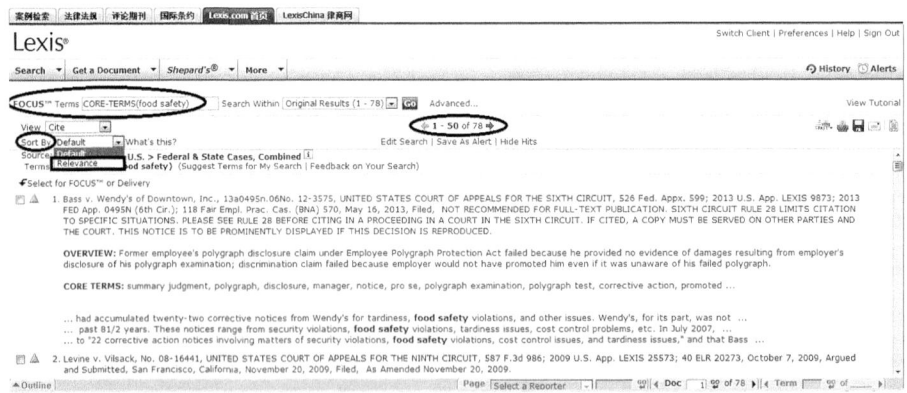

（2）以检索欧盟食品安全相关判例为例，关键词选为"food safety"。

首先，找到欧盟法律资料子库（找库方法同自然语言检索）。（如下图）进入 Lexis. com 法律数据库的"Legal"页面，点击页面下方的"Find Laws by

Country or Region"，进入按照国家或地区查找法律资源子库，并在打开的次级页面选择"Foreign Laws & Legal Sources"，进入外国法律资源子库。

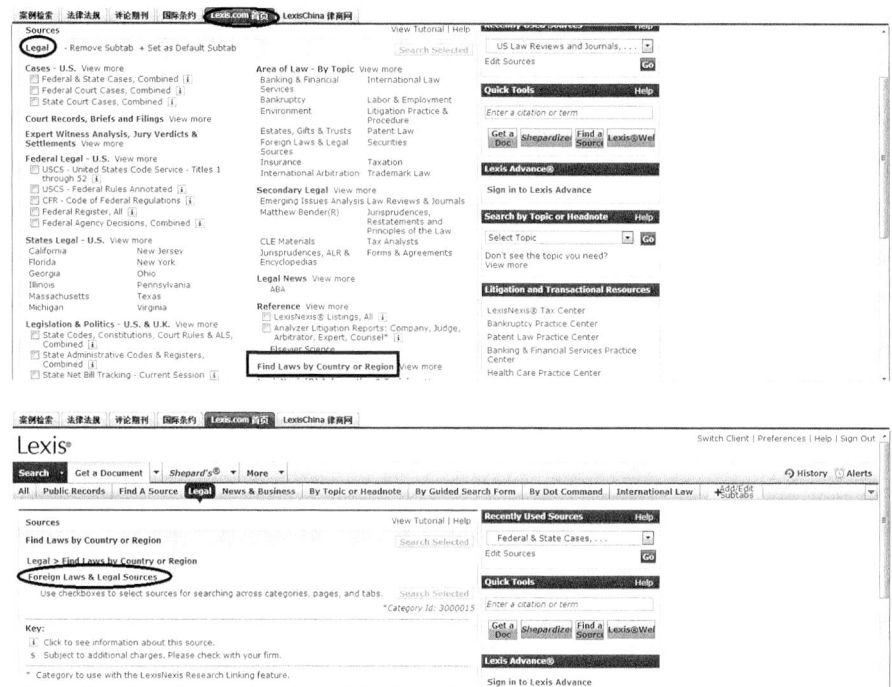

在打开的各国资源列表（按照国家的首字母排序）中选择"European Union"欧盟资料子库并打开（如下图）。

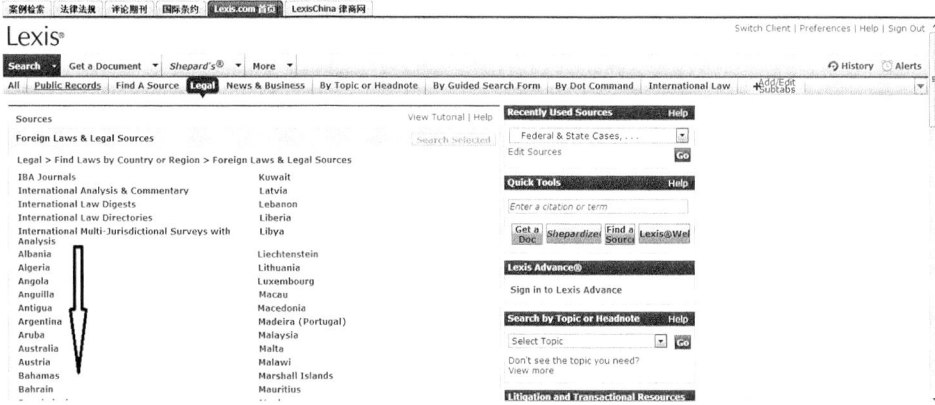

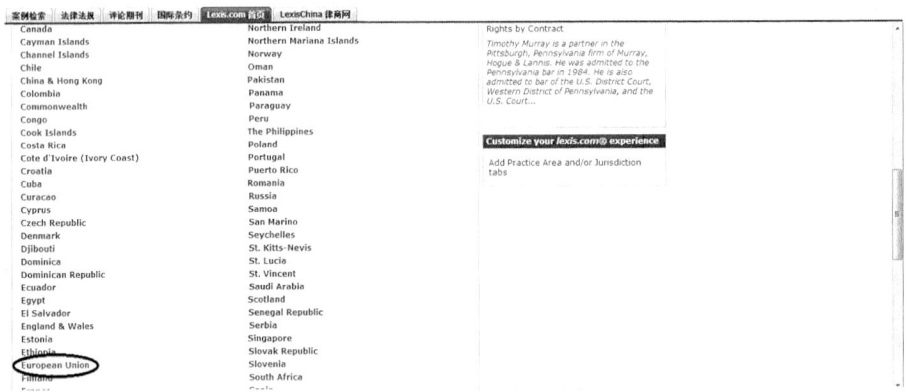

　　进入"European Union"欧盟资料子库（如下图），选择"Caselaw"判例子库，并在打开的次级页面中选择"EUR‑Lex European Union Cases"。

　　（如下图）选择页面左侧的"Terms & Connectors"，并点开页面左下方的

"Select a Segment" 下拉菜单。

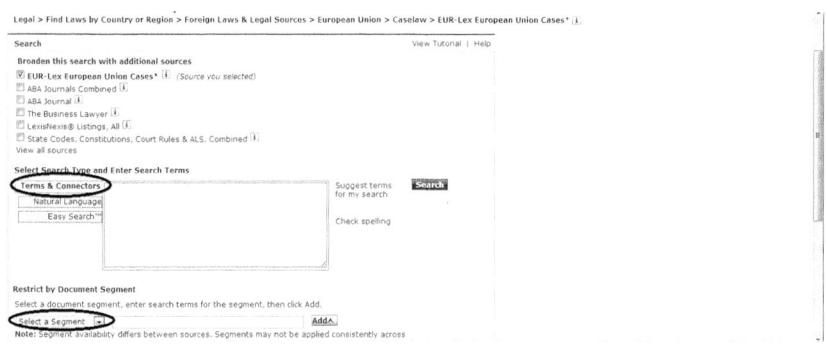

（如下图）在下拉菜单中选择"SYLLABUS"，在右侧检索框中输入关键词"food safety"，点击右侧的"Add"键后会在上方检索框自动生成一个检索式"SYLLABUS（food safety）"，再点击右侧的"Search"键。

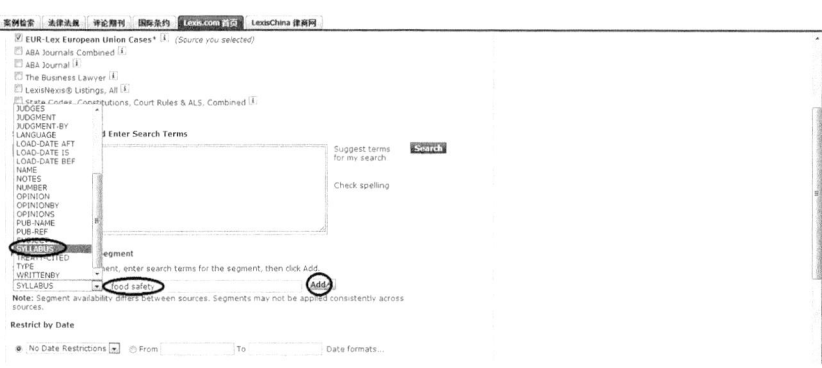

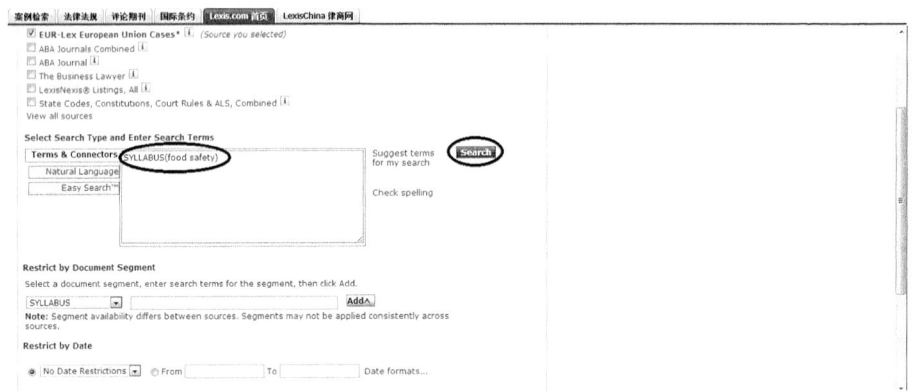

检索结果页面显示（共有 1 条记录）（如下图），点击页面左下角的"Outline"键可查看该篇判例的相关部分，如背景介绍、判决结果、法官意见等等。如果一条记录太少，不能满足需要，可以点击页面上方的"More Like This"查看更多相似的判例。

第三章 ▶CHAPTER 3

二次法律资源检索技能

二次法律资源指不具有法律约束力、对解决法律问题有很大帮助的信息，它是我们了解法学研究的热点、难点和前沿的重要途径，如期刊论文，博、硕士学位论文和电子图书等。

第一节　中外期刊论文检索

本部分重点介绍法学研究中常用的中外期刊论文数据库的检索方法，主要包括中国知网期刊库、万方数据期刊库、HeinOnline 法学期刊库、Ebsco－ASP 法学交叉学科期刊库、JSTOR 早期期刊数据库，并在此基础上介绍不同期刊数据库的互补使用和期刊论文的传递。

一、利用中国知网期刊全文数据库检索国内期刊论文

中国知网期刊全文数据库是 CNKI 系列数据库之一，收录了 1994 年至今（部分刊物回溯至创刊）国内的 9100 多种重要期刊，内容覆盖自然科学、工程技术、农业、哲学、医学、人文社会科学等各个领域。[1] 此数据库是目前国内检索中文期刊论文非常重要的来源之一，也是各学科研究者比较熟悉的，因此，本部分将简单介绍它的一些比较常用的功能。

（一）如何保证检索到相关的论文

要保证检索到相关的论文，主要是通过关键词选取、二者逻辑关系以及

---

〔1〕 "中国知网期刊全文数据库出版内容"，载 http://acad. cnki. net/KNS/brief/result. aspx? db-prefix＝CJFQ，访问日期：2015 年 2 月 8 日。

字段的选择〔1〕来实现的。

以检索"美国食品安全法"相关论文为例。

具体方法：首先关键词选取"美国"和"食品安全法"，二者同时出现在"主题"字段，二者是"并且"的逻辑关系。"主题"字段，是 CNKI 期刊全文库检索论文最常用的字段，它包括了论文的标题、摘要和关键词，选择论文的关键词出现在"主题"字段，二者逻辑关系选择"并且"，就意味着"美国"和"食品安全法"两个关键词要同时出现在论文的标题、摘要或者关键词的位置才能满足条件。如下图，共检索到 96 条相关记录。

对比来看（如下图），如果对关键词不加选取，直接用"美国食品安全法"在"主题"中检索，会发现相关检索记录只有 7 条。

---

〔1〕 字段可以理解为检索范围，或关键词在一篇文档全文出现的位置。字段的含义及详细用法见本书第一章第三节法律信息检索通用方法部分。

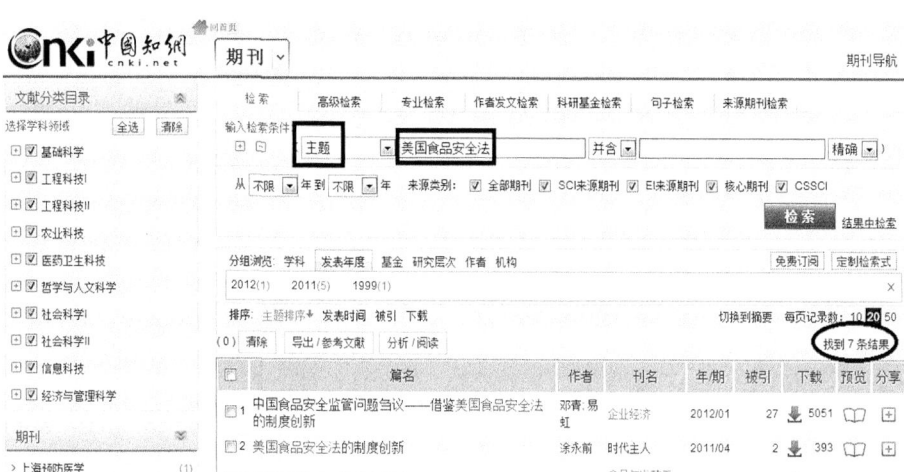

（二）如何锁定核心期刊的论文、发表最新的论文和本领域最有学术影响力的论文

1. 锁定核心期刊

方法有两种：一是在检索开始页面选择 CSSCI 核心期刊（如下图）。

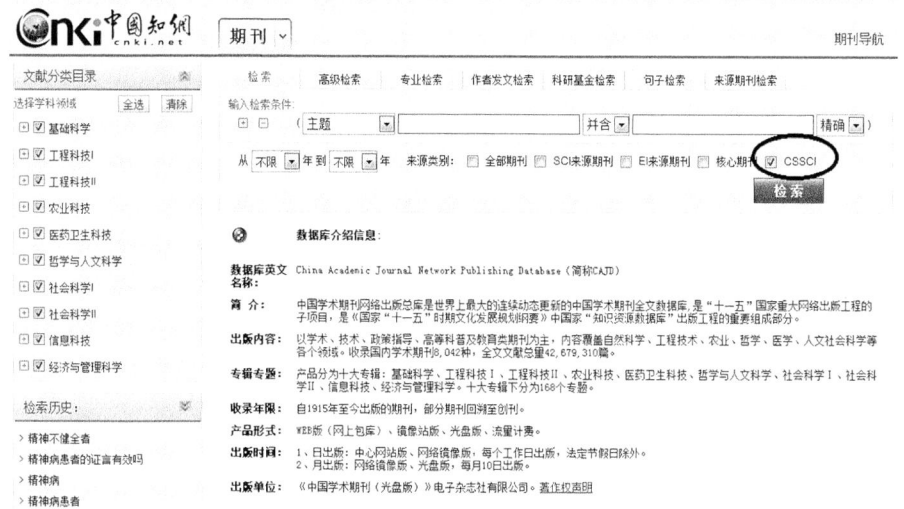

　　二是在检索结果页面（如下图）直接点击左侧的"来源类别"中的"中文社会科学引文索引"（CSSCI），可查看 CSSCI 核心期刊的论文全文。

2. 锁定发表最新的论文

　　具体方法：在检索结果页面（如下图）直接点击"排序"后面的"发表时间"，96 条检索结果记录就会按照论文的发表时间降序排列，最新的论文就会排在结果列表的最前面。（CNKI 期刊全文数据库中检索结果默认排序方式是按照检索结果与关键词的相关度排序的，即页面中"排序"后面的"主题排序"。）

3. 锁定本领域最有学术影响力的论文

具体方法： 在检索结果页面（如下图）直接点击"排序"后面的"被引"，96 条检索结果记录就会按照论文的被引用次数降序排列，被引用次数多的论文就会排在结果列表前方。论文的被引用次数是衡量一篇论文学术水平的重要指标，被引用率高的论文是我们研究问题需要重点参考的，用这一功能可以将其筛选出来。

（三）相关结果少或不理想时如何扩展

如查找关于精神病患者作证的期刊论文，关键词选择"精神病患者"和"作证"。

具体方法： 进入中国知网期刊子库首页（如下图），选择高级检索，检索范围选择"主题"[1]，分别在页面检索框中输入关键词"精神病患者"和"作证"，点击页面下方的"Search"键。

---

〔1〕　也可以选择篇名、关键词和摘要。

检索结果页面（如下图）共有 3 条记录，经查阅 3 条记录都是不相关的。

此时可以通过三种方法扩展检索，或找到新的检索点重新开始检索，直到找到相关结果为止。

一是通过跨库检索扩大检索范围。具体方法：在中国知网期刊子库检索

首页（如下图）点击页面上方"期刊"右侧的下拉菜单，选择"文献"，[1]
其他检索条件和关键词都未变，点击"检索"键。

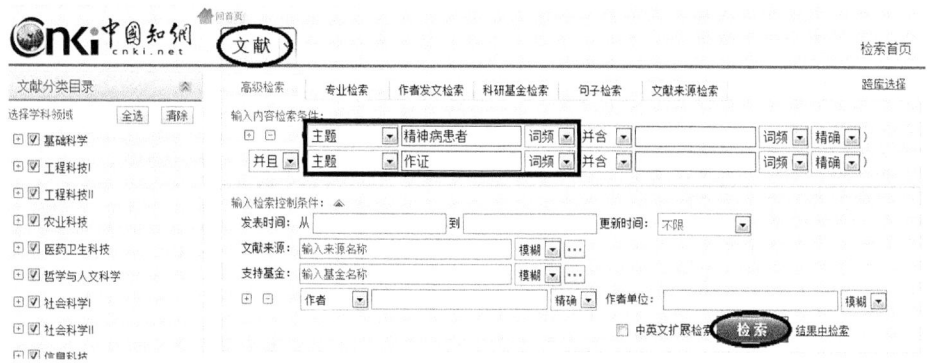

检索结果页面（如下图）共有 8 条记录，如果第 4 条记录（硕士学位论
文）是相关的，可以点击下载。

二是通过一篇相关论文全文页面的相关链接进一步查找相关论文。比如

---

[1]　检索范围选择"文献"，将在中国知网中执行跨库检索，即包括知网收录的所有文献，如期
刊论文、博硕士学位论文、会议论文等等。

上图第4条相关记录的全文页面（如下图），点击页面"本文的引文网络"中的任一项都可以找到相关文献，或者在页面下方相关文献列表中查找。

三是通过在一篇相关论文的全文获取相关信息（新的检索点），如关键词

的同义词、相关注释等，重新设置限制条件开始新的检索。

　　具体方法：下载上图第 4 条记录"论我国民事证人制度的改革与完善"。打开全文（如下图），点击页面上方的"编辑"键，在打开的下拉菜单中选择"搜索"，然后在页面右侧弹出的"请输入搜索内容"下方的检索框中输入一个关键词"精神病患者"，搜索范围默认为"在当前文档"，点击右侧向右箭头图标。

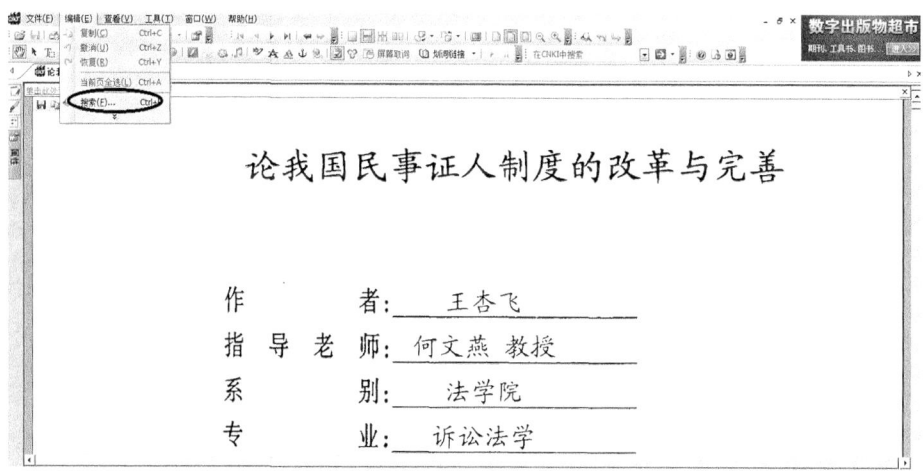

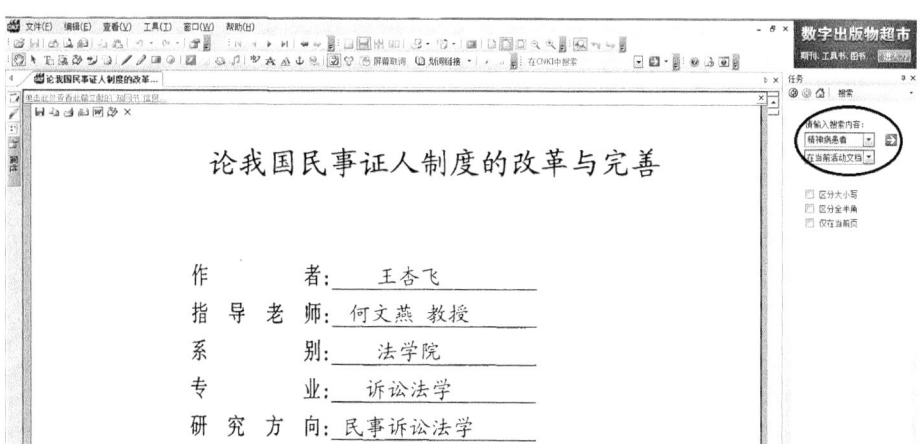

　　搜索结果页面显示（如下图），"搜索结果 3 条"，表示"精神病患者"这个关键词在全文中共出现了 3 次，通过全文定位这一关键词出现的具体位

置，在这三处的上下文中查找相关信息，如点击页面右侧的"相关内容"的第一个关键词链接，可直接将第一个关键词出现的位置找出来，查阅其上下文，可找到一条相关信息。（不同法系国家对精神病患者作证的研究存在差异，据此可初步确定研究的国别范围。）

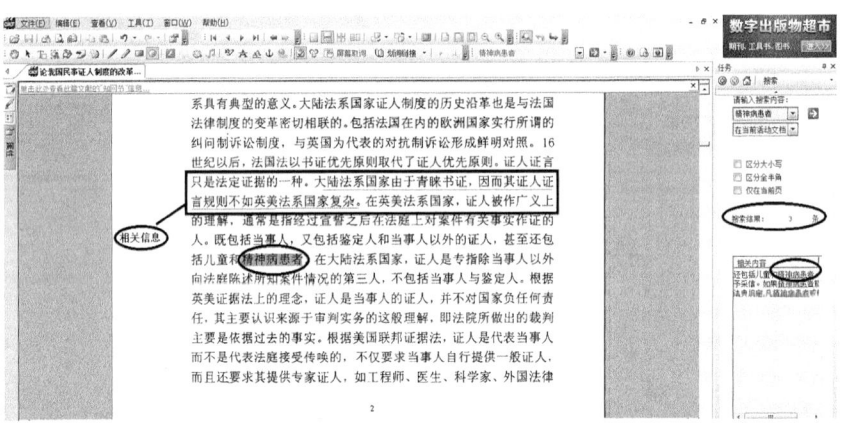

点击搜索结果页面右侧的"相关内容"下方的第二个关键词的链接（如下图）可直接定位第二个关键词在文中出现的位置，通过其上下文的查阅，找到相关注释、国外成文法相关规定，以及关键词的同义词"精神不健全者"。

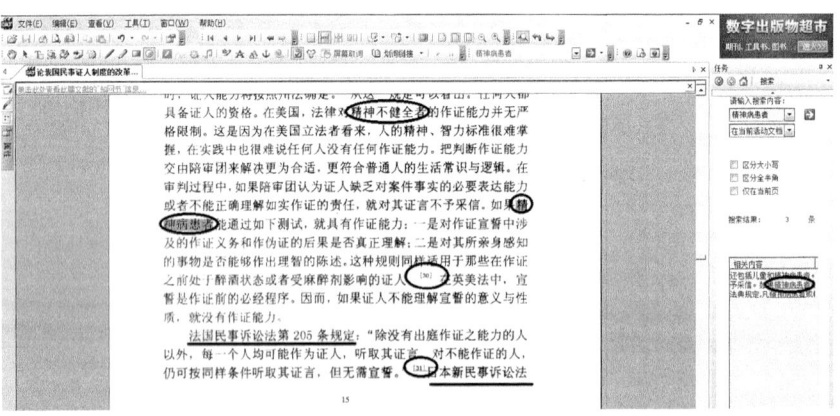

点击搜索结果页面右侧的"相关内容"下方的第三个关键词的链接（如下图）可直接定位第三个关键词在文中出现的位置，通过其上下文的查阅找

到关键词的同义词"证人的精神状态"。

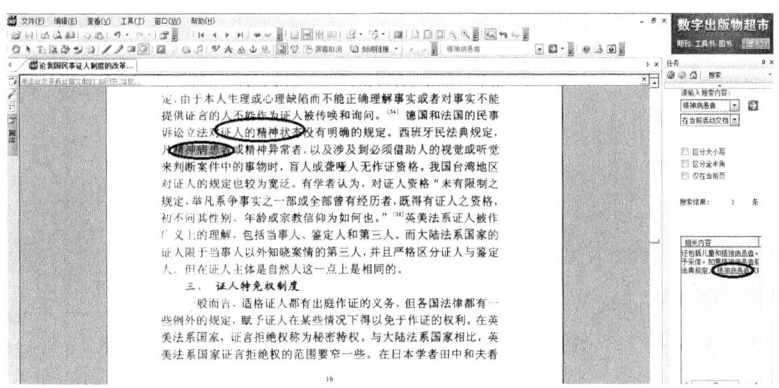

四是通过关键词的同义词或近义词扩展检索，比如已知精神病患者作证的同义词为精神不健全者作证，[1] 用"精神不健全者"和"作证"扩展检索。

具体方法：进入中国知网期刊子库首页（如下图）在检索框中输入关键词"精神不健全者"和"作证"，检索范围默认为"主题"，两个关键词之间逻辑关系默认为"并含"（即两个关键词同时出现在一篇论文全文的主题部分），点击页面右侧的"检索"键。

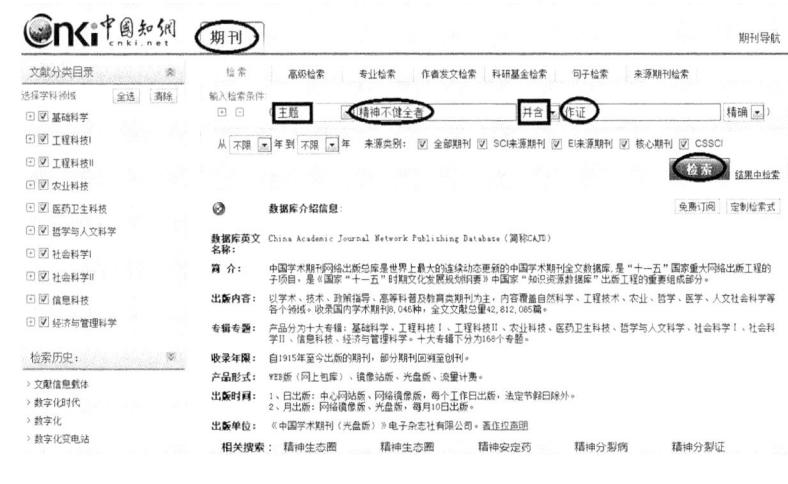

---

〔1〕　关键词的同义词或近义词的查找方法详见本书第一章第三节法律信息检索通用方法。

或进入中国知网期刊子库首页（如下图），在页面检索框输入第一个关键词"精神不健全者"，点击页面"输入检索条件"下方的"＋"号图标添加检索框〔1〕，输入第二个关键词"作证"，检索范围默认"主题"，两个关键之间的逻辑关系默认为"并且"（即两个关键词同时出现在一篇论文全文的主题部分），点击页面右侧的"检索"键。

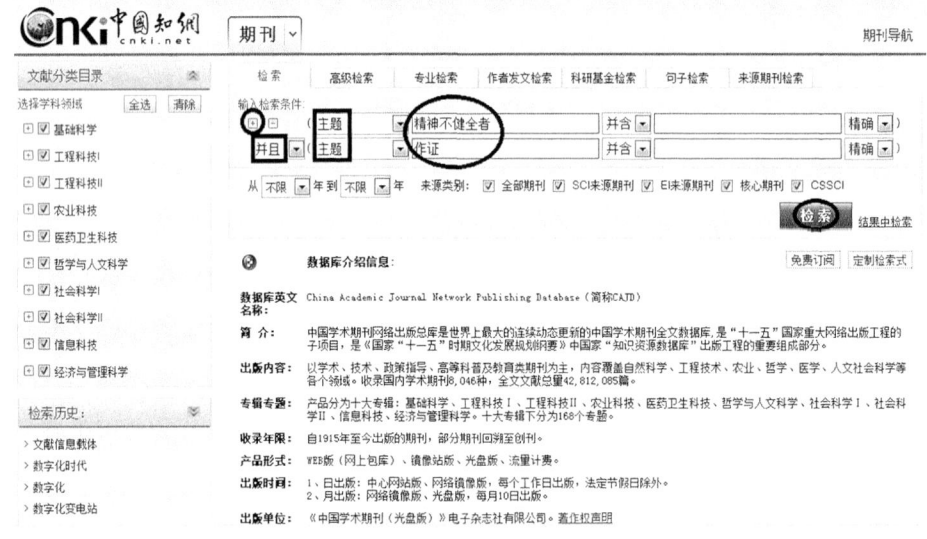

二、利用万方期刊全文数据库检索国内期刊论文

万方期刊全文数据库集纳了理、工、农、医、哲学、人文、社会科学、经济管理与教科文艺等8大类100多个类目近6000种期刊。从2001年开始，数字化期刊已经囊括我国所有科技统计源期刊和重要社科类核心期刊，多达2987万条的海量数据库资源。〔2〕万方期刊全文数据库也是法学研究必不可少的中文期刊全文数据库之一。

以检索"美国食品安全法"为例，介绍其常用功能。

---

〔1〕　关键词为两个或以上时，可通过点击"＋"号图标添加检索框。
〔2〕　"万方期刊全文数据库简介"，载 http://c.g.wanfangdata.com.cn/Periodical.aspx，访问日期：2015年2月8日。

（一）如何找到最相关论文

找到最相关论文的方法同中国知网期刊库。

具体方法：打开期刊检索界面（如下图），点击页面右上角的"高级检索"，关键词选取"美国"和"食品安全法"，二者同时出现在"主题"字段，其逻辑关系选择系统默认为"与"，点击图中的"检索"按钮。

为保证检索结果的相关性，请不要在打开期刊检索页面后直接输入关键词"美国食品安全法"（如下图），因为很多数据库的检索页面首页默认的检索是全文检索，比如一篇 10 页的论文中只要出现了一次"美国食品安全法"，不论是在标题、摘要还是正文部分，就会被检索出来，导致很多不相关记录出现，给筛选带来困难。

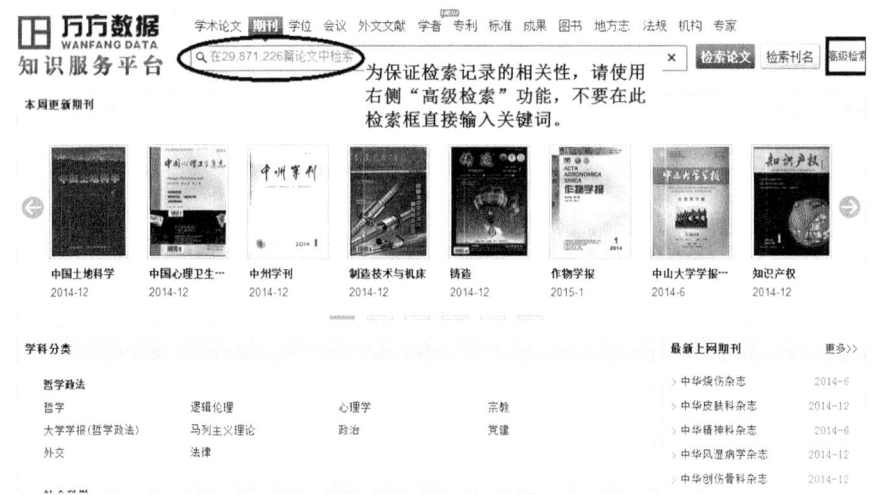

（二）如何锁定最新的论文

锁定最新的论文有两种方法，一是在高级检索开始直接限定年代（如下图），直接限定"2013 – 2015"年的论文，可以把最近两年的新论文检索出来。

二是在高级检索页面开始检索时不对年代进行限制（系统默认"不限"）（如下图），而是在检索结果页面，选择页面"排序"右侧的"新论文"，548条检索结果列表就会按照期刊论文发表的时间降序排列，从而找到最新的论文。

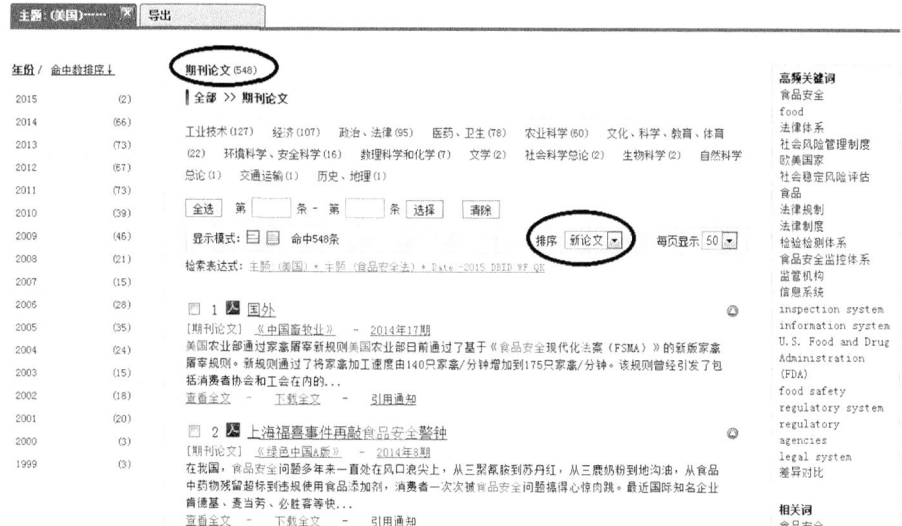

（三）相关检索结果少或不理想时如何扩展

在检索结果少或不理想时，可以通过选择其中较相关的一篇，如选择548条记录中的第11条记录（如下图），在此条记录的全文页面，通过查看该条记录的相关学者、相似文献、相关博文、相关词条等，获取关于某一主题的背景信息，及时修正检索策略，直到找到相关材料。

☐ 9 📄 <u>2012年我国主要贸易伙伴技术壁垒、植物卫生检疫措施(连载三)</u>

[期刊论文] 《口岸卫生控制》 - <u>2014年3期</u> <u>徐世文</u> Xu Shiwen

6 美国 6.1 2012年颁布的技术性贸易措施 6.1.1 技术法规 2012年,除了美国消费者委员会与往年一样出台2008年《消费品安全改进法》的实施措施之外,美国能源部还继续修订并出台了多项节能条例,电视机等产品的能源之星要求也...

<u>查看全文</u> - <u>下载全文</u> - <u>引用通知</u>

☐ 10 📄 <u>可口可乐果汁标签或涉嫌虚假宣传</u>

[期刊论文] 《商场现代化》 - <u>2014年18期</u> <u>中国新闻网</u>

中新网6月26日电据质检总局网站信息公开栏最新消息,食品安全信息网日前报道,美国最高法院向F DA发函,索要关于可口可乐公司一些果汁饮料的情况。近期,美国Pom果汁公司起诉可口可乐公司,称其在旗下的一些产品标签中涉嫌虚...

<u>查看全文</u> - <u>下载全文</u> - <u>引用通知</u>

☐ 11 📄 <u>食品添加剂法律规制的中美比较研究</u>

[期刊论文] 《食品安全质量检测学报》 - <u>2014年12期</u> <u>郭莹 刘筠筠</u> GUO Ying LIU Jun-Jun

食品添加剂的规范和管理是关系食品安全的一项重要内容。美国对于食品添加剂的生产、销售和使用,有着严格的法律规范,形成了一套较为完备的管理办法和措施。本文通过对比中美两国关于食品添加剂的法律法规、标准体系以及监管...

关键词: 食品添加剂 法律规制 比较研究 food additives legal regulation comparison study

<u>查看全文</u> - <u>下载全文</u> - <u>引用通知</u>

☐ 12 📄 <u>正大集团:用10年时间冲击2000万头</u>

[期刊论文] 《猪业观察》 - <u>2014年6期</u>

中国将诞生多个千万头级养猪企业
 白善霖先生从多个角度给生猪养殖产业给予了全面地分析。从全球范围来看,千万级以上的养猪企业屈指可数,但是,中国未来产生多个千万头级养猪企业的条件基本形成:首先,中国养猪产业市...

万方数据
WANFANG DATA
知识服务平台

学术论文 | 期刊 | 学位 | 会议 | 外文文献 | 学者 | 专利 | 标准 | 成果 | 图书 | 地方志 | 法规 | 机构 | 专家

🔍 在29,871,226篇论文中检索 ✕ | 检索论文 | 检索刊名 | 高级检索

» 首页 > 期刊首页 > 食品安全质量检测学报 > 2014年12期 > 食品添加剂法律规制的中美比较研究

食品添加剂法律规制的中美比较研究

A comparative study of legal regulation of food additives between China and USA

📄查看全文 📥下载全文 导出 添加到引用通知 分享到 | 下载PDF阅读器

相关学者 更多»

刘秀梅 尤新
赵万一 张英
王竹天 凌关庭
凌关庭 毛新武
王欣 李晓瑜

摘要:食品添加剂的规范和管理是关系食品安全的一项重要内容。美国对于食品添加剂的生产、销售和使用,有着严格的法律规范,形成了一套较为完备的管理办法和措施。本文通过对比中美两国关于食品添加剂的法律法规、标准体系以及监管体系,为完善我国食品添加剂法律规制提供借鉴。本文主要介绍了美国食品添加剂法律规制的现状、包括美国较为完备的立法体系及严格的监管模式,分析了我国在《食品安全法》为核心的法律体系下食品添加剂法律规制的现状及问题。在肯定了我国《食品安全法》对于食品安全监管的重要作用的同时,也指出了现阶段我国食品添加剂的滥用和误用、违法使用标识、食品添加剂安全标准有待完善、监管机制存在弊端等问题。通过立法和监管两个层面对中美两国食品添加剂法律规制进行的对比研究,对我国食品添加剂法律规制提出了完善建议,包括强化监管执法力度、加强风险评估、完善安全标准和整合监管部门。

Abstract:Regulation and management of food additives is an important part related to food security. The USA has strict laws and regulations for the production, sale and use of food additives, which has formed a series of more comprehensive management approaches and measures. This paper compares the laws and regulations on food additives between China and USA, as well as the standards and regulatory systems for the improvement of legal regulation of food additives, to provide a reference for related study. The article describes the status of the US legal regulation of food additives, including its

相关检索词

对比研究 法律法规
添加剂 重要作用
弊端 办法
法律规制 new species
规制 new species
法规 法律规范
销售 中美
执法 标识
标准体系 监管模式

相似文献 (5条)

- 学位论文 食品添加剂使用的法律规制研究 - 2012
- 期刊论文 欧盟食品添加剂使用的法律规制及其启示 - 山东科技大学学报（社会科学版）- 2013, 15 (1)
- 学位论文 我国食品添加剂滥用法律规制研究 - 2013
- 期刊论文 比较法视域下我国食品添加剂标准的立法研究 - 焦作大学学报 - 2013 (1)
- 期刊论文 我国食品添加剂标准的立法研究 - 齐齐哈尔大学学报：哲学社会科学版 - 2012 (6)

相关博文 (50条)

- 究竟是天使还是魔鬼 - 向峥嵘 - 2009年3月31日
- 民以"添"为食：食品添加剂与我们的生存模式 (隆重推荐) - 蒋新正 - 2008年10月23日
- 我国科研不端行为的法律规制 - 张九庆 - 2011年9月13日
- 我国科研不端行为的法律规制 - 张九庆 - 2011年9月13日
- 珍珠奶茶和鲜果汁的真相 - 向峥嵘 - 2009年3月31日
- 哪些记者该上黑名单？- 财新网 - 2011年6月19日
- 中国政法大学控烟法律诊所受邀参加 "烟草广告法律规制" 研讨会 - fyfz - 2011年6月14日
- 参加 "劳工三权与集体劳动关系法律规制" 学术研讨会 - fyfz - 2011年3月27日
- 对 "欺生" 潜规则的原因分析及法律规制 - fyfz - 2010年5月24日
- 面粉增白二十年屡受质疑 中央六部门介入安全之争 (转载) - 蒋新正 - 2008年12月1日

>>更多...

相关词条

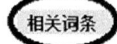

食品添加剂恐惧症　《食品安全国家标准食品添加剂使用标准》　食品非法添加剂　添加剂　食品
添加剂污染　食品添加剂应用技术　成都市食品添加剂管理办法　食品添加剂硫酸钙　食品及饲料

三、利用 HeinOnline 期刊全文数据库检索国外法学期刊论文

HeinOnline 法学数据库是外文（主要为英文）全文法律期刊数据库，现有 2200 多种全球核心法学期刊，92% 的法学期刊可以回溯到创刊号，大部分期刊可以检索到当前期。HeinOnline 期刊涵括了 39 个国家和地区，全球排名前 500 的法学综合核心期刊、法学各学科全球排名前 20 的核心期刊；收录了 SSCI 可以检索的期刊 104 种，同行评议期刊 400 余种，[1] 而且数据库的检索界面友好、便于检索。以下，简单介绍其常用功能和易犯错误。

（一）如何查找学术影响力高的论文

HeinOnline 将全球法学期刊被引用次数最多的前 30 种刊单独作为一个子库 "Most‐Cited Law Journals" 列出，通过浏览这 30 种期刊可以找到相关高

---

〔1〕 "HeinOnline 外文全文期刊数据库简介"，载 http://www.lib.ruc.edu.cn/webs/res_resources-Get.action? idd=54，访问日期：2015 年 2 月 8 日。

影响力论文。

　　具体方法：进入 HeinOnline 首页（如下图），点击页面"Most – Cited Law Journals"。

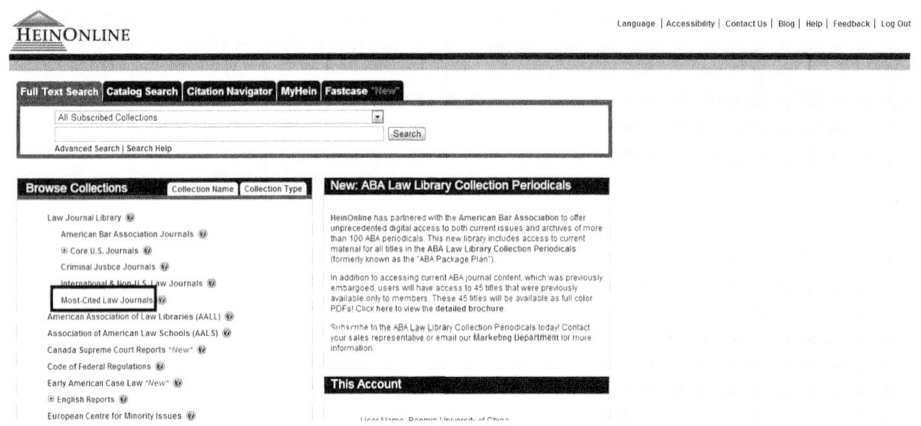

　　进入该子库（如下图）可查看全球最高影响力的 30 种期刊按照刊名的首字母排序的列表，比如第一个期刊"American Journal of International Law"与查找的主题相关，点击可查看此刊从"1907 – 2014"年的列表，任选一年，比如选择 2013 年，点击 2013 前面的"＋"号，可查看 2013 年该期刊的目录，点击任一篇即可全文下载。

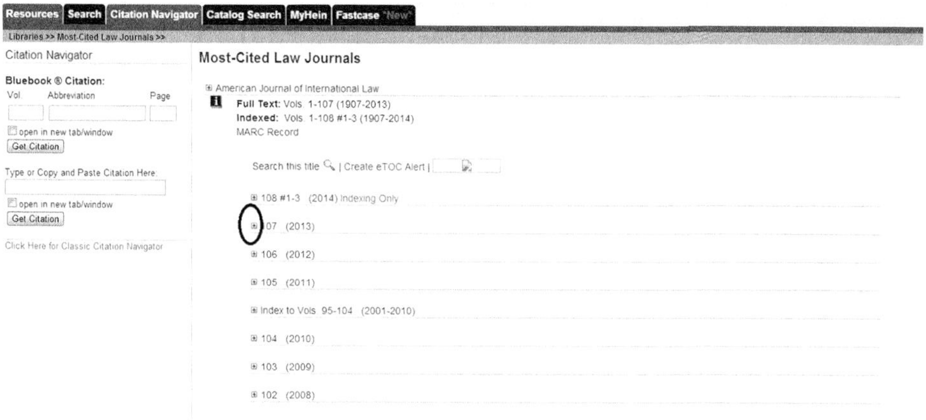

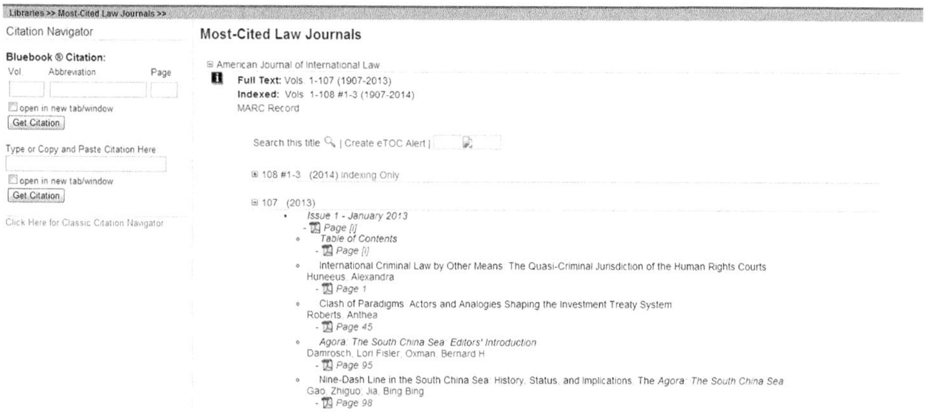

（二）如何查找美国法学核心期刊

HeinOnline 将美国法学核心期刊单独作为一个子库"Core U. S. Journals"列出，在该子库中可以分别按照刊名、州名和法律主题（法律部门）查找美国的法学核心期刊论文。

具体方法：进入 HeinOnline 首页（如下图）点击页面"Core U. S. Journals"进入该子库，点击"Core U. S. Journals"前面的"＋"号，在弹出的下拉菜单中选择"Publication Title"、"State（U. S.）"或"Subject"可分别按照刊名、州名和法律主题查找。

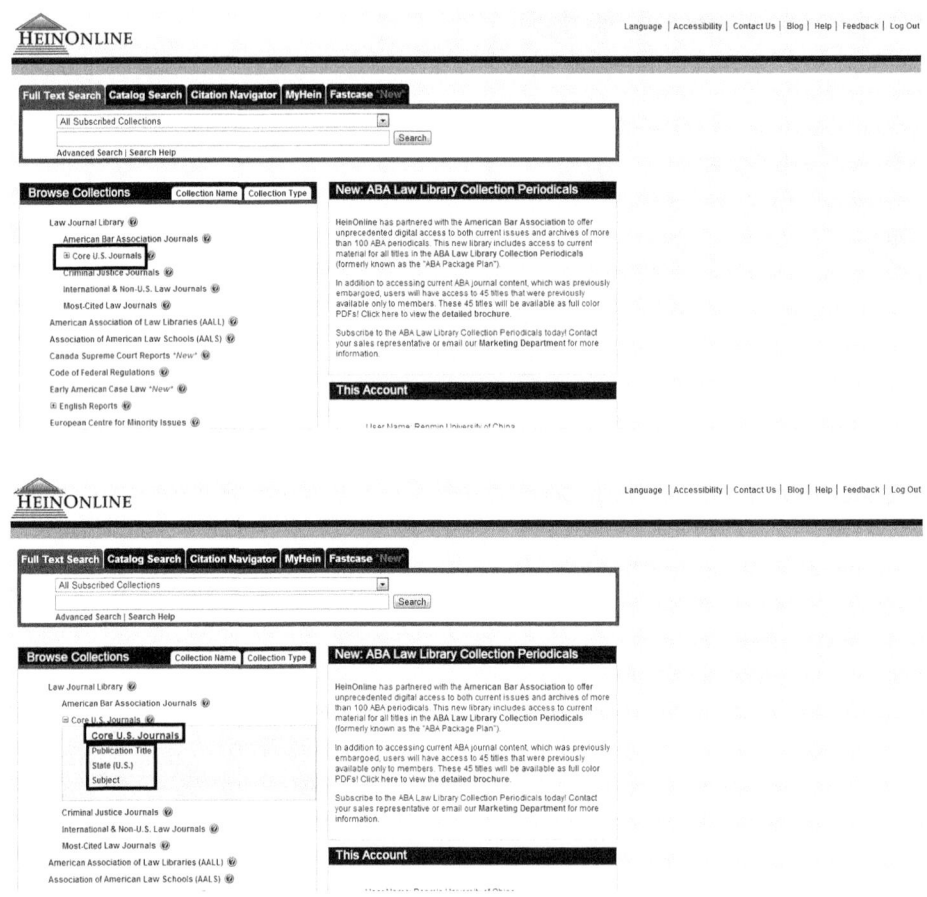

或直接点击"Core U. S. Journals"进入下图页面，通过页面上方的"Publication Title"、"State（U. S.）"或"Subject"分别选择按照刊名、州名和法律主题查找相关论文。

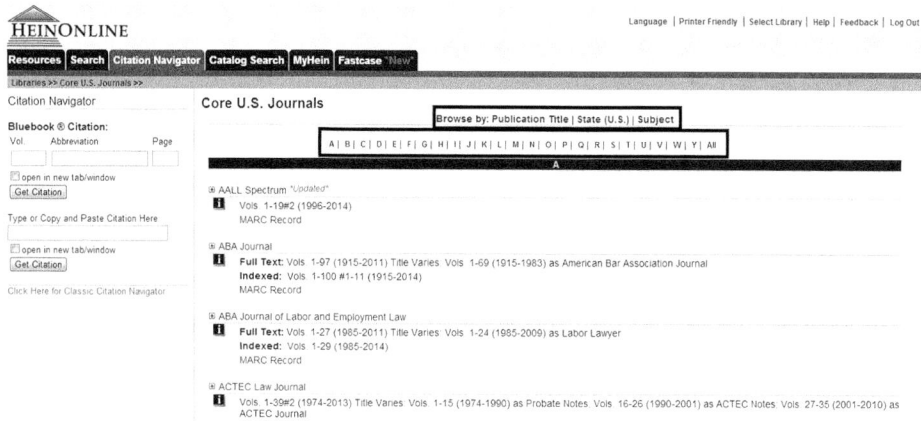

　　如选择按照"Publication Title"查找，可通过点击页面上方的 A－Y 字母（刊名的首字母）查找。（如下图）比如查找"Yale Law Journal"，点击页面上方的"Y"，并在页面下方列表中找到"Yale Law Journal"并点击，可看到"1891－2014"年"Yale Law Journal"的列表，如选择"2013－2014"年并点击，即可找到该年度的期刊论文目录，任选一篇可全文下载。

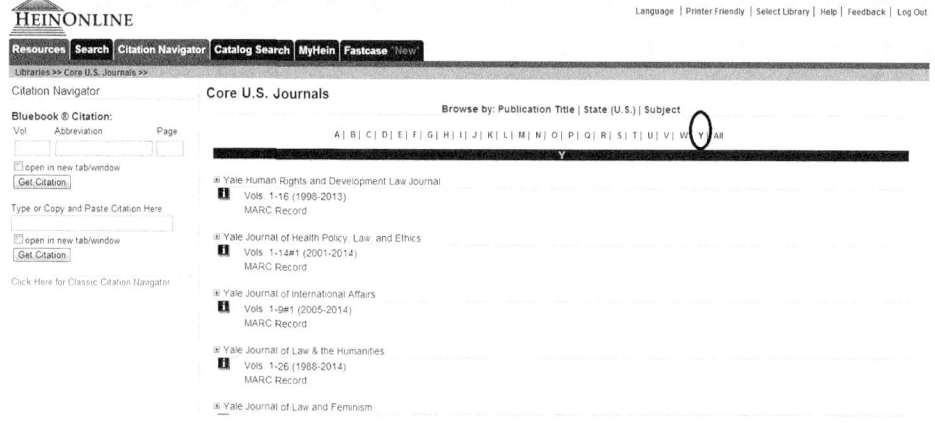

⊞ Yale Journal of Law and Technology
　ℹ Vols. 3-15 (2000-2012)
　MARC Record

⊞ Yale Journal on Regulation
　ℹ Vols. 1-31 (1983-2014)
　MARC Record

⊞ Yale Law & Policy Review
　ℹ Vols. 1-32 (1982-2014)
　MARC Record

⊞ Yale Law Journal
　ℹ Full Text: Vols. 1-123 (1891-2014)
　Indexed: Vols. 1-124 #1-2 (1891-2014)
　MARC Record

⊞ Yale Review of Law and Social Action
　Vols. 1-3 (1970-1973) All Published
　MARC Record

⊟ Ye News Letter
　Vol. 1 (1937) All Published
　MARC Record

　　Search this title 🔍 | Create eTOC Alert |

　　⊞ 1 (1937)

　ℹ Vols. 1-31 (1983-2014)
　MARC Record

⊞ Yale Law & Policy Review
　ℹ Vols. 1-32 (1982-2014)
　MARC Record

⊟ Yale Law Journal
　ℹ Full Text: Vols. 1-123 (1891-2014)
　Indexed: Vols. 1-124 #1-2 (1891-2014)
　MARC Record

　　Search this title 🔍 | Create eTOC Alert |

　　⊞ 124 #1-2 (2014) Indexing Only

　　⊞ 123 (2013-2014)

　　⊞ 122 (2012-2013)

　　⊞ 121 (2011-2012)

　　⊞ 120 (2010-2011)

　　⊞ 119 (2009-2010)

　　⊞ 118 (2008-2009)

　　⊞ 117 (2007-2008)

⊟ Yale Law Journal
Full Text: Vols. 1-123 (1891-2014)
Indexed: Vols. 1-124 #1-2 (1891-2014)
MARC Record

Search this title 🔍 | Create eTOC Alert | 📄

⊞ 124 #1-2 (2014) Indexing Only

⊟ 123 (2013-2014)
- *Title Page*
  - 📄 *Page [i]*
- *Issue 1 - October 2013*
  - 📄 *Page 2*
  - ○ Mandatory Sentencing and Racial Disparity: Assessing the Role of Prosecutors and the Effects of Booker
    Starr, Sonja B.; Rehavi, M. Marit
    - 📄 *Page 2*
  - ○ Firearm Localism
    Blocher, Joseph
    - 📄 *Page 82*
  - ○ Unbundled Union: Politics without Collective Bargaining, The
    Sachs, Benjamin I.
    - 📄 *Page 148*
  - ○ Special Juries in the Supreme Court
    Shelfer, Lochlan F.
    - 📄 *Page 208*
  - ○ There's No Such Thing as a Political Question of Statutory Interpretation: The Implications of Zivotofsky v. Clinton *Comment*
    Michel, Chris
    - 📄 *Page 253*

按照州名或法律主题查找美国核心期刊的方法与按刊名查找方法相同，在此不一一介绍（如下图）。

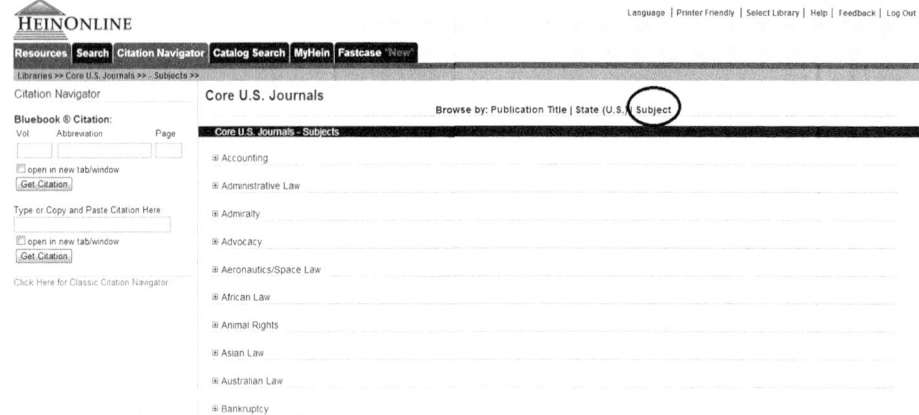

（三）如何通过关键词查找最相关的、最新的和学术影响力高的论文或
　　　作者

以上两种检索方法适合按照刊名浏览目录，选中某一篇论文之后进行下
载。笔者将要介绍的这种方法则更适合通过关键词检索查找最相关的、最新
的和被引用次数高的论文，以及查找某一研究领域的高影响力的作者。

比如查找食品安全相关论文，关键词为"food safety"。

通过关键词查找的具体方法：

进入 HeinOnline 首页（如下图），点击页面左侧的"Law Journal Library"〔1〕
子库，选择字段"article title"（也可以选择字段"description"，让关键词
"food safety"出现在论文的摘要或者关键词部分）〔2〕，输入关键词"food
safety"，点击检索"search"。

---

〔1〕 此为 HeinOnline 中法律期刊子库最大和最全的，收录了 HeinOnline 的 2000 多种刊，也是最
常用的查找期刊论文的，在此库中除可以通过论文的题名或名称、关键词（description）查找论文外，
还可以通过论文的作者、刊名、引证（引称）号（Citation）来查找论文。

〔2〕 "HeinOnline 字段的选择和使用详见 HeinOnline 使用指南"，载 http://www. wells. org. cn/Ar-
ticle/ShowDetail/465，访问日期：2015 年 3 月 16 日。

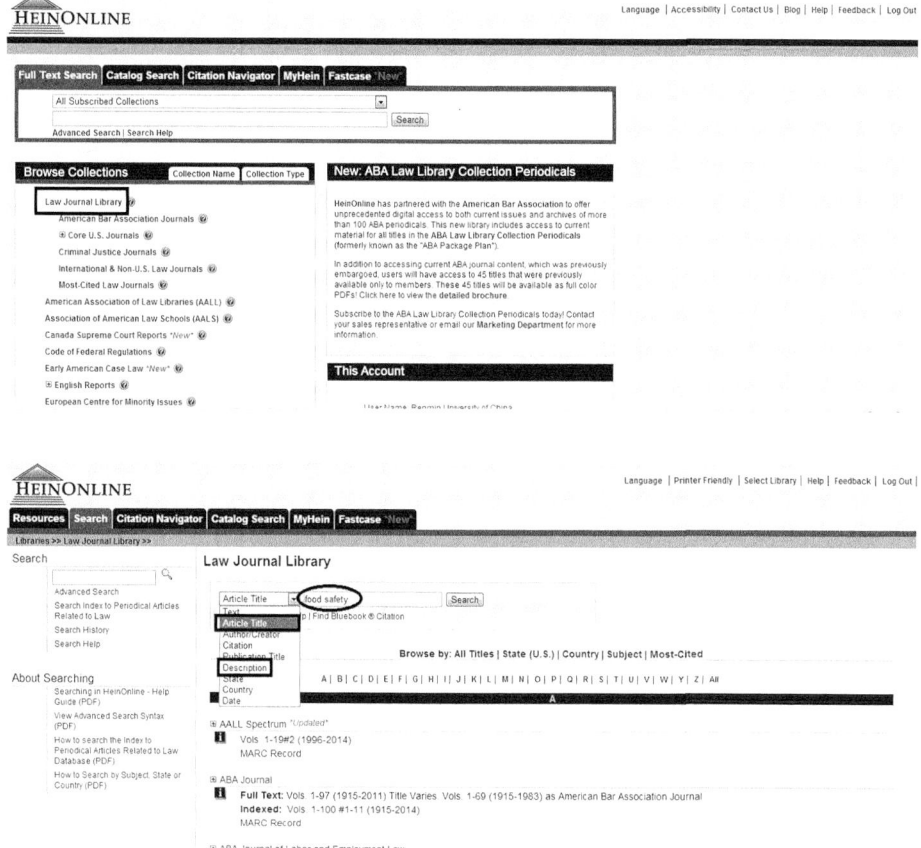

在检索结果页面，通过对检索结果的排序方式（"Sort By"）的选择进一步筛选相关记录。（如下图）默认排序方式为相关性，即如果对检索结果不作任何选择，243 条记录是按照与检索主题的关联性排序的。选择"Sort By"下拉菜单中的"Volume Date（Descending）"可以按照期刊发表时间对检索结果进行降序排列，排在前面的就是最新的期刊；选择"Number of Time Cited by Article"可以按照期刊论文的被引用次数对检索结果做降序排列，排在最前面的就是被引用次数最多的，即学术影响力比较高的论文；选择"Most Cited Author"可以找出在某一领域学术影响力比较大的作者，并对其相关论文作进一步深入研究。

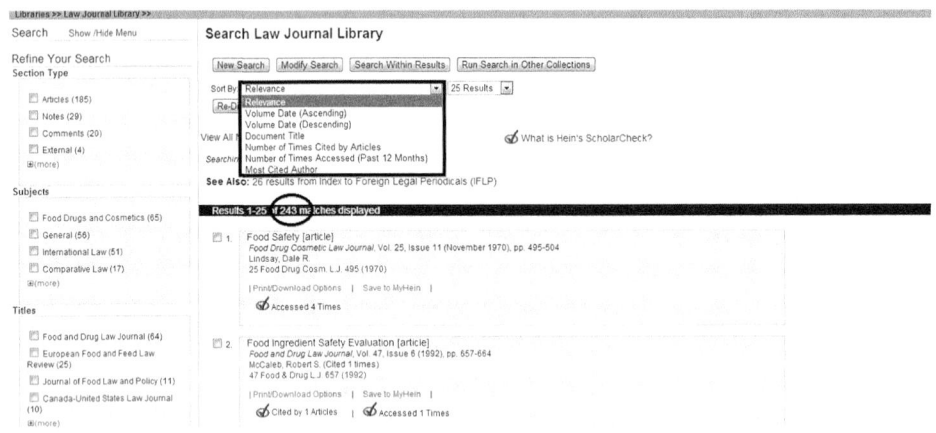

　　通过关键词查找论文，如果关键词的选取相对复杂，或者关键词在两个或以上的，可以同时使用两个或以上的检索字段，以保证检索结果的相关性。

　　比如，检索美国医疗保险改革相关的国外论文，关键词选择"Health Insurance"、"Reform"和"US"。

　　具体方法：进入 HeinOnline 首页（如下图），点击页面"Law Journal Library"，在打开的次级页面中选择"Advanced Search"。

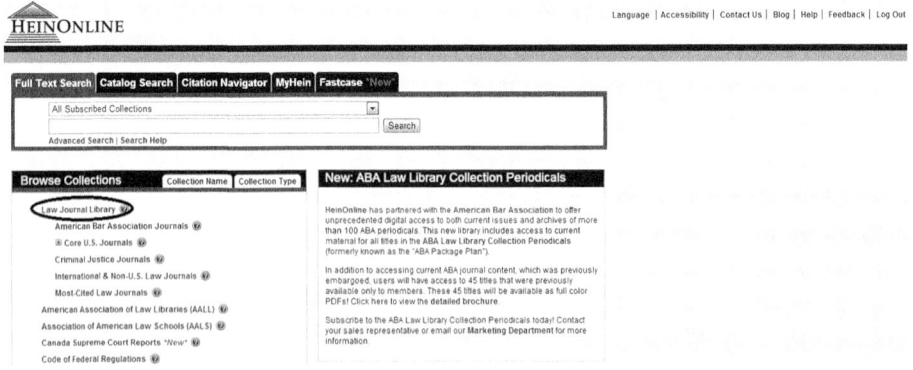

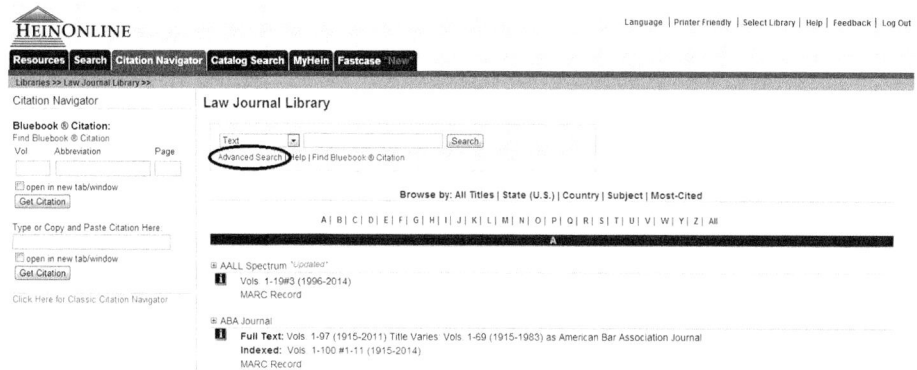

　　进入高级检索页面（如下图），字段选择 "Article Title"，并分别在检索框输入三个关键词 "Health Insurance"、"Reform" 和 "US"，三个关键词之间系统默认是 "AND"，点击页面下方 "Search" 键即可。[1]

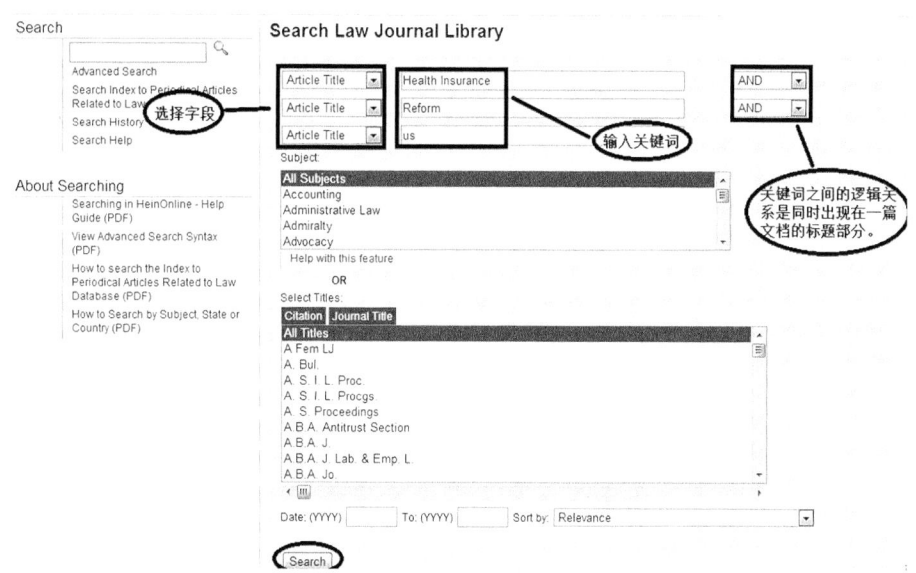

（四）检索提示

1. 关键词的写法。一般外文数据库检索输入关键词都不用区分大小写，

HeinOnline 也不例外。

2. 期刊论文引称号或引证号（citation）的用法。在研究过程中常常会在一本书或者一篇论文的脚注或者参考文献中看到关于一些重要资料的引证号信息，可以通过它们直接在 HeinOnline 中查找。比如，查找引证号为 "25 Food Drug Cosm. L. J. 495（1970）" 的一篇论文。

具体方法：进入 "Law Journal Library" 子库（如下图），字段下拉菜单选择 "Citation"，在检索框中输入引证号 "25 Food Drug Cosm. L. J. 495"，点击右侧的 "Search" 键，直接进入该篇全文页面，可下载或浏览。

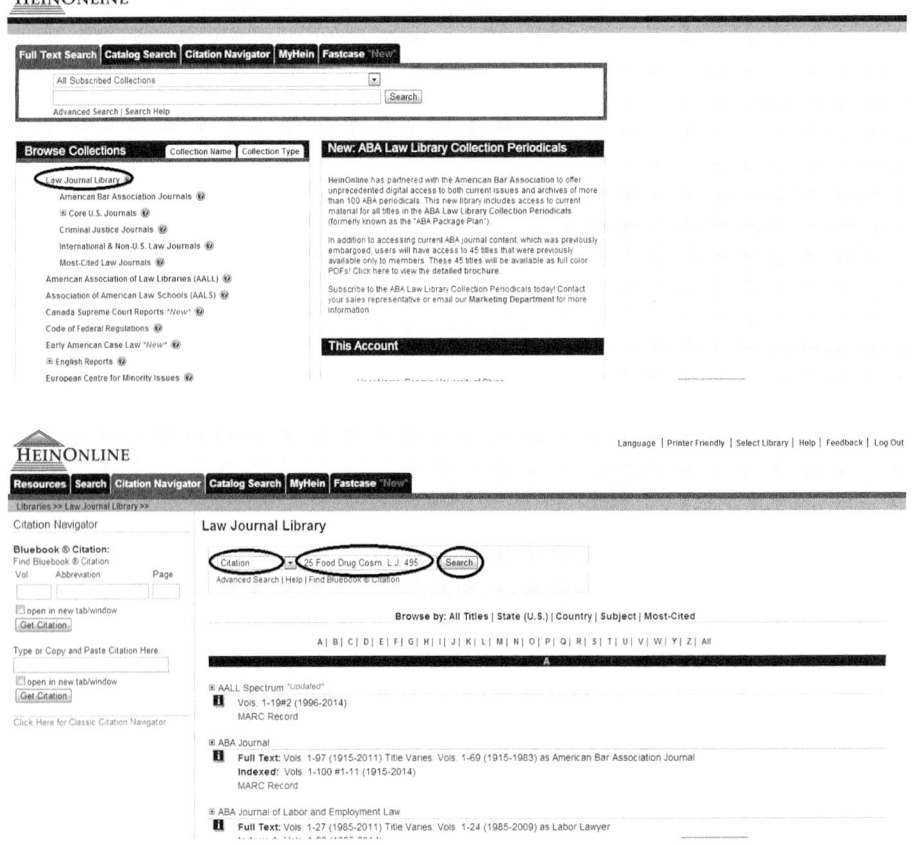

3. 顺利下载全文的方法。（如下图）在检索结果列表页面选中一篇论文进入它的全文页面，点击页面上方的 PDF 图标，或者在检索结果列表页面该篇论文下方直接点击"Print/Download Options"，即可进入下载页面，观察要下载的这篇论文在期刊中的起始页码是 679～698，然后手动将下载的结束页码改成 698，点击右侧的"Print/Download"，可将此篇全文下载。

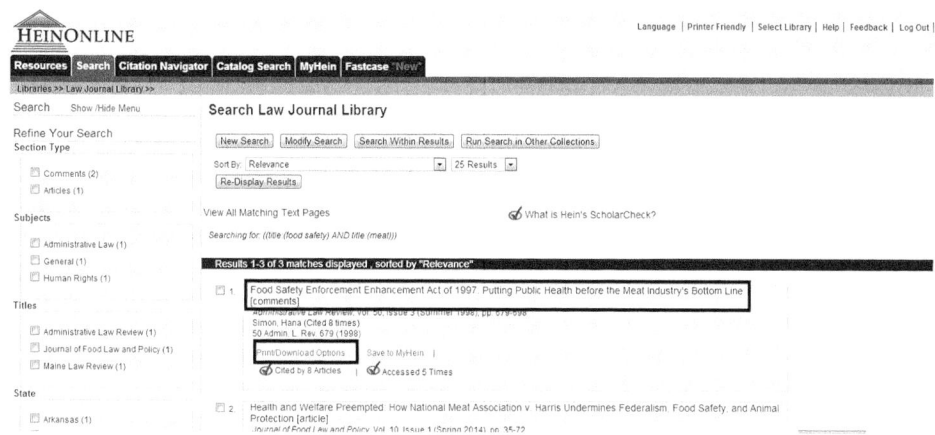

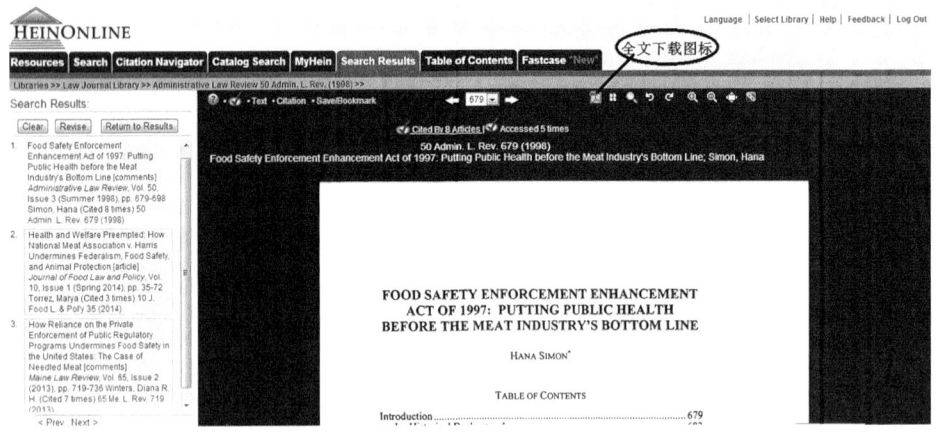

HeinOnline 中下载期刊论文全文一定要注意手动改页码，否则只能下载论文的第 1 页。（系统默认下载页码仅是第 1 页）。如果需要批量下载，每次最多只能下载 200 页（具体下载页码可以在下载页面手动添加）。

（五）检索易犯错误解析

1. 盲目进行跨库检索，导致出现大量不相关的信息

进入 HeinOnline 首页，直接在检索框中输入关键词（如下图），点击"Search"开始检索。此时的检索是在 HeinOnline 所有购买的子库（All Subscribed Collections）中执行一个跨库检索，那么本单位购买了的数据库越多，检索出来的不相关的东西也会越多。因为 HeinOnline 除期刊外，还收录了案例、成文法、法学专著等。即使本单位只买了一个期刊全文库，此时的检索一

般也是关键词在期刊论文的全文中检索，也会把很多不相关的找出来。因此，一定要注意先选对子库，抽取合适的关键词，选择合适的字段之后再执行检索。

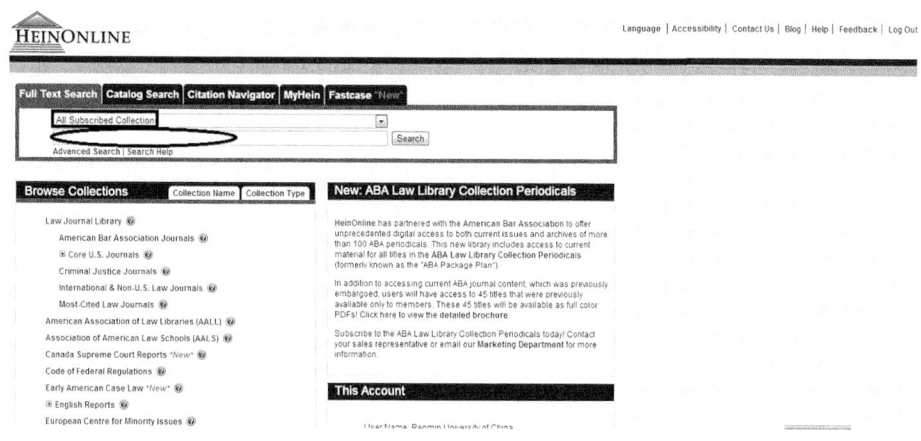

2. 盲目进行关键词全文检索，导致出现不相关信息

进入 HeinOnline 最大的期刊子库"Law Journal Library"后（如下图），一些初次用关键词在"Law Library Journals"中检索的，最易犯的错误是直接在进入"Law Journal Library"首页面的检索框中输入关键词，殊不知它的默认检索字段是"Text"，也就是关键词只要在全文中任何一个地方出现一次，无论是题名、摘要还是正文，都会被检索出来。关键词在全文中的检索大多数检索到的是不相关的信息。

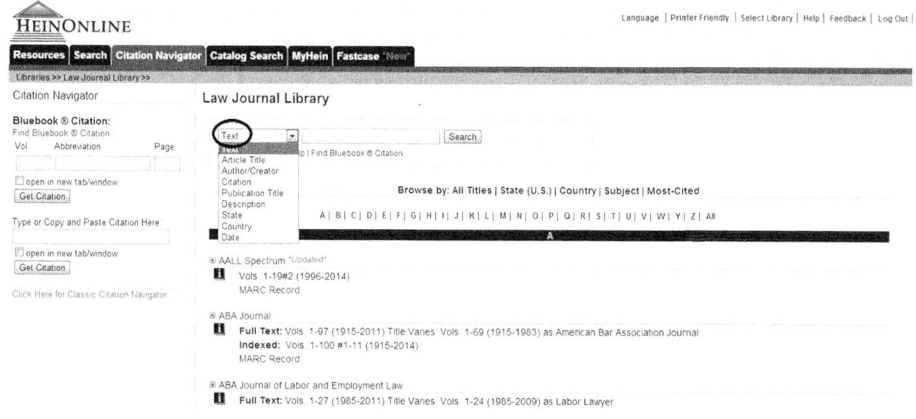

四、利用 Ebsco – ASP 外文期刊全文数据库检索国外法学交叉学科期刊论文

Ebsco – Academic Search Premier，简称 Ebsco – ASP，EBSCO 公司是世界上最大的提供期刊、文献定购及出版服务的专业公司之一，它的收录范围涵盖自然科学、社会科学、人文和艺术、教育学、医学等各类学科领域，其中 Ebsco – ASP 收录了跨学科研究的 4600 多种期刊全文，其中包括 3900 多种同行评审期刊的全文，Ebsco – ASP 是查找法学交叉学科类期刊论文不可或缺的资源。Ebsco – ASP 常用功能介绍如下。

以下三种常用功能都需要先进入 Ebsco – ASP 数据库检索页面。

具体方法： 如下图，进入 Ebsco 首页后点击链接"利用 EBSCO 数据库提高你的科研水平（收录 SCI/SSCI/AHCI 逾 1500 种全文期刊）"进入下一个页面，再点击链接"Academic Search Premier"，进入 Ebsco – ASP 检索开始页面。

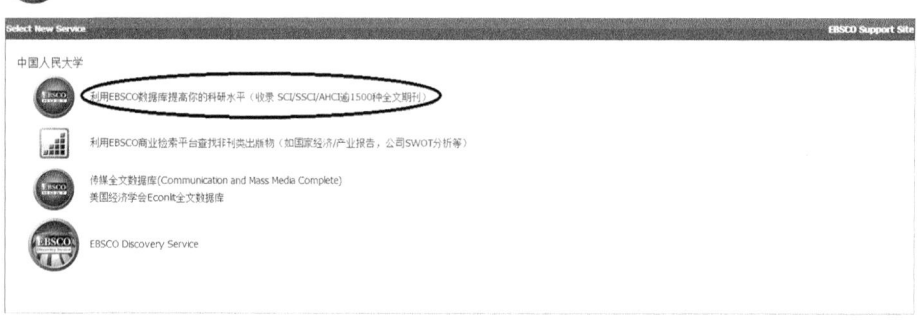

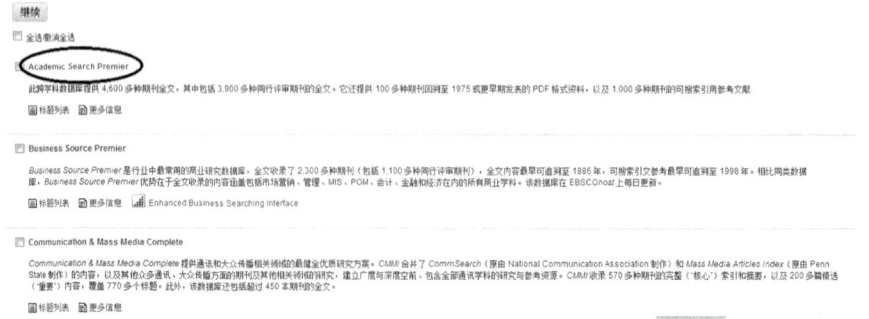

（一）如何锁定最相关的论文

比如查找国外矿产资源立法方面的期刊论文，关键词选取"mineral resource"和"law"。

具体方法：进入 Ebsco – ASP 检索开始页面（如下图），分别在检索框输入两个关键词，字段可选择"TI 标题"、"SU 主题语"、"AB Abstract of Author – Supplied Abstract"或"KW Auth or – Supplied Keywords"中的任意一个，[1] 如图所示选择"SU 主题语"，二者逻辑关系默认为"and"，点击该页面的"检索"按钮，可检索到 231 条相关记录，（数据库系统默认检索结果排序方式为"相关性"，即按照与检索词的关联性降序排列）还可以通过检索结果列表左侧的"精炼搜索结果"限制检索条件，进一步对 231 条记录进行筛选。

---

〔1〕　选择"TI 标题"、"SU 主题语"、"AB Abstract of Author – Supplied Abstract"，以及"KW Author – Supplied Keywords"中的任意一个字段分别表示关键词出现在一篇论文全文中的位置是标题、数据库系统自身提供的关键词或摘要、作者提供的摘要、以及作者提供的关键词，选择任何一项都可以检索到相关文献。关于"Ebsco – ASP 中字段的选择和使用详见 EBSCOhost 使用指南"，载 http://www.lib.stu.edu.cn：8001/accessory/20140306101435.pdf，访问日期：2015 年 1 月 10 日。

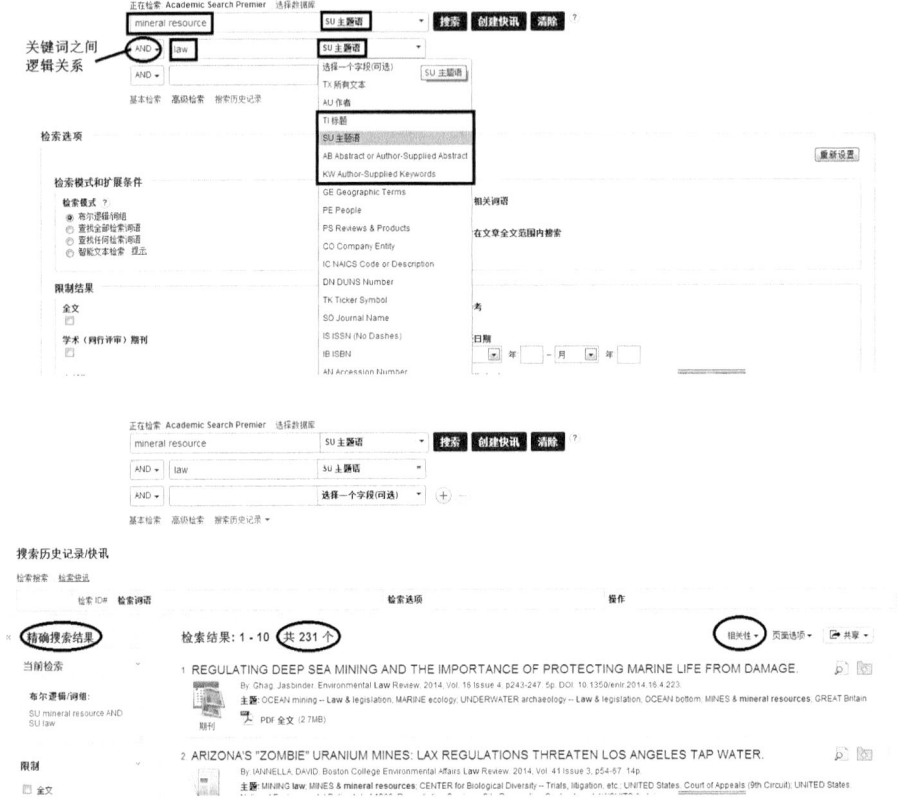

（二）如何锁定最新的论文

锁定最新的论文有两种方法。

一是进入 Ebsco – ASP 检索开始页面（如下图），输入关键词、选择字段后，在页面下方的出版日期中选择具体的年代，如输入"2013 年 1 月—2015 年 2 月"，点击页面上方"检索"，可以将最近两年的新论文找出来。

二是进入 Ebsco – ASP 检索开始页面（如下图），输入关键词、选择字段后，直接点击页面上方的"检索"，在检索结果页面点击"相关性"（检索结果系统默认为按照相关性排序）后面的下拉菜单并选择"最近日期"，可以对231 个检索结果按照发表日期降序排列；或者通过检索结果页面左侧的"精确搜索结果"项下的"限制"，将论文发表日期限制为最近的，也可以实现对231 条检索记录按照论文发表时间的降序排列，从而把最新的论文筛选出来。

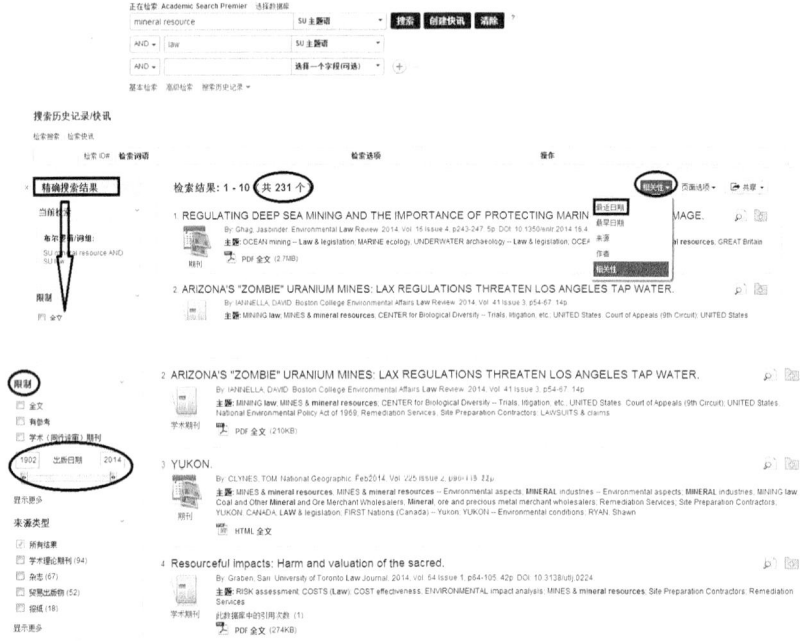

（三）如何锁定学术权威期刊（同行评审期刊）论文

同行评审期刊具有相对高的学术价值，在 Ebsco－ASP 中主要是通过同行评审期刊来锁定学术权威期刊的。具体方法有两个：

一是在 Ebsco－ASP 检索开始页面输入关键词和选择字段后（如下图），选择页面下方"学术（同行评审）期刊"，然后点击页面上方的"检索"，可直接找到学术权威期刊论文。

二是在 Ebsco – ASP 检索开始页面中输入关键词和选择字段后，直接点击页面上方"检索"（如下图），然后在检索结果页面〔1〕通过选择页面左侧的"精确搜索结果"项下的"学术（同行评审）期刊"，可以筛选出相关学术权威期刊。

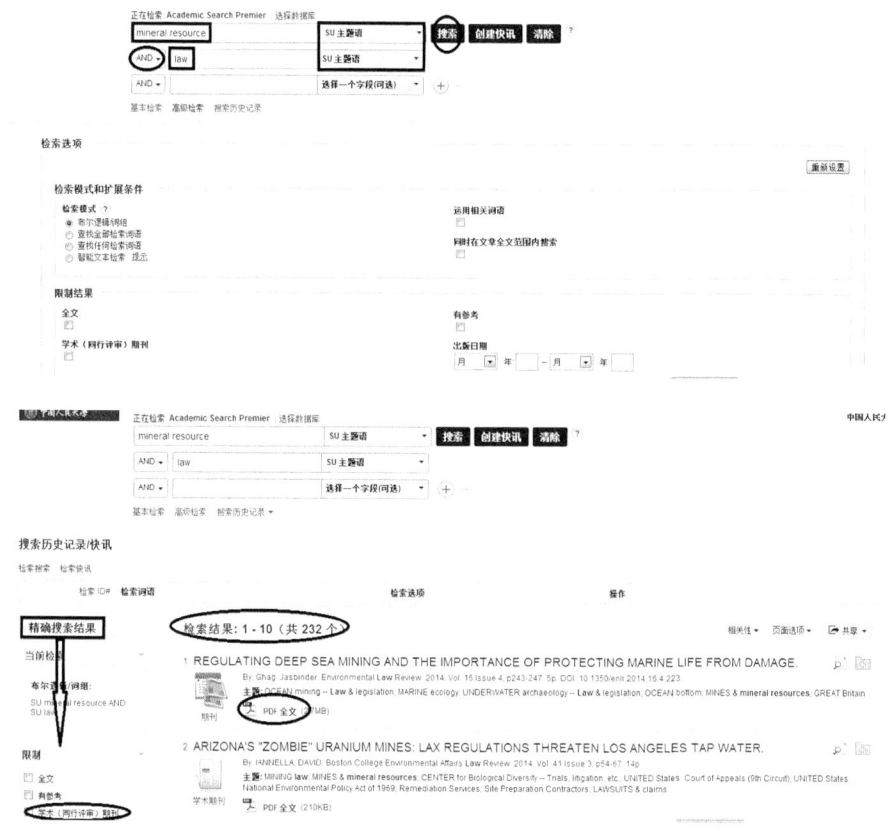

（四）如何下载和传递全文

期刊论文的全文下载。在检索结果页面（如下图），点击页面"PDF 全文"可下载选中的期刊论文全文。

---

〔1〕　检索时间不同，检索结果记录数不同。（数据库内容随时都会有更新）

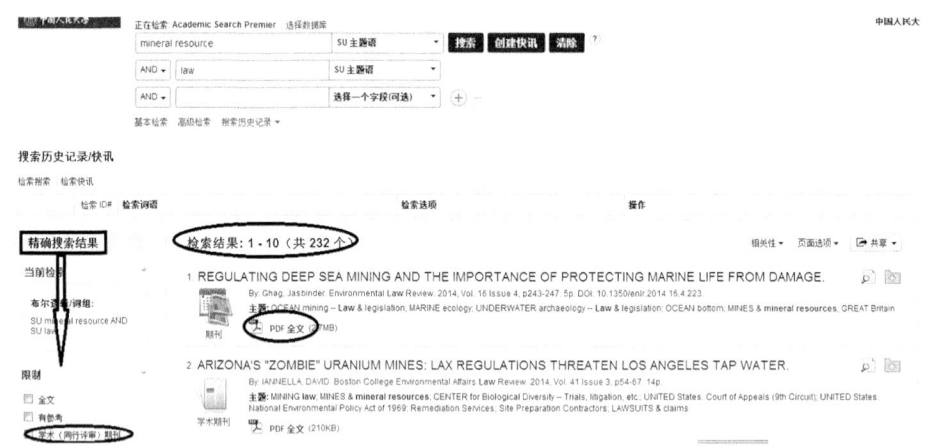

国外期刊论文全文的传递。如果检索结果页面（如下图），比如第 5 条记录显示没有全文，可利用"读秀知识库"[1]进行国外期刊论文的传递。

"读秀知识库"国外期刊论文传递满足率为 80% 以上，一般申请之后 24 小时内可在自己指定的邮箱接收到论文全文，而且传递方法非常简单。

具体方法：将上图检索结果中的第 5 条记录的论文标题直接粘贴到"读秀知识库"首页的检索框中（如下图），点击下方"外文搜索"。

---

[1] "读秀知识库"的详细信息见本书第三章第三节中外电子图书检索。

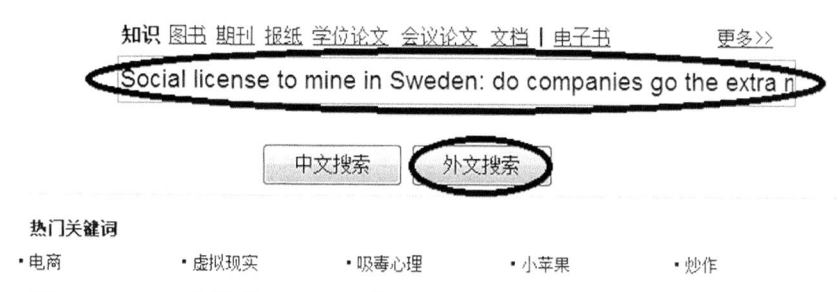

在检索结果页面（如下图），找到该论文的记录，点击该记录下方的"邮箱接收全文"，并在打开的次级页面中输入本人电子邮箱、验证码，点击页面下方的"确认提交"，即可完成传递申请。

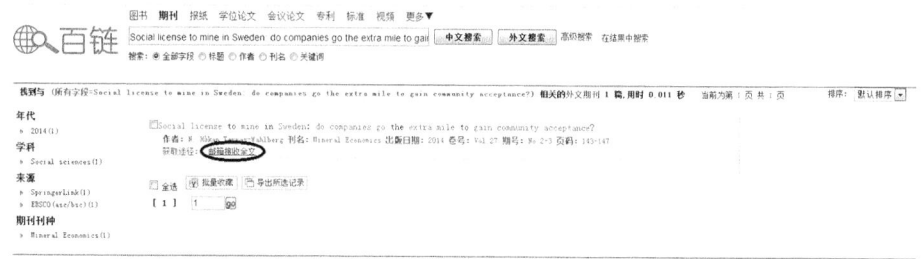

全国图书馆参考咨询服务平台

✎ 您需要的全文将发送到您填写的邮箱中，请注意查收。

咨询标题： Social license to mine in Sweden: do companies go the extra mile to gain community acceptance?
详细信息 ≫

电子邮箱：
请填写有效的email邮箱地址，如填写有误，您将无法查收到所申请的内容！

验证码：
看不清楚? 换一张
不区分大小写

确认提交

五、通过 JSTOR（早期外文学术期刊全文库）检索国外期刊论文

JSTOR 是查找早期外文学术全文期刊的重要来源，它最初是一个对期刊进行数字化的项目，目前是一个发现、保存学术研究成果的平台，主要以人文及社会科学方面的期刊为主，收集了从创刊号到最近三五年前的过刊，提供一千多种全球知名期刊的全文访问，并不断有新刊加入。[1] 它的特点是过刊数据库（部分提供最新出版的期刊文献），但是提供了从创刊号至最近三五年前的完整卷期。以下笔者将简单介绍其基本功能和易犯错误。

（一）如何快速找到相关的论文

比如，查找人权方面的期刊论文，关键词为"Human Rights"（系统检索字母不分大小写）。

具体方法：进入 JSTOR 首页（如下图），点击"Journals"和"Advanced Search"，进入期刊高级检索页面，在此页面输入关键词"human rights"，字段选择"Item Title"（论文题名）、"Abstract"（论文摘要）和"Caption"（论文主题）中的任意一个都可以找到相关记录，如选择"Abstract"并点击页面下方"SEARCH"，会检索到按照相关度（Relevance，系统默认）降序排列的

---

〔1〕 "JSTOR 简介"，载 http://www.lib.ruc.edu.cn/webs/res_ resourcesGet.action? idd=63，访问日期：2015 年 2 月 10 日。

4712 篇相关记录。如果第 1 篇是需要的，可以直接点击检索结果页面的
"Download PDF" 下载期刊论文的全文。

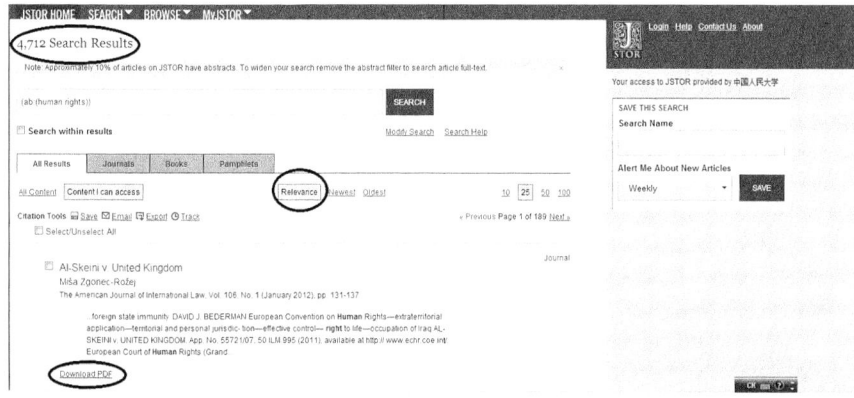

如果检索结果非常多，如上面检索结果共 4712 条记录不便于筛选，可以在期刊高级检索页面重新设置。（如下图）将关键词加引号改为"human rights"，[1] 字段选择"Item Title"、"Abstract"和"Caption"中的任意一个，点击"SEARCH"。或者通过期刊高级检索页面下方的"NARROW BY"，进一步限定条件，优化检索结果。

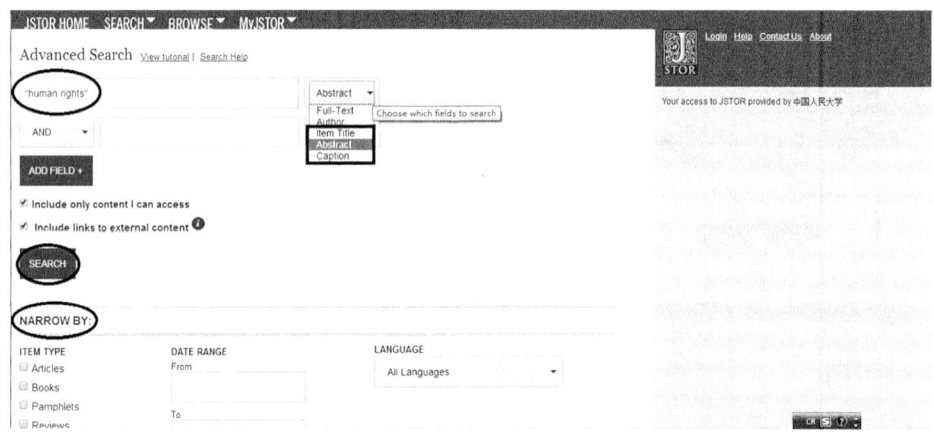

以上举例关键词只有一个"human rights"，如果关键词不止一个，如检索美国儿童人权方面的论文，可以在 JSTOR 期刊论文高级检索页面（如下图），选择添加字段（添加字段点击页面左侧的"ADD FIELD ＋"键），分别输入三个关键词"human rights"、"child"和"US"，三个关键词字段都选为"Abstract"，三者关系系统默认为"AND"，点击页面左侧的"SEARCH"键，可以找到 83 条记录，其显示方式系统默认为按照相关性排序（Relevance）。

---

〔1〕 关键词比较长时，为避免系统在运行时将其分成单独的词，并检索出不相关结果，建议将其加双引号引起来检索。

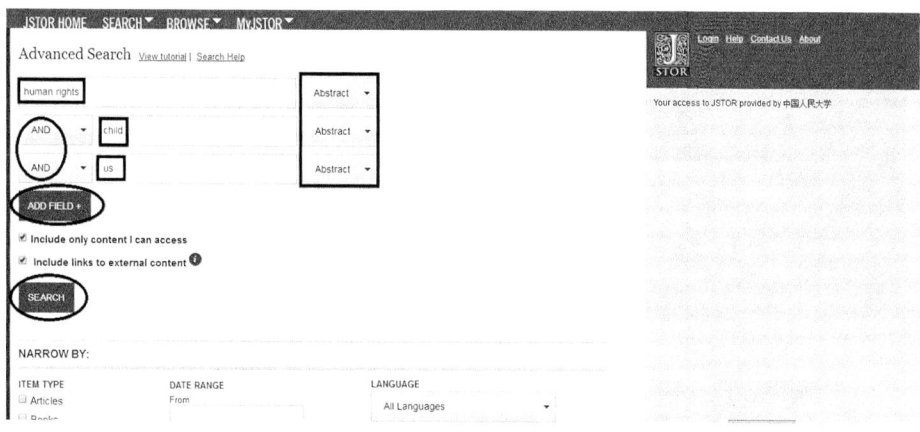

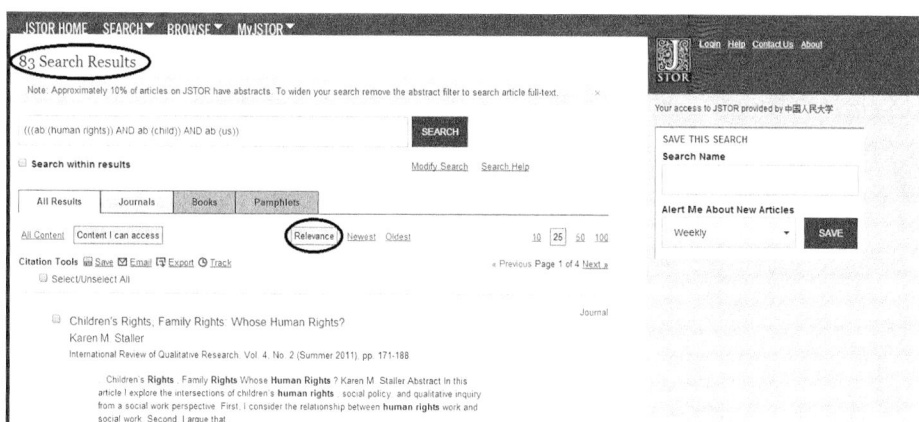

（二）检索易犯错误解析

1. 盲目进行跨库检索，导致不相关文献类型出现

进入 JSTOR 首页（如下图），直接在页面中间的检索框中输入关键词，如"human rights"，此时系统将在 JSTOR 整个数据库，而不是期刊全文库检索中检索。除期刊论文外，"human rights" 相关的电子图书等其他文献也会被检索出来，这会放慢检索速度并导致不相关文献的出现。

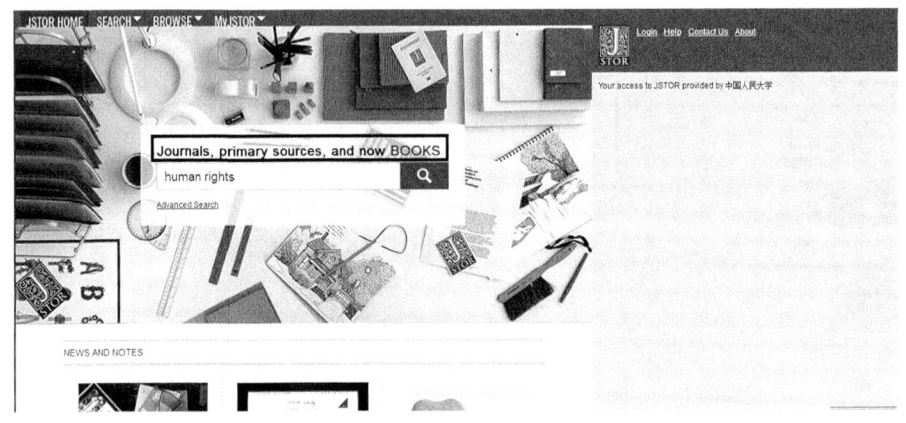

2. 盲目进行关键词全文检索，导致出现不相关信息

进入 JSTOR 期刊全文检索页面（如下图），输入关键词后，对字段不做任何选择直接检索，此时系统将执行全文（Full－Text）检索，即只要一篇论文的正文中出现了一次关键词"human rights"，不论是出现在论文的题名、摘要还是正文部分，就会被检索出来，导致大量不相关信息出现。

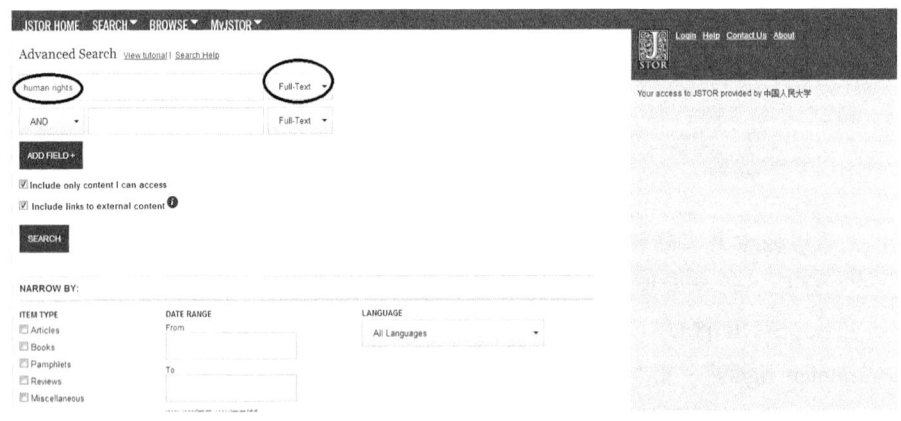

六、不同期刊数据库的互补使用和期刊论文的传递

任何一个期刊数据库都不可能将法学研究中相关的所有论文收全，而且每一个期刊数据库都有自己的侧重和特点，了解其重点并灵活使用，可以使我们的研究工作变得省时省力。具体分为同类库的互补使用，索引库与全文

库的互补使用以及期刊论文的传递。

同类库指期刊数据库收录的内容大同小异，如中国知网期刊库、万方期刊库和维普科技期刊库。它们的互补使用指在一个数据库中检索不到相关论文时，可以试试同类其他期刊库。比如查找国内的期刊论文，中国知网没有收录的，可以试试万方数据期刊库，甚至是以收录科技期刊为特点的维普期刊数据库等。查找国外的法学期刊论文，HeinOnline 没有收录的，也可以到 Westlaw International 或 Lexis. com〔1〕中查找。

索引库和全文库是针对期刊库是否收录期刊全文来说的，比如在 CSSCI 中检索到国内核心期刊论文的索引信息，在 SSCI〔2〕中检索到国外核心期刊论文的索引信息，如果想获取全文，可利用掌握的论文索引信息到上述相应的全文数据库中查找全文。

关于期刊的传递有多种方法，可以浏览本机构图书馆网页查找其加入的文献传递组织，如 CASHAL、Balis 和 Calis〔3〕并按照相关传递流程注册申请中外文期刊论文即可。对于外文期刊论文比较便捷的还有"读秀知识库"的"外文百链"传递功能（详见本部分通过 Ebsco – ASP 检索国外期刊论文）。

此外，一些比较特殊的期刊论文是我们在研究过程中需要注意的，如关于国外知名的仲裁电子期刊只收录在"Kluwer Law Online Journals"数据库中，民国时期的在线期刊只能在一些特殊的数据库中检索到等等。这些要靠平时的研究积累，了解其来源才能使法律信息检索有的放矢。

第二节　中外博硕士学位论文检索

国内博硕士学位论文的常用数据库包括中国知网博硕士学位论文库和万方学位论文数据库，其检索方法和相关技巧详见本书第三章第一节中外期刊

---

〔1〕　Westlaw International 或 Lexis. com 中都收录了全球近千种法学期刊，如果已知一篇期刊论文的引证号在这两个数据库中查找是非常方便的，用关键词查找相对复杂，关于这两个数据库中的期刊论文检索详见本书第四章第四节美国法律资源检索和 Lexis. com 使用指南。

〔2〕　CSSCI 是中文社会科学引文索引库，SSCI 是国外社会科学引文索引库，它们都是索引库，不是全文库。

〔3〕　CASHAL 是中国高校人文社会科学文献中心，Balis 是北京地区高校图书馆文献资源保障体系，Calis 是中国高等教育文献保障系统，这三个系统都提供国外期刊论文的传递。

论文检索。

本部分重点介绍国外博硕士学位论文的检索，常用数据库有两个，一是 OCLC FirstSearch – WorldCat Dissertations（OCLC "信息第一站" 博硕士学位论文库），二是 ProQuest 博硕士论文全文数据库，两者检索方法分别介绍如下。

一、利用 OCLC FirstSearch – WorldCat Dissertations 检索国外博硕士学位论文

OCLC FirstSearch Service（第一检索）现称 "信息第一站"。它是大型综合的、多学科的数据库平台，涉及广泛的主题范畴，覆盖所有领域和学科，共有数十个子数据库。其中 WorldCat Dissertations（硕博士论文数据库，含全文资源）收集了 WorldCat 数据库中所有的硕博士论文和以 OCLC 成员馆编目的论文为基础的出版物。WorldCat 硕博士论文库最突出的特点是其资源均来自世界一流的高校图书馆，如哈佛大学、耶鲁大学、剑桥大学、牛津大学、柏林大学等等，共有 1 800 多万条记录，其中 100 多万篇有免费全文链接，可免费下载，是学术研究中十分重要的参考资料。该数据库每天更新。[1]

以查找环境法 "风险预防原则"（precautionary principle）相关博硕士学位论文为例。

具体方法： 进入 "OCLC FirstSearch – WorldCat Dissertations" 首页（如下图）。

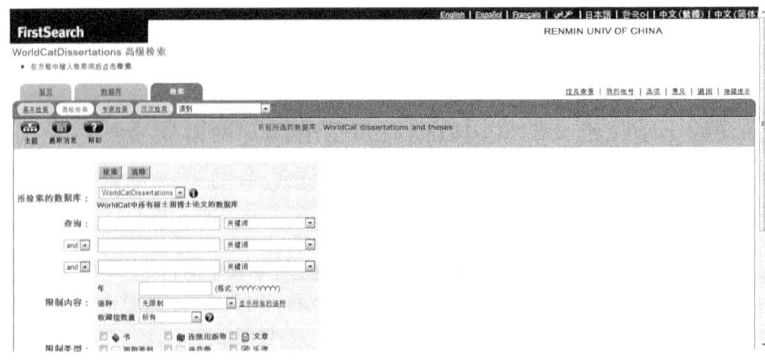

---

〔1〕 "OCLC FirstSearch——WorldCat Dissertations 内容简介"，载 http：//www. lib. ruc. edu. cn/webs/res_ resourcesGet. action？ idd = 89，访问日期：2015 年 2 月 15 日。

　　在首页左侧"查询"旁边的检索框中输入关键词"precautionary principle"（字母不分大小写）（如下图），查询范围默认为"关键词"[1]，在页面"限制类型"右侧选项中勾选"互联网资源"[2]，点击页面下方的"检索"键。

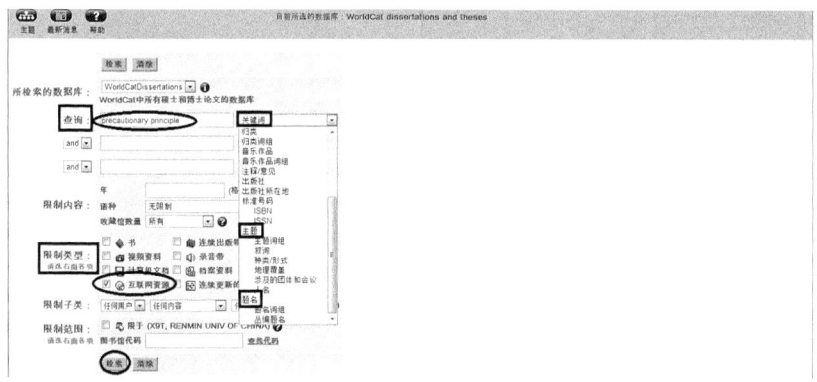

　　检索结果页面（如下图），共 68 条记录，从记录列表中可见每一条记录下方有一个或几个链接，点击这些链接尝试获取该篇论文的全文。[3]

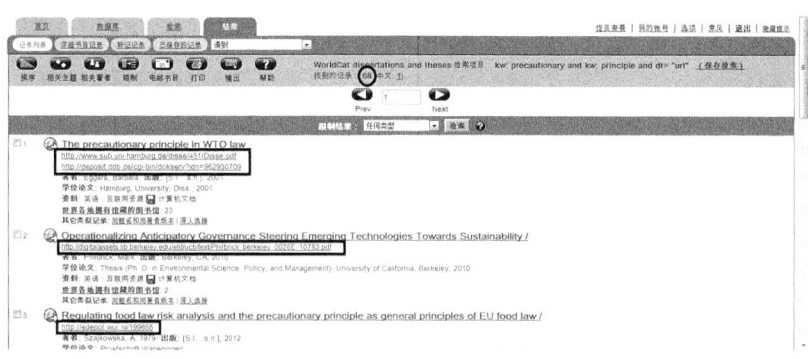

---

　　〔1〕　也可以点击"关键词"右侧下拉菜单选择其他查询范围，如"主题"和"题名"。

　　〔2〕　在 WorldCat Dissertations 库中检索博硕士学位论文要保证检索到相关的学位论文，一定要在首页选择"互联网资源"，因为不做选择时系统将会执行跨库检索，会把其他类型资源，如图书、会议录等检索出来，给筛选带来不便。

　　〔3〕　记录下方的链接表示可以获取该篇论文的地址，有些地址可以链接到论文全文、有些可以链接到论文的摘要信息，有些链接可能打不开，这就需要我们首先点开相关记录链接试一试，如果没有全文或者链接打不开，可以尝试通过论文传递来获取。论文传递途径和方法详见本书第三章第一节中外期刊论文检索。

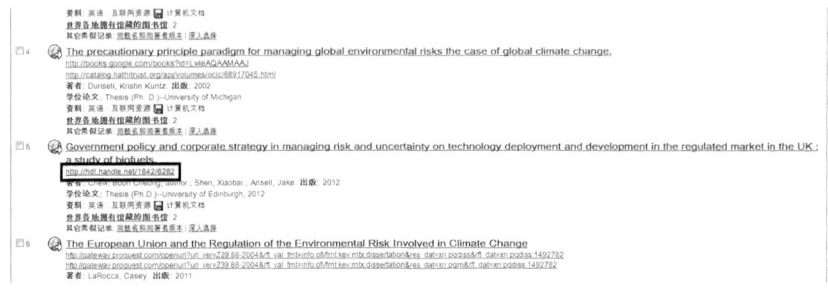

　　如点击第 2 条记录下方链接，打开页面（如下图），点击页面右下角的小软盘标志可下载该篇论文全文。

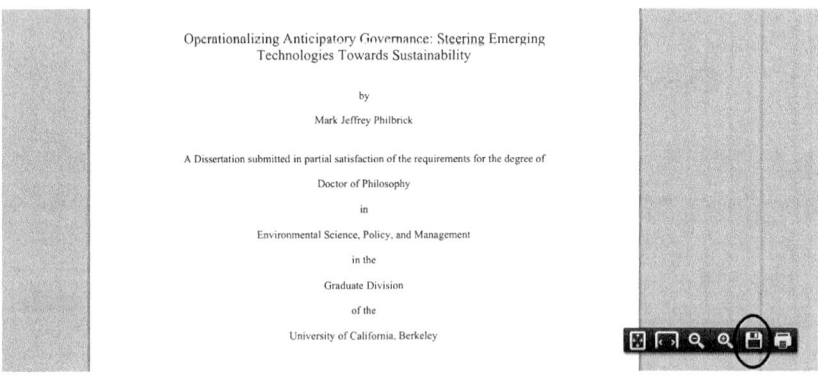

　　如点击第 5 条记录下方链接，打开页面（如下图），点击页面左侧"Download"下方的链接，可分别下载不同格式的论文全文。

二、利用 ProQuest 博硕士论文全文数据库检索国外博硕士论文全文

ProQuest 公司是世界上最早及最大的博硕士论文收藏和供应商，该公司的学位论文文摘数据库（ProQuest Digital Dissertation & Theses，简称 PQDT）收集了自 1861 年至今的 160 多万篇国外高校博硕士论文的题录与文摘，是学术研究中非常重要的信息资源。从 2001 年开始，在文摘库的基础上，ProQuest 公司开发了电子版的学位论文全文服务方式，由国内高校、科研机构、公共图书馆等单位联合组成的 ProQuest 博士论文全文中国集团自 2002 年起开始订购 PQDT 中的部分博硕论文全文，凡参加联合订购的集团成员馆均可共享整个集团订购的全部学位论文全文（PDF 格式）资源。

目前 ProQuest 学位论文全文数据库中收录了来自欧美国家2000余所知名大学的优秀博硕士学位论文 50 万余篇，内容涵盖文、理、工、农、医等多个领域，数据每年更新。[1]

以查找环境法"风险预防原则"（precautionary principle）相关博硕士学位论文为例。

具体方法：进入 ProQuest 学位论文全文检索平台首页（如下图），点击页面右侧的"高级检索"。

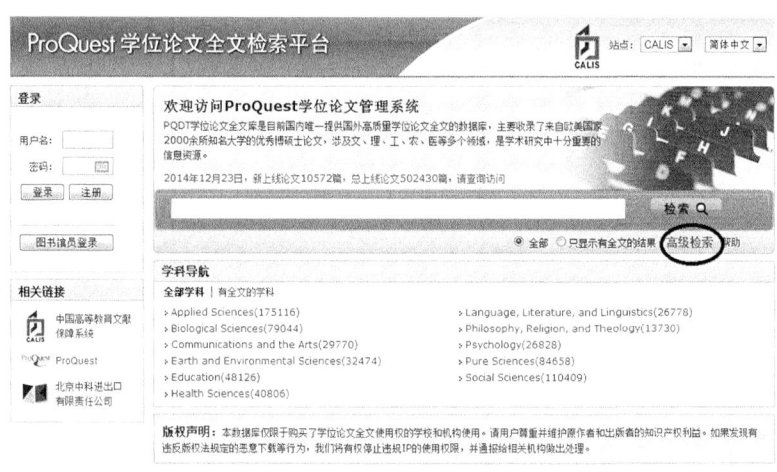

---

〔1〕 "ProQuest 博硕士论文全文数据库简介"，载 http://www.lib.ruc.edu.cn/webs/res_ resources-Get.action? idd=89，http://proquest.calis.edu.cn，访问日期：2015 年 2 月 15 日。

　　进入高级检索页面（如下图），在页面中间第一个检索框中输入关键词
"precautionary principle"，检索范围默认为"标题"〔1〕，右侧的"所有词"
改为"短语"〔2〕，点击页面下方的"检索"键。〔3〕

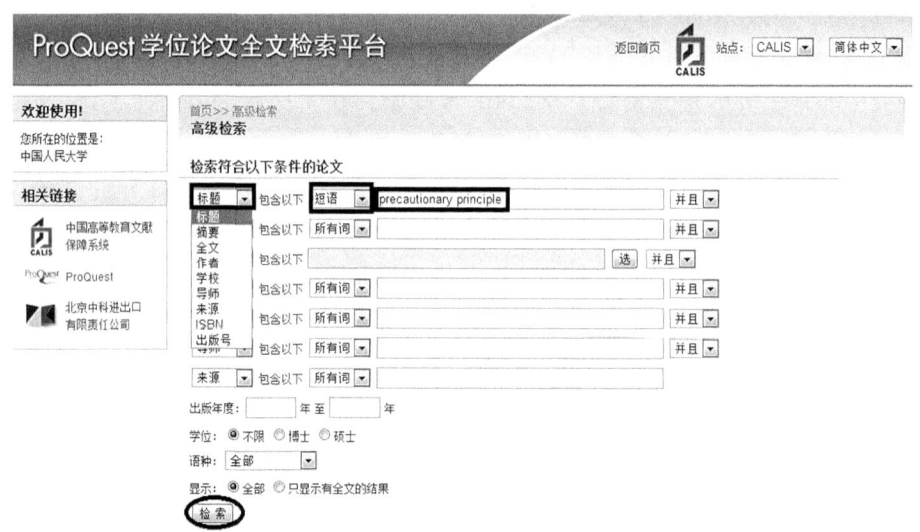

　　检索结果页面（如下图），共有 12 条按照相关度降序排列的记录，点击
页面上方的"出版时间"，通过出版时间降序排列检索结果可以找出最新的论
文，点击页面右侧的"一级学科"、"发表年度"和"学位"，分别可以查看
12 篇检索记录所涉及的学科分类、发表年度分布和学位情况，点击页面检索
结果列表任一条记录下方的"查看 PDF 全文"，可下载该篇论文全文。

---

〔1〕　还可以点击"标题"右侧的下拉菜单，选择"摘要"，都能保证检索到相关记录。

〔2〕　该处共有三个选择，即关键词在论文标题中出现的形式有三种，分别为"所有词"、"任一
词"和"短语"，为保证关键词"precautionary principle"在检索时不被分开，选择"短语"，才能使
关键词作为一个单位检索，提高检索结果的相关和有效。

〔3〕　如果查找的课题关键词相对复杂，而且不止一个词或短语，此时在高级检索页面检索框中
依次添加这些词或短语即可。如果要查找具体某一篇论文，可以在高级检索页面输入掌握的该篇论文
的信息，如作者、导师等，直接点击页面下方的"检索"键。

常见错误： ProQuest 博硕士论文全文数据库检索常见错误是，进入平台首页（如下图），直接在页面检索框中输入关键词"precautionary principle"，点击右侧的"检索"键，此时系统将执行关键词全文检索（默认全文检索），即只要关键词在一篇学位论文全文中出现一次就会被检索出来，不论是在论文的标题、摘要还是正文，因此会导致很多不相关结果的出现。

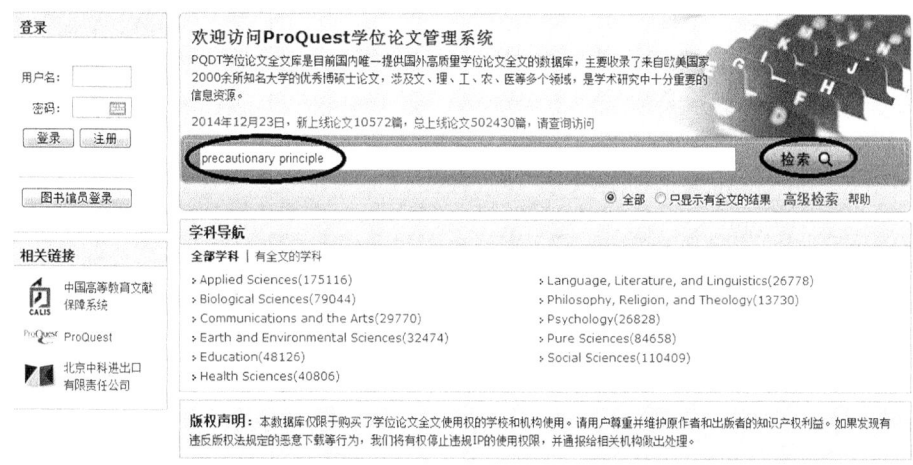

第三节　中外电子图书检索

中外电子图书数据库非常多，它们收录的内容虽然不同，但是基本的检索方法大同小异，本部分重点介绍一个中文电子图书数据库"读秀知识库"，一个外文电子图书数据库"MyiLibrary"，我们可以根据本单位资源收藏情况，灵活掌握利用。

一、利用读秀知识库检索中文电子图书

读秀知识库是由海量学术资源组成的庞大知识库系统，其以 260 万种书目信息、170 万种图书原文、6 亿页中文资料为基础，为读者提供深入图书内容章节和全文检索、部分文献试读、参考咨询、免费文献传递等多种功能。[1] 其常用的与电子图书检索相关的功能如下。

1. 如何通过书名检索快速找到相关电子书全文

图书书名检索是把书名中包含关键词或检索词的图书找出来，它是最常用的检索电子图书的方法，通过此种方法找到的电子图书通常也是和我们的研究课题比较相关的。

以查找"内幕交易"电子图书为例。

具体方法：进入读秀知识库首页，默认检索范围为"知识"，即包括图书、期刊、报纸、学位论文等整个读秀知识库的跨库检索，如要查找电子图书，需点击右侧的"图书"（如下图），进入图书检索页面，在检索框中输入关键词"内幕交易"，并在检索框下方选择"书名"，再点击下方的"中文搜索"。

---

〔1〕 "读秀知识库简介"，载 http://www.lib.ruc.edu.cn/webs/res＿resourcesGet.action？idd＝140，访问日期：2015 年 3 月 2 日。

知识 图书 期刊 报纸 学位论文 会议论文 文档｜电子书　　　更多>>

中文搜索　　外文搜索

热门关键词

· 电商　　　　· 虚拟现实　　· 吸毒心理　　· 小苹果　　　· 炒作

· 健康　　　　· 弹性力学　　· PPT　　　　· 减肥　　　　· 秘书

图书被引用情况报告(2013)｜ 大雅相似度分析(论文检测)｜ 把读秀设为主页

关于读秀｜用户评价｜常见问题｜使用帮助｜联系我们｜使用感受

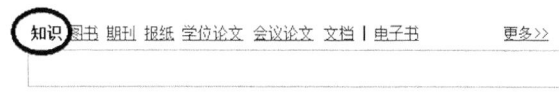

知识 图书 期刊 报纸 学位论文 会议论文 文档｜电子书　　　更多>>

　　　　　　　　　　　　　　　　　高级搜索
　　　　　　　　　　　　　　　　　　　　　　　　　分类导航

○全部字段 ●书名 ○作者 ○主题词 ○丛书名 ○目次　　匹配：●精确 ○模糊 ○等于

热门图书

企业标准化工… 新世纪科技期… 改变世界的1… 涉外商事调解… 毒品成瘾

正义论　　　文选　　　后美国世界 … 破解中国历史 … 倾城之恋

收藏排名

根据收藏单位的数量对图书进行排名。在此可查看图书被收藏排行榜，允许按主题、学科查看被收藏情况。　　　　　　　　　　　　　　　　　　　　　进入>>

　　检索结果页面（如下图），共 16 种相关图书，点击页面右上角"排序"右侧下拉菜单中的"时间降序"和"引用量"可分别查看最新图书和被引用次数较高、学术影响力较大的图书；点击页面左侧"类型"下方的"本馆馆藏纸书（10）"和"本馆电子全文（3）"可以了解本单位馆藏纸本图书[1]和有全文的电子图书的总体收藏情况；选中一条记录点击其右侧的"馆藏纸本"键，可直接查看此本图书的馆藏信息；点击记录右侧的"包库全文"或"图书下载"可直接下载此本电子图书全文。

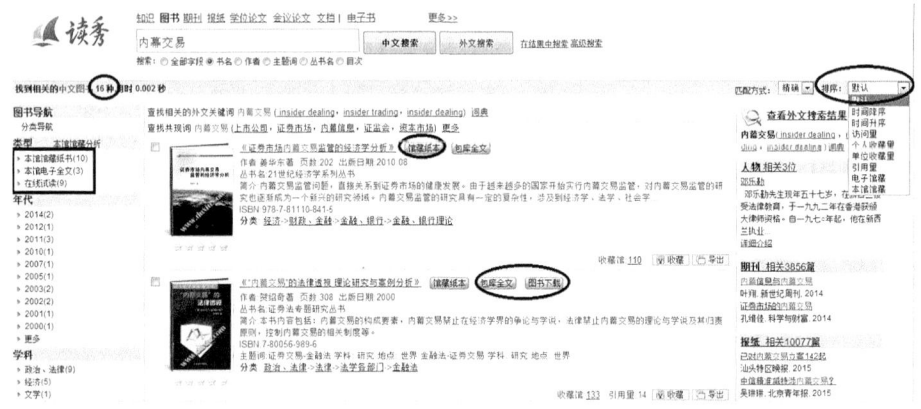

　　2. 如何通过图书章节检索快速找到电子书相关章节内容

　　上述图书书名检索虽然能快速将书名中包含关键词或检索词的相关图书找出来，但是有些课题相对比较新颖或研究的人比较少，用书名检索的方法往往找不到相关结果，此时需要用图书内容章节检索方法，即如果一本书的书名或章节包含了关键词或检索词，它也可以被找出来。

　　以检索环境法"风险预防原则"电子书相关章节内容为例。

　　具体方法：进入读秀知识库图书检索页面（如下图），在页面检索框中输入关键词"风险预防原则"，下方查询范围默认为"全部字段"，点击下方的"中文搜索"。

---

　　[1]　该数据库可以与本馆电子图书数据库、馆藏目录系统挂接，方便使用。

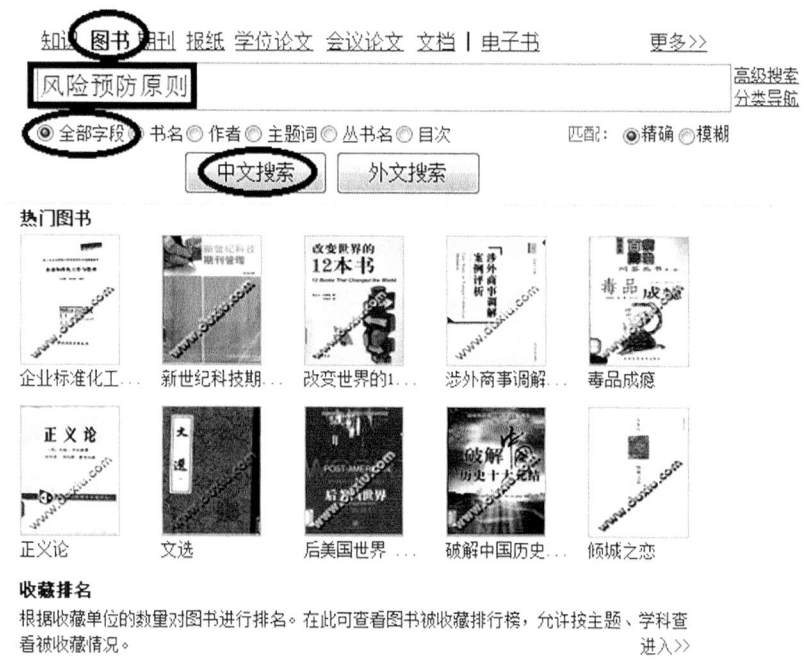

　　检索结果页面（如下图），共有 60 条记录，比如第 1 条记录下方第一章第一、二节中包含关键词"风险预防原则"，但是该条记录右侧只显示"馆藏纸本"和"阅读部分"，显示此本图书没有电子全文。

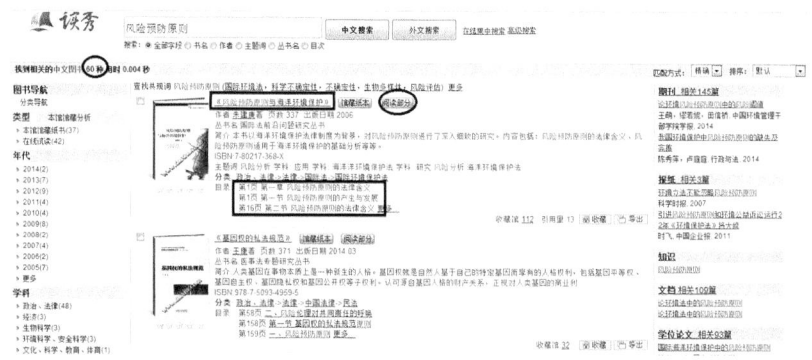

没有电子全文的可以通过下述方法传递图书的部分章节内容。

具体方法：选中上图第 1 条记录"《风险预防原则与海洋环境保护》"并点击，进入该本图书全文页面（如下图），点击页面下方的"目录页"，在打开的次级页面中查看本书第一章第一、二节在本书中的页码为 1～27 页。

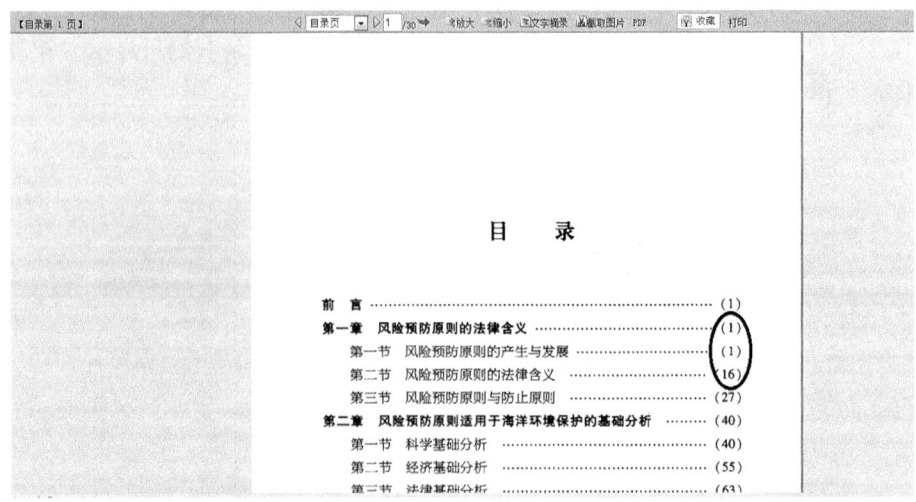

返回本书全文页面（如下图），点击页面"图书馆文献传递"键，在打开的次级页面中输入需要传递的页码 1～27 页，输入接收文献的电子邮箱和验证码，点击页面下方的"确认提交"。

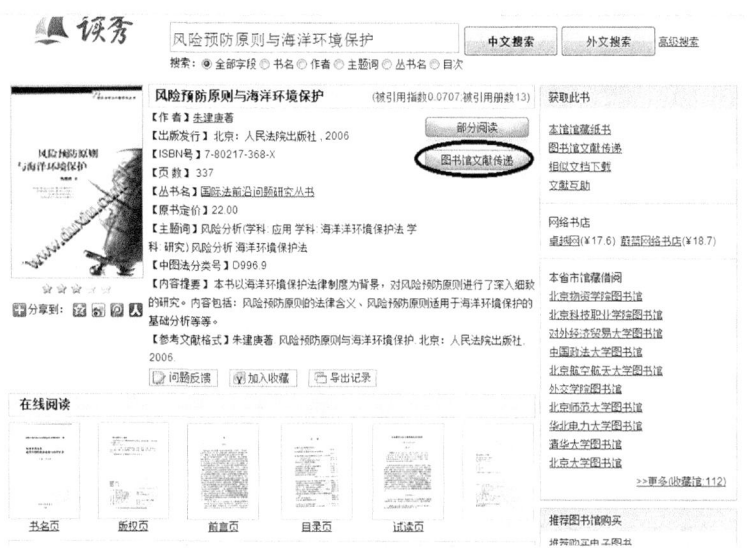

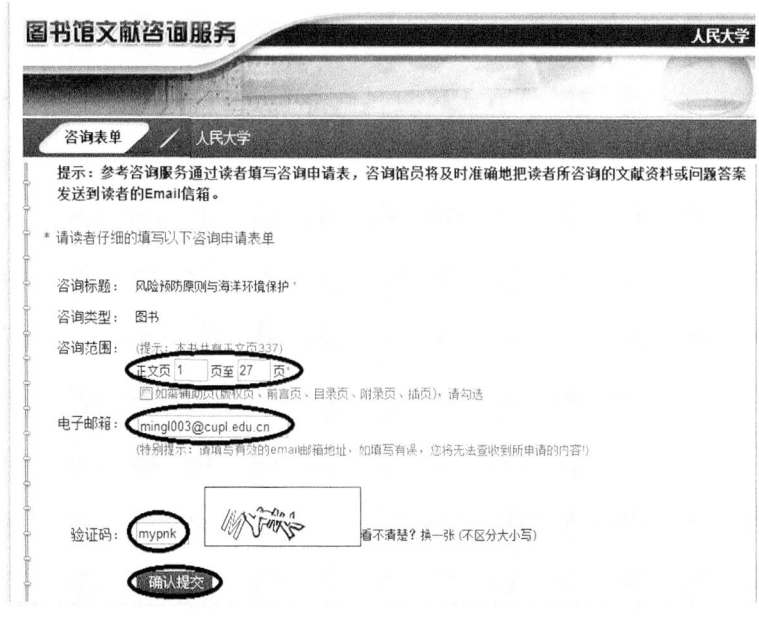

　　到接收文献的邮箱查看该部分内容（如下图），点击邮件内容页面的蓝色链接，在打开的次级页面中可查看该部分全文，点击页面上方的"文字提取"和"截取图片"可分别直接粘贴复制文字或截取图片、表格。

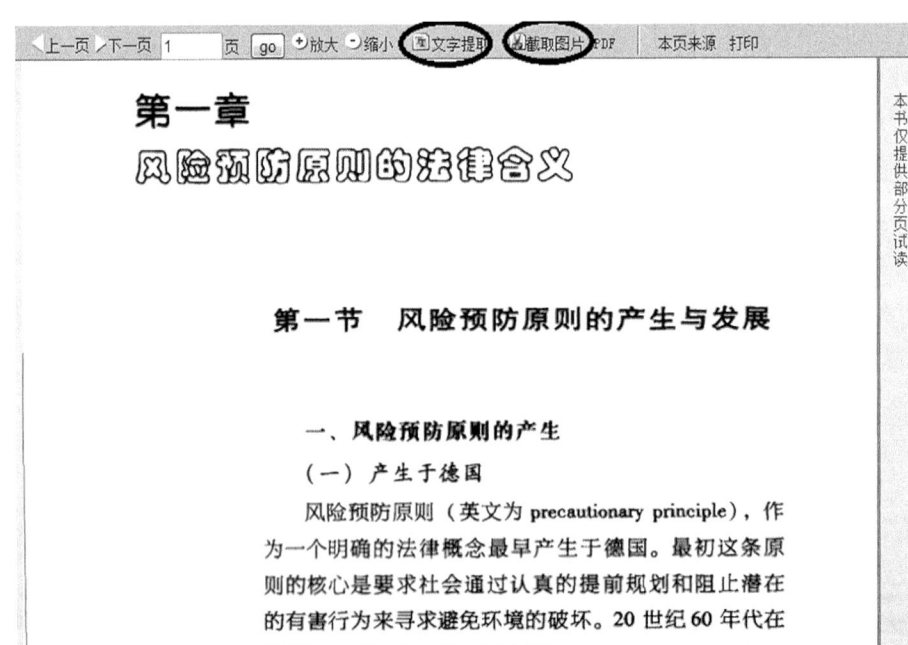

3. 如何通过全文检索快速找到一句（段）话的出处

在法学研究中，引用他人著作信息常常需要查找或核实其原始出处，读秀知识库中图书内容全文检索功能可以满足这一要求。

以检索下列这段话的出处为例："这个不受法律保护的无产阶级，不可能像它的诞生那样很快地被新兴的工场手工业所吸收。另一方面，这些突然被抛出惯常生活轨道的人，也不可能一下子就适应新状态的纪律。他们大批地变成了乞丐、盗贼、流浪者。"

具体方法：进入读秀知识库首页（如下图），在上段话中任选一句，比如选择"这个不受法律保护的无产阶级"输入首页检索框，点击下方的"中文检索"。

检索结果页面，如下图，点击第 6 条记录。

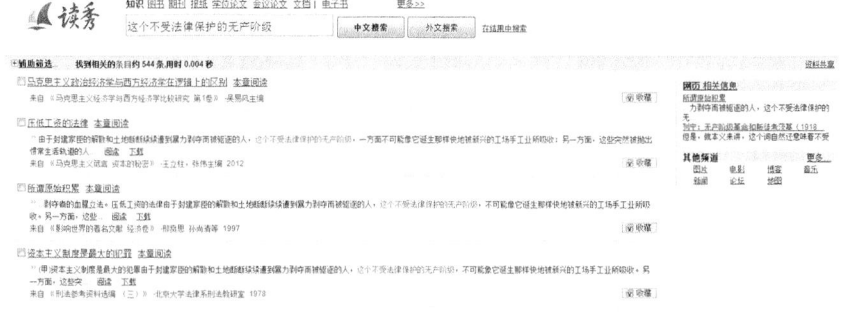

☐ 历史变迁的简要回顾 **本章阅读**

"……并为城市工业造成了不受法律保护的无产阶级的必要供给。由于工场手工业在诞生之初不能很快吸收这个不受法律保护的无产阶级，为了建立新的秩序。16世纪整个西欧都颁布了惩治流浪者的血腥立律。**阅读 下载**

来自《所有制与产权 马克思所有制理论与西方现代产权理论比较研究》-吕建军著 1999 ☑收藏

十五世纪末以来惩治被剥夺者的血腥立法。压低工资的法律 **本章阅读**

"……剥夺者的血腥立法。压低工资的法律由于封建家臣的解散和土地继续续遭到暴力剥夺而被驱逐的人，这个不受法律保护的无产阶级，不可能象它诞生那样快地被新兴的工场手工业所吸收。另一方面，这些……**阅读 下载**

来自《马克思恩格斯全集》-马克 思格斯 1972 ☑收藏

☐ 一笑十比亚的精神漫游：永恒之旅 **本章阅读**

来自《流泉母题与西方文学经典阐释》-栋召荣著 2006 ☑收藏

　　在打开的次级页面（如下图），可找到这段话的出处，点击页面右上角的"来源"在打开的菜单中可查看其来自哪本书的多少页，点击菜单中书名链接，可查看该书的详细信息。

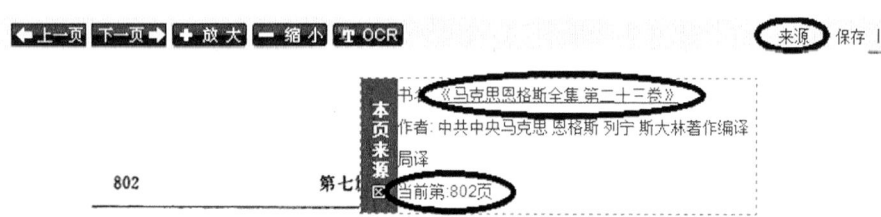

←上一页 下一页→ ✚放大 一缩小 ⓣOCR　　　　　　　　来源 保存 | 打

本页来源区　书……《马克思恩格斯全集 第二十三卷》

作者: 中共中央马克思 恩格斯 列宁 斯大林著作编译局译

802　　　第七……　当前第:802页

3. 十五世纪末以来惩治被剥夺者的血腥立法。压低工资的法律

由于封建家臣的解散和土地断断续续遭到暴力剥夺而被驱逐的人，这个不受法律保护的无产阶级，不可能象它诞生那样快地被新兴的工场手工业所吸收。另一方面，这些突然被抛出惯常生活轨道的人，也不可能一下子就适应新状态的纪律。他们大批地变

昂·里维教授在艺术协会150作了一个关于牧羊场变成鹿林的报告，他叙述了苏格兰高地荒芜状态的加剧。他说："减少人口，把土地变为牧羊场，是不花费代价便能获得收入的最方便的手段…… 鹿林代替牧羊场已经成为苏格兰高地的普遍的变化。现在是野兽赶走了羊群，就象从前为了给羊群腾出地盘而把人赶走一样…… 从福尔法尔郡的达尔豪西伯爵领地一直到约翰·奥格罗兹都是森林。其中〈在这些森林中〉很多住住有狐狸、野猫、黄鼠狼、白融、伶鼬和山兔，近来那里还出现了兔、松鼠和鼠。在苏格兰

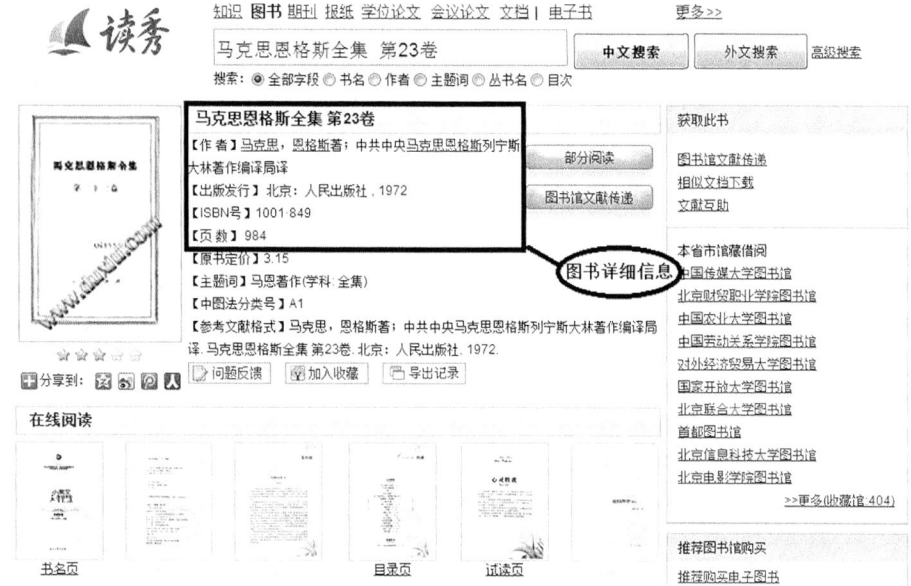

二、利用 MyiLibrary 检索外文电子图书

MyiLibrary 是世界领先的集成性电子书平台，在世界范围内合作的出版商超过 400 家，涵盖学科包括历史、法律、教育、音乐、图书馆学、语言与文学、哲学、政治学、社会科学等，主要服务于学术研究者、专家学者和高校学生等，是图书馆、科研院所及一些研究型公司不可或缺的参考工具。[1]

MyiLibrary 电子书支持全文检索，可按关键词、作者、ISBN、出版社、出版日期、学科、类别、语种等进行高级检索。本部分重点介绍如何通过关键词检索相关电子书。

以查找与环境法风险预防原则（"precautionary principle"）相关电子书为例。

具体方法： 进入 MyiLibrary 首页（如下图），点击页面右上角的"Advanced Search"，在打开的次级页面"with a title containing"右侧的检索框中

---

〔1〕 "MyiLibrary 简介"，载 http：//www. lib. ruc. edu. cn/webs/res＿ resourcesGet. action？ idd＝74，访问日期：2015 年 3 月 2 日。

输入关键词"precautionary principle",[1] 点击页面下方的"Start Search"键。

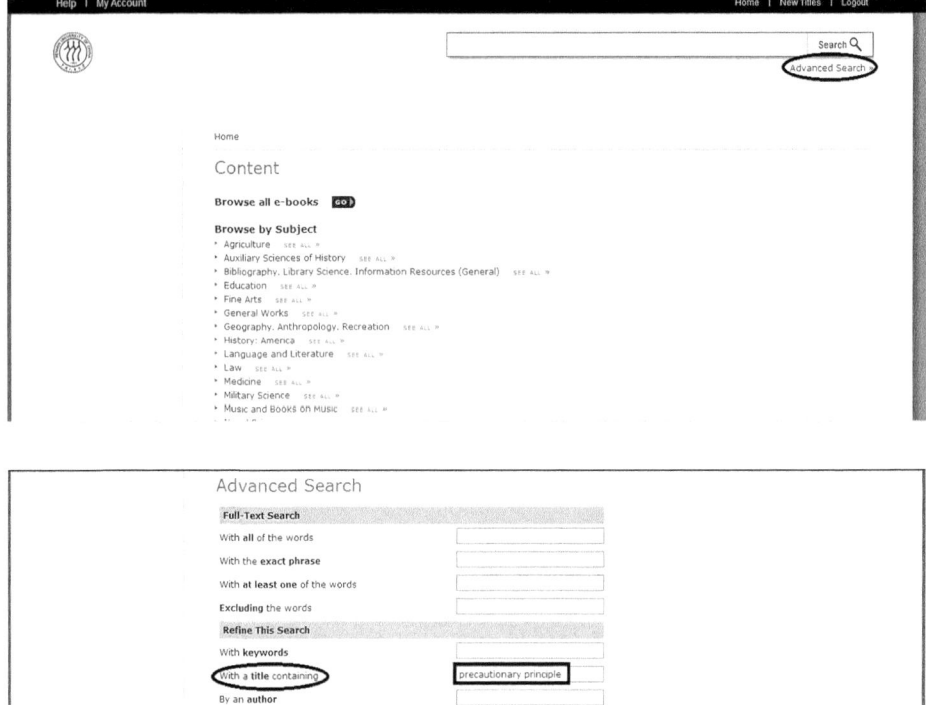

检索结果页面（如下图），共有1条记录，点击该条记录右侧的"Open Now"键，打开该本书。

---

〔1〕 此处也可以选择其他查询范围，具体选择哪个查询范围是由我们开始检索时掌握的已知信息决定的，如已知作者信息，可以选择"by an author"查询等。

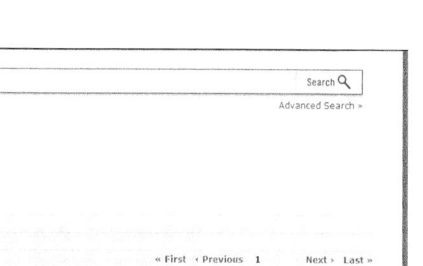

　　进入该书全文页面，如下图，点击页面目录"TOC"下方的任一部分，可直接显示该部分内容。

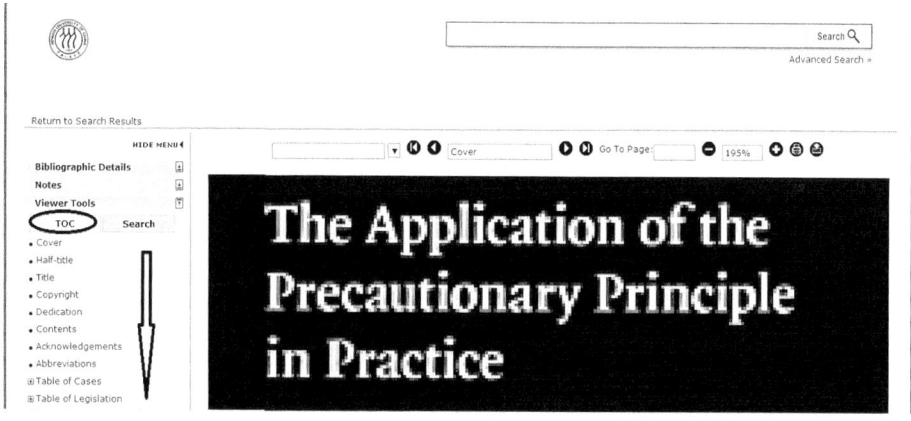

　　点击"TOC"旁边的"Search"键（如下图），在下方出现的检索框中添加关键词，并点击右侧的"Go"键，可以实现在整本书中检索，能够快速锁定关键词的上下文，方便查找相关信息。

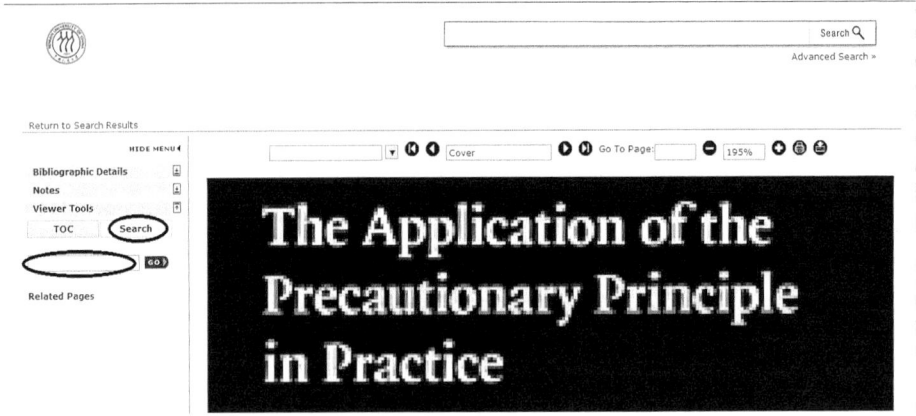

　　在该书全文页面（如下图），点击右上角的向下箭头可以下载该书部分章节内容。（需注意：外文电子书下载通常都有下载页数限制，不能一次下载整本书，有的只能一次下载几十页，有的只能分章节下载。）

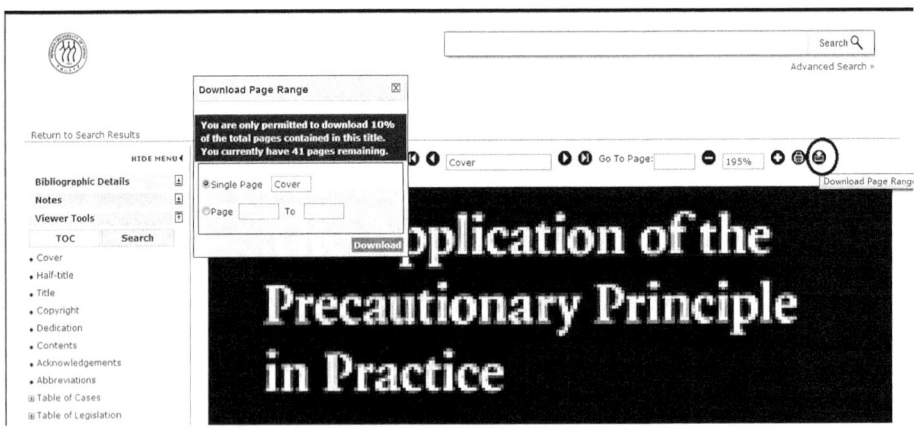

第四章 ▶CHAPTER 4

其他信息资源检索技能

以上第二、三章主要介绍了商业性数据库中一、二次法律信息的检索和利用。实践中仍有大量公开、免费的信息资源可以为法学研究所利用，如政府信息和免费网络信息。本章在介绍政府信息和免费网络信息检索的同时，还按照地区，以商业性数据库 Westlaw International 和月旦法学知识库为例，展示了法学研究常用的美国和我国台湾地区的法律信息检索与利用。

第一节　政府信息检索

政府信息是法学研究的重要信息资源之一。政府信息的检索和获取便利与否主要是由各国政府信息公开的程度和方式决定的，本节重点介绍国内政府信息检索利用，国外政府信息检索和获取可以通过搜索引擎查找相应国家的政府网站。

我国政府信息公开条例指明了政府信息的内涵、各级政府信息公开的范围和方式。政府信息是指行政机关在履行职责过程中制作或者获取的，以一定形式记录、保存的信息。政府信息公开的范围，主要是涉及群众切身利益、需要群众广泛知晓或参与的事项，以及法律和国务院规定需要公开的其他事项。涉及国家秘密或公开后可能危及国家安全、公共安全、经济安全和社会稳定的政府信息，不属于公开范围。[1]

政府信息公开的方式主要有两种，一是国务院公报，它主要刊载国务院

---

〔1〕 "国务院办公厅政府信息公开指南"，载 http://www.gov.cn/zhengce/node_ 330. htm，访问日期：2015 年 3 月 12 日。

公布的行政法规和规范性文件；国务院批准的有关机构调整、行政区划变动和人事任免的决定；国务院各部门公布的部分部门规章和规范性文件；国务院领导同志批准登载的其他重要文件。《国务院公报》每月逢十出版，全年36期。公众可到当地公共图书馆查阅。二是中国政府网，它是国务院和国务院各部门及各省（区、市）人民政府在国际互联网上发布政府信息和提供在线服务的综合平台。国务院办公厅在中国政府网开设政府信息公开专栏，公众可随时检索、查阅。本节重点介绍如何利用中国政府网检索政府信息。[1]

在中国政府网，我们可以通过以下三种方法检索政府信息：

1. 按照关键词检索

进入中国政府网（www. gov. cn）点击页面上方的"政策"键（如下图）。

在打开的次级页面（如下图），直接在页面右侧检索框中输入检索条件，如在"标题"右侧检索框中输入关键词"环境污染"，点击下方的"检索"键，即可检索相关文件。

---

[1] "国务院办公厅政府信息公开指南"，载 http://www.gov.cn/zhengce/node_ 330. htm，访问日期：2015年3月12日。

检索结果页面（如下图），点击页面左上角"国务院文件搜索"右侧下拉菜单，在弹出的列表中选择相关条件，并在右侧检索框中添加新的关键词，点击右侧的"搜索"，可以进一步限定检索条件，直到找到相关文件。或点击页面的"检索"键右侧的"高级检索"，通过新的限制条件检索相关文件。

2. 按照部门或地方检索

具体方法：进入中国政府网（www.gov.cn）点击页面上方的"政策"键（如下图）。

　　在打开的次级页面，如下图，通过页面右下方"部门地方"分别按照文件发布的部门的地方检索；或通过页面最下方的相关机构和部门的网站链接查找相关文件。

3. 按照主题检索

将公开的政府信息划分为 22 个类别，通过逐级浏览、选择相关的主题点击查看文件全文。

　　具体方法：进入中国政府网（www. gov. cn）点击页面上方的"政策"键（如下图），并在弹出的页面上方点击"文件"。

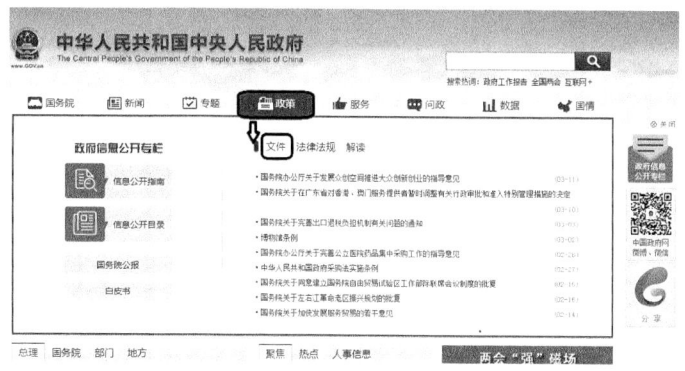

　　在打开的次级页面右侧"目录导航"下方找到"按主题分类"（如下图），点击选中的主题后，点击该主题前面的"＋"标志。

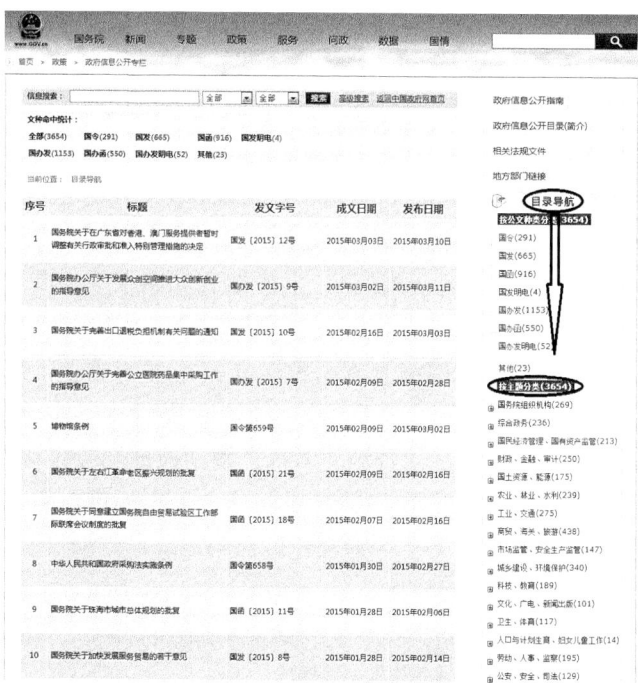

　　如点击"农业、林业、水利"前面的"＋"，在打开的列表中选择"林业"（如下图），页面左侧会显示该主题的相关文件，点击相关文件链接即可查看全文。

第二节　免费网络法律资源检索

　　免费网络法律资源（online free-access resources 或 open access resources）是指在互联网上可以免费获得的对法学研究具有重要价值的电子资源，如中外法律法规（成文法）、案例（判例）、电子期刊和图书等。其中，政府机构和学术组织网站提供的法律信息相对可靠和稳定，是法律信息检索与利用的重要补充。通常，可以通过网络搜索引擎、高校图书馆或学术研究机构网站的资源导航、资源列表或学科信息指南等找到相关免费网络法律资源。

　　本节重点介绍免费网络法律资源的名称、网站地址和收录内容，[1]根据资源所属国别、地区或收录内容找到对应网站地址，就可以直接检索了。免费网络法律资源的检索方法[2]一般都比较简单、容易掌握。

────────────

〔1〕　一些网站地址变更找不到的，可以尝试用名称在搜索引擎中查找。
〔2〕　法律信息检索通用方法详见本书第一章第三节。

一、国内免费网络法律资源

1. 中国大陆地区的法律资源

名称	地址和简介
北大法律信息网	www. chinalawinfo. com 北大英华公司和北大法制信息中心共同创办的大型综合性网站，内容包括法律法规、司法案例、法学期刊等。
中国民商法律网	www. civillaw. com. cn 中国人民大学法学院主办，内容包括法学讲堂、判解研究、论坛等。
中国诉讼法律网	www. procedurallaw. cn 由中国政法大学诉讼法学研究院创办，内容包括诉讼法学研究相关法律法规、外国法、港澳台法、刑事诉讼法学研究会专栏、新书介绍等。

2. 港澳台地区"法律"资源

名称		地址和简介
香港	香港律政司网	http：//www. doj. gov. hk/chi/laws
	双语法例资料系统	http：//www. legislation. gov. hk/index. htm
	香港司法机构网	http：//www. judiciary. gov. hk/chs/index
	香港特别行政区立法会	http：//www. legco. gov. hk
	收录《香港特别行政区政府宪报》、《香港法例》、《香港特区的条例》、《香港特区的规例》、《香港判例集》、《香港区域法院判例集》等。	
澳门	澳门特别行政区政府网	http：//www. macau. gov. mo
	澳门印务局网	http：//www. io. gov. mo
	澳门特区法院网	http：//www. court. gov. mo
	澳门法律网	http：//www. macaolaw. gov. mo
	澳门法例资料查询系统	http：//legismac. safp. gov. mo/legismac/main/main. jsf?lang＝zh_TW
	收录《澳门特区公报》、《澳门特区法例》、《澳门特别行政区司法制度法例汇编》等。	

续表

名称		地址和简介
台湾	"立法院"全球资讯网	http://www.ly.gov.tw
	政府出版品资讯网	http://open.nat.gov.tw
	"司法院"网站	http://www.judicial.gov.tw
	法源法律网	http://www.lawbank.com.tw
	收录"总统府公报"、"立法院公报"、"司法院公报"、"最高法院"出版的《判例汇编》、"司法院"出版的《司法解释汇编》等。	

二、国外免费网络法律资源

名称		地址和简介
国际组织	全球法律信息中心（World-LII）	http://www.worldlii.org 主要由普通法系国家信息中心合作主办，内容包括判例、成文法、条约、法律改革报告、法律期刊等。
	联合国数据中心	http://www.un.org/zh/databases 联合国主办，内容包括联合国印发的所有正式文件、联合国条约、宣言和立法等。
国际组织	欧盟官网	http://europa.eu/index_en.htm 欧盟官方网站，内容包括欧盟的立法文件、法律适用、立法程序、签订的条约以及其他正式文件。
	欧盟委员会	http://ec.europa.eu/index_en.htm 欧盟委员会主办，内容包括欧盟委员会参与制定的政策和法律。
	欧盟法院	http://europa.eu/about-eu/institutions-bodies/court-justice/index_en.htm 欧盟法院主办，内容包括欧盟法院的判决报告及欧盟立法。
	世界贸易组织	http://www.wto.org 世贸组织主办，内容包括世贸组织的官方文件，如法律文本、GATT相关文件、出版物、统计数据等。

续表

名称		地址和简介
美 国	美国国会法律 图书馆	http://www. loc. gov. /law/guide 美国国会公共服务部主办，内容包括国际及各国法律资源及其导航，如立法和司法文件、部门网站以及各国政府信息等。
	美国政府网站	http://www. firstgov. gov 美国政府主办，内容包括立法和司法机关的文件、美国政府各部门网站链接等。
	康奈尔大学法律信息学会	http://www. law. cornell. edu 康奈尔大学法学院主办，内容包括美国联邦和州的立法和司法文件、法律百科全书等。
	FindLaw	http://www. findlaw. com Thomson West 公司主办，内容主要包括美国判例、成文法、律师执业指南等。
	美国国际法学会	http://www. asil. org/index. html 美国国际法学会主办，内容包括美国国际法学会出版物数据库和国际经济法基础文献数据库，文献类型有条约、报告、案例、图书、论文等。
英 国	英国及爱尔兰法 律信息学会 网站	http://www. bailii. org 英国及爱尔兰法律信息学会主办，内容包括英国及爱尔兰的判例和成文法、欧盟判例、欧盟法律委员会报告等。
	英国法律在线	http://www. justis. com Justis 主办，内容包括英国、爱尔兰及欧盟判例和成文法。
	英国皇家文书出 版局（HMSO）	http://www. hmso. gov. uk 英国皇家文书出版局主办，内容为英国所有成文法。
	律师信息网	http://www. Infolaw. co. uk Infolaw 主办，内容包括律师通讯、律师执业培训课程、法律信息目录等。

续表

名称	地址和简介
澳大利亚法律信息中心网（AustLII）	http://www.austlii.edu.au 澳大利亚法律信息学会主办，内容包括澳大利亚的成文法、判例、条约、法律改革报告以及法律期刊等。
加拿大法律信息中心网（CanLII）	http://www.canlii.org 加拿大法律信息学会主办，内容包括加拿大的成文法和判例等。

三、国外免费论文、电子书类网络资源

名称	地址和简介
Blackwell 电子期刊	http://www.blackwell – synergy.com/ Blackwell 出版公司与世界上 550 多个学术和专业学会合作，出版国际性期刊 800 余种（包含很多非英美地区出版的英文期刊），其中包括社会科学、人文科学和理科类期刊。部分期刊提供全文。
Australian Digital Theses Program（澳洲数字学位论文项目）	http://adt.caul.edu.au 由澳洲大学图书馆员协会发起，包含澳洲 40 余所大学的 15,440 篇硕博论文，内容涵盖各个学科。
剑桥大学机构知识库	http://www.dspace.cam.ac.uk 由 Cambridge University Library 和 University Computing Service 合作主办，提供剑桥大学相关的期刊、学术论文、学位论文等电子资源。
发展中国家联合期刊库	http://www.bioline.org.br Bioline International 主办，提供来自发展中国家（如巴西、古巴、印度、印尼、肯尼亚、南非、乌干达、津巴布韦等）的开放获取的多种期刊的全文，包括健康、食品、环境等学科。
HighWire 电子资源	http://highwire.stanford.edu/lists/freeart.dtl HighWire 主办，包括社会科学、人文科学、生命科学等学科的期刊论文，会议论文和电子书全文。

续表

名称	地址和简介
世界数字图书馆	http：//www. wdl. org/zh 世界数字图书馆（WDL）在互联网上以多语种形式免费提供源于世界各地各文化的重要原始材料。
Manybooks	http：//manybooks. net 该网站提供大量国外可免费下载电子图书。

第三节　我国台湾地区"法律"信息检索
——以月旦法学知识库检索为例

本节以月旦法学知识库为例，它是目前查找我国台湾地区"法律"信息的重要来源。该数据库是元照出版公司在法学文献出版基础上开发的，以完整收录全球华文文献为目标，包括期刊文献、图书文献、词典工具书、常用法规、精选判解、教学案例、博硕论文索引、题库讲座等几大子库，50万笔全文数据。[1]其常用功能和注意事项如下。

1. 下载专用阅读器

进入月旦知识库首页[2]（如下图），点击页面左侧的"HyVeiw文档阅读器"，下载并安装此数据库专用阅读器。如本人 PC 机未安装 PDF 阅读器，请再点击下方的"PDF 阅读器下载"并安装。如本人 PC 已成功安装以上两个阅读器，但仍不能阅读已下载的文献，请返回本页面查看页面左下角的"新手入门"或"常见问题"。[3]

---

〔1〕"月旦法学知识库——大陆地区专用版"，载 http：//www. lib. ruc. edu. cn/webs/res ＿ re-sourcesGet. action？idd＝177，访问日期：2015 年 2 月 18 日。

〔2〕月旦法学知识库是月旦知识库的一个子库，它们都在一个平台上，进入方式相同，以下月旦法学知识库简称月旦知识库。

〔3〕详见本书第四章第三节我国台湾地区"法律"信息检索月旦法学知识库使用指南。

2. 通过跨库检索与某一主题相关的所有文献

以检索"食品安全"相关法律文献为例。

具体方法：进入月旦知识库首页（如下图），在页面上方的检索框中输入关键词"食品安全"，点击右侧的"Go"键。

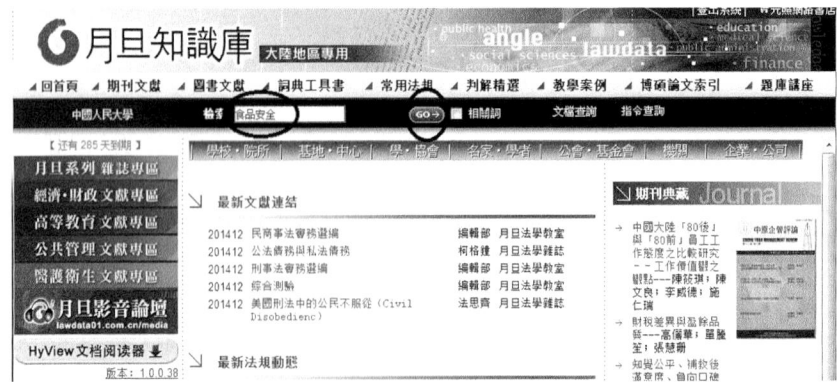

检索结果页面（如下图），共 263 条记录，在页面"所有结果（263）"右侧列表中可查看相关结果。比如，选择相关期刊论文，可点击页面"期刊（80）"键。

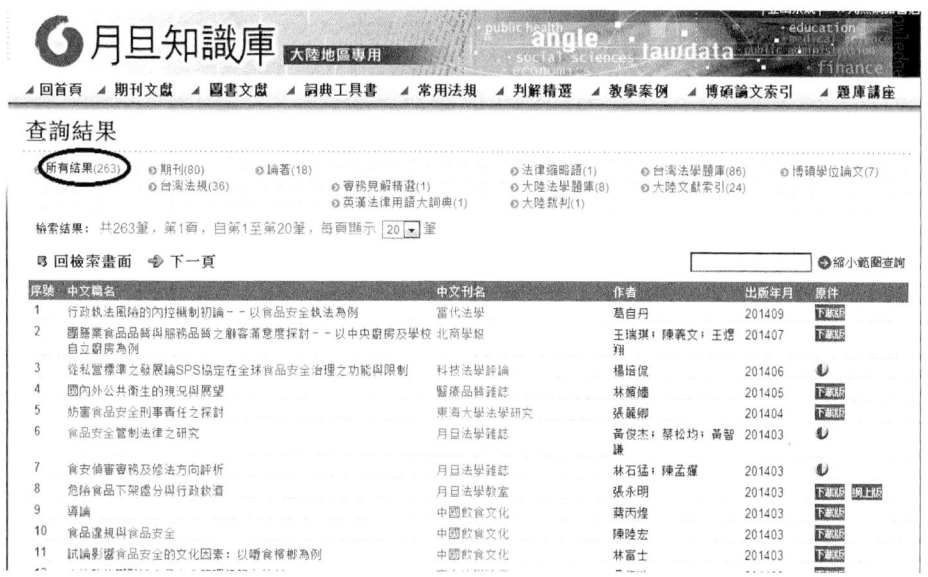

进入期刊结果列表页面（如下图），期刊列表中的论文，有两种情况：一是一条记录最右侧显示 ◔（未授权），不能全文下载；二是显示下载版，可全文下载。比如选择第 10 条记录，并点击其最右侧的下载版，然后在打开的次级页面下方输入验证码，并点击下方的"影像下载"，即可下载该篇论文全文。[1]

---

〔1〕 月旦知识库提供下载的文档，下载后不提供文章段落选择与复制、粘贴功能，而且此文档仅供所下载的计算机本机浏览、储存与打印（不可打印版除外），不能复制到其他计算机使用。

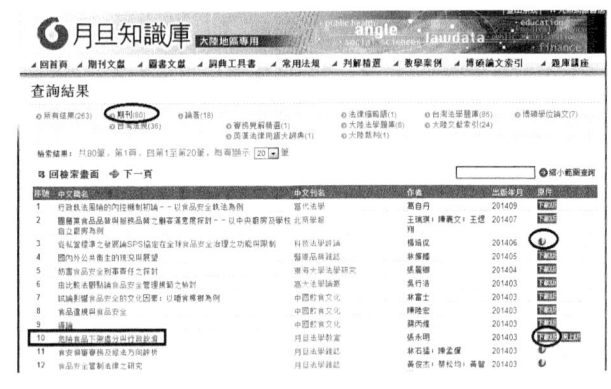

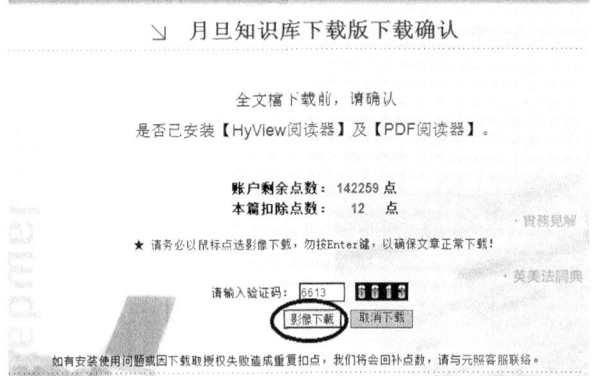

3. 通过专题库检索与某一主题相关的特定文献

以查找"台湾食品安全相关法规"为例。

具体方法：进入月旦知识库首页（如下图），点击页面上方的"常用法规"项下的"台湾法规"。

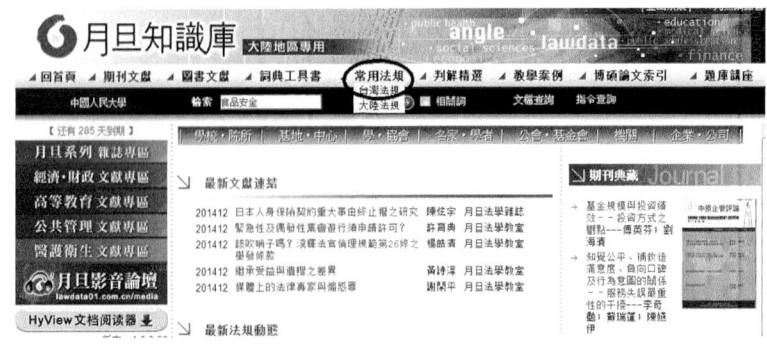

进入台湾法规库页面（如下图），点击页面上方的"不限栏位"下方的"法规名称"，并在右侧检索框中输入关键词"食品安全"，点击右侧的"Go"键。

检索结果页面（如下图），共6条记录，选中任一条即可查看全文。

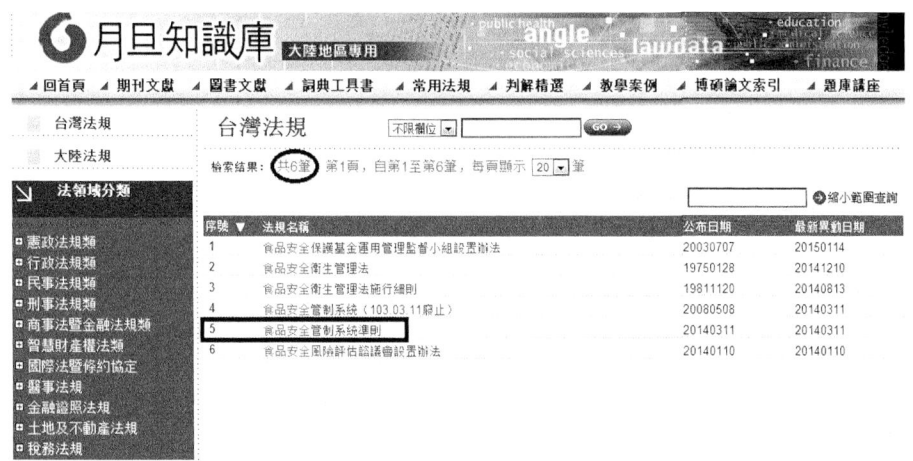

4. 通过法律词典检索法律相关词条

月旦法学知识库收录了《元照英美法词典》、《英汉法律词典》、《英汉法律用语大词典》、《英汉法律缩略语辞典》，共约265 000笔词条，是检索法律相关词条非常便利的资源。

以检索法律上的过失（"negligence"）为例。

具体方法：进入月旦知识库首页（如下图），点击页面上方的"词典工具书"。

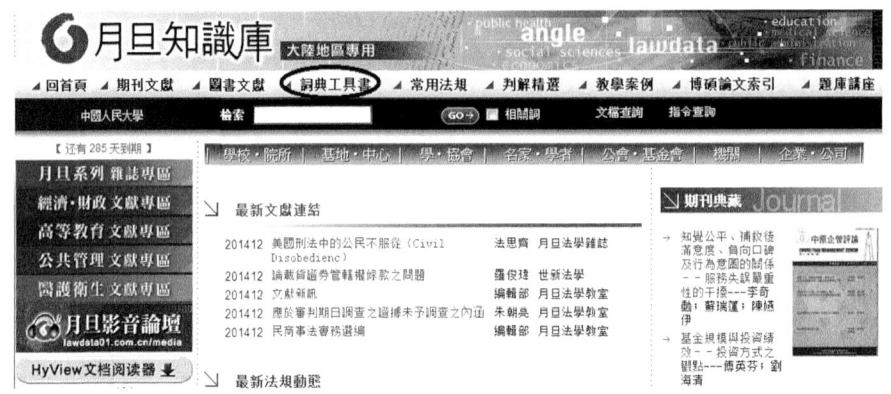

进入词典工具书查询页面（如下图），在页面左上角检索框中输入关键词"negligence"（不分大小写），点击下方"字词"右侧下拉菜单，选择"字词及释文"，在下方"勾选查询范围"中选择"元照英美法词典"（预设全选），最后点击上方的"Go"键。

　　检索结果页面（如下图），共 68 条记录，记录列表按照与关键词相关词条的首字母降序排列，在列表中逐次向后可找到"negligence"词条及释文。

第四节　美国法律资源检索
——以 Westlaw International 数据库检索为例

　　法学研究中常常会涉及美国法律资源，美国的法律资源主要可以通过 Westlaw International、Lexis. com 数据库以及免费的网络资源来检索和利用。本部分以 Westlaw International 数据库检索为例，介绍美国法律资源的检索。[1] Lexis. com 数据库检索方法与 Westlaw International 数据库检索方法有很多相似之处，此部分不再详述。[2] 免费网络资源检索见本章第二节。

　　利用 Westlaw International 检索法律文献有很多种方法，常用的有：引证号（引称号）检索法、目录浏览法、关键词检索法、钥匙码检索法。不同的检索方法有各自适用情况和特点，用户可以根据自己的检索习惯和检索目的，选择适当的方法进行检索。

　　1. 引证号（引称号）检索法

　　又称 Find by Citation。按照通俗的理解，Citation 是法律文献的编撰机构为了法律研究者援引相关文献的便利，给法律文献如法律法规（成文法）、判例和期刊论文以一定的编号，这个编号对应特定的某一篇文献，是唯一的、确定的，就像我们每个人都有一个 ID 号一样。在检索文献时，找到这个文献对应的 Citation 就可以快速找到它的全文。Citation 的格式通常由三部分组成，如 Marbury v. Madison 5 U. S. 137（1803）一案，它的 Citation "5 U. S. 137" 中间的 U. S 的缩写为该判例集汇编机构的缩写，前面的 5 表示该案在此判例集的第 5 卷，后面的 137 表示该案在第 5 卷的起始页码。法律文献的 Citation 可以通过阅读现有纸本或电子专著、期刊论文的脚注、参考文献获取，或者用搜索引擎如 Google、百度或维基百科检索。

　　适用情况：通过已知文献，如法律法规（成文法）、判例和期刊论文的 Citation（number）来获取全文。

　　特点：检索结果的唯一性、准确性，无须对检索结果进行筛选。

---

　　〔1〕 本部分除美国法律资源之外，还有欧盟法律资源的检索实例。

　　〔2〕 Lexis. com 数据库检索详见 "Lexis. com 使用指南"，载 http://lib. tsinghua. edu. cn/database/guide/lexis_manual. pdf，访问日期：2015 年 3 月 16 日。

检索方法：

方法一，直接在 Westlaw International 首页 "Find by citation" 检索框中输入已知文献的 Citation（number），点击检索框右侧的 "Go" 按钮即可。

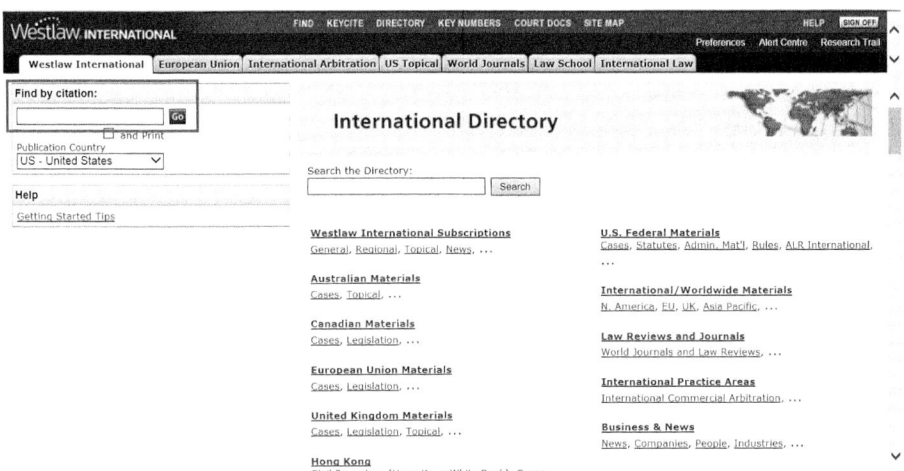

方法二，点击 Westlaw International 首页最上方一排工具栏中的 "Find"，在 "Enter citation" 检索框中输入已知文献的 Citation（number），并点击检索框右侧的 "Go" 按钮即可。

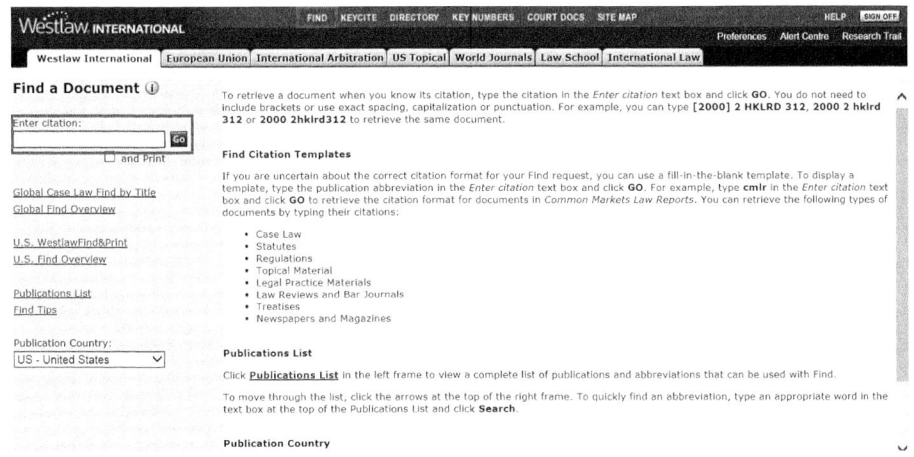

特别提示：

Find Tips（引证号检索法使用技巧）：点击方法二图中左侧的"Find Tips"，可以看到此种检索法的详细介绍和使用技巧。

2. 目录浏览法（Table of Contents）

是按照法律法规（成文法）和专著[1]的章节目录结构浏览其全文，利用目录浏览法可以查看 Westlaw International 中收录的美国、英国、加拿大、澳大利亚、韩国、中国香港地区的法律法规（成文法）。

适用情况：目录浏览法适合对检索课题所涉及的法律法规体系了解不多的情况，通过对法律法规（成文法）或法学专著目录的逐级浏览边浏览边找。

特点：模拟纸本图书的章节目录结构来安排，方便检索和浏览。用户边浏览边找到相关的文献或章节后，只需要点击层级目录，便可直接进行在线阅读、下载、打印、发送 Email 的活动。（个别成文法和专著没有设置全文浏览界面，不适用此功能。）

检索方法：

第一步：点击 Westlaw International 首页最上方一排工具栏中的"SITE MAP"。

第二步：点击页面左侧的或右侧的"Table of Contents（Legislation & Treatises）"（这两个子数据库收录内容完全一致）。

第三步：选择相关国家并点击某国家前面的"+"，选择相关目录逐级点开，至某一层级目录最底一层出现蓝色链接，即可点击查看该部分章节的全文。

---

〔1〕 Westlaw 中收录了一千余本法学专著（treatises），其中包括《美国法律大百科全书》（American Jurisprudence 2d 和 Corpus Juris Secundum），《美国法律精解》（American Law Reports），《美国法律重述》（Restatements of the Law）等重要著作。

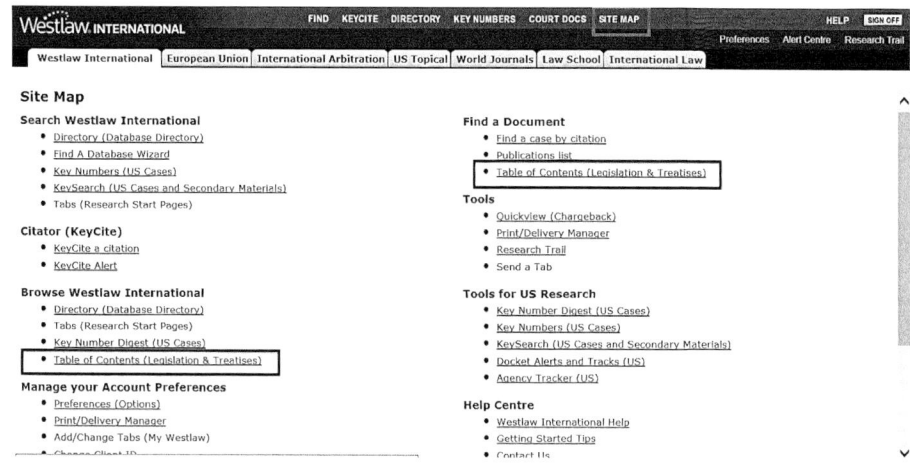

特别提示：

* TOC Tips：点开"Table of Contents（Legislation & Treatises）"之后，出现选择国家和资源类型的页面右上角的"TOC Tips"，点击可以查看目录浏览法的详细使用方法。

* Primary & Secondary：在选择美国文献类型页面出现的"Federal（Primary & Secondary）"，指英美法系国家对法律文献类型的划分，通常分为一次资源（Primary）和二次资源（Secondary），一次资源为曾经或现在仍有法律约束力的文献，如法律法规（成文法、制定法）、判例；二次资源为没有法律约束力的文献，如学者著述。

* 目录浏览法浏览文献层级目录出现具体的文献名称时，文献名称前面的小"i"标志为 information 的缩写，点击可查看该文献收录的内容介绍。如点击美国法典注释 USCA 前面的"i"可查看 USCA 收录内容的详细介绍。

* 目录浏览法除可以通过浏览的方式找到文献全文外，还支持检索功能。适合希望在特定文献或其章节部分快速找到相关内容，并熟练掌握了关键词检索法（后面章节详解）的情况（如下图）。

3. 关键词检索法

此方法是在已知某一法律主题关键词的情况下，用关键词来检索文献的方法。很多时候，我们需要找到关于某一类主题的法律文献，比如关于食品安全的判例、关于精神病患者作证的法律法规、关于南海纠纷的学者著述等等，这就需要用关键词检索。Westlaw International 按照地域、法律部门和文献类型对资源进行了整合，将资源划分为 27 000 多个子数据库（子文件夹），子数据库之间彼此独立，有的又相互交叉[1]。在已知某一法律主题或课题关键词的情况下，关键词检索首先需要在 Westlaw International 中"找库"，找到包含文献对应的子数据库（子文件夹）之后，进入一个具体的子数据库，出现检索页面才能输入关键词开始检索。

"找库"有两种方法，一是主目录法，二是数据库唤出法。主目录法（Directory）为点击 Westlaw International 首页最上方一排工具栏中的总目录"Directory"，总目录项下会列出常用的数据库集合，点击数据库集合的超链接可选择相应的子库。主目录法找库适合用户对数据库了解相对较少、可通过数据库集合列表选择合适的子数据库检索的情况。

---

〔1〕　为方便查找，有的子数据库收录内容上相互重复，如查找《美国联邦税法》方面的判例，选择 U. S Federal Materials 里面的 Federal Cases 子库或 Topical Practice Areas 里面的 Taxation 子库都可以找到。

　　数据库唤出法，是通过子数据库名全称、数据库识别号〔1〕或者子数据库名称的部分关键词，直接把了数据库找出来。适合用户对数据库内容比较熟悉，清楚要找的子库确切名称、识别号或者子库名称的部分关键词的情况。方法有两种，一是点击 Westlaw International 页面上方的总目录"Directory"，在打开的次级页面 Search the directory 下方检索框中输入要找的子库全称、识别号或者子库名称的部分关键词，〔2〕并点击检索框右侧的"Search"，或者在页面左侧出现的"Search for a database"的检索框中输入子库全称、识别号或者子库名称的部分关键词，〔3〕并点击检索框右侧的"Go"键，Directory 项会列出相关的子数据库清单，用户再选择相应的数据库进入。对于初级用户，使用 Westlaw International 最常见的错误是登陆 Westlaw International 进入首页后，看到"Search the Directory"或者"Search for a database"检索框就输入关键词检索，一定要清楚，这里输入的关键词是用来搜索子数据库的，而不是用来搜索具体文档或文件的。

---

　　〔1〕　Westlaw 中的 27 000 多个数据库，每一个都有独特的数据库识别号（database identifier），如《美国法典注释》United States Code Annotated 对应的识别号为 USCA，《世界法学期刊大全》World Journal and Law Reviews 对应的识别号为 WORLD‐JLR。

　　〔2〕　该方法适合模糊检索子数据库，不需要准确无误的输入子数据库的全称或者识别号，可以只输入子数据库名称的关键词，如输入 world journals 可以找到 World Journal and Law Reviews 数据库，Westlaw 会列出与输入的关键词有关的数据库清单供选择。

　　〔3〕　该方法适合模糊检索子数据库，不需要准确无误的输入子数据库的全称或者识别号，可以只输入子数据库名称的关键词，如输入 world journals 可以找到 World Journal and Law Reviews 数据库，Westlaw 会列出与输入的关键词有关的数据库清单供选择。

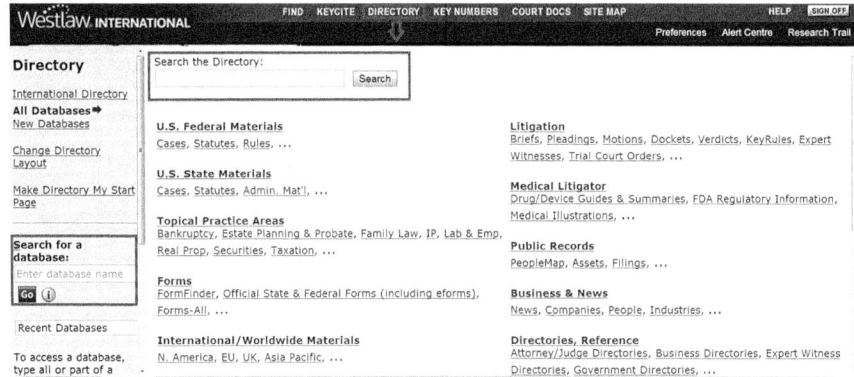

选择并进入合适的子库，如查找欧盟案例，出现下图所示检索界面。

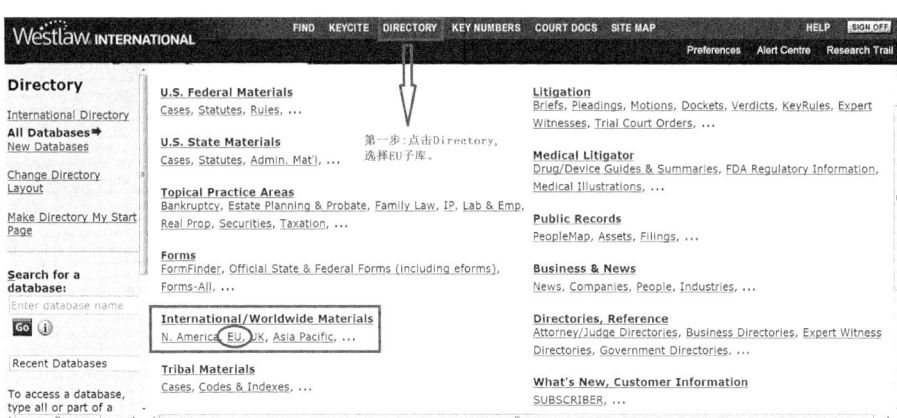

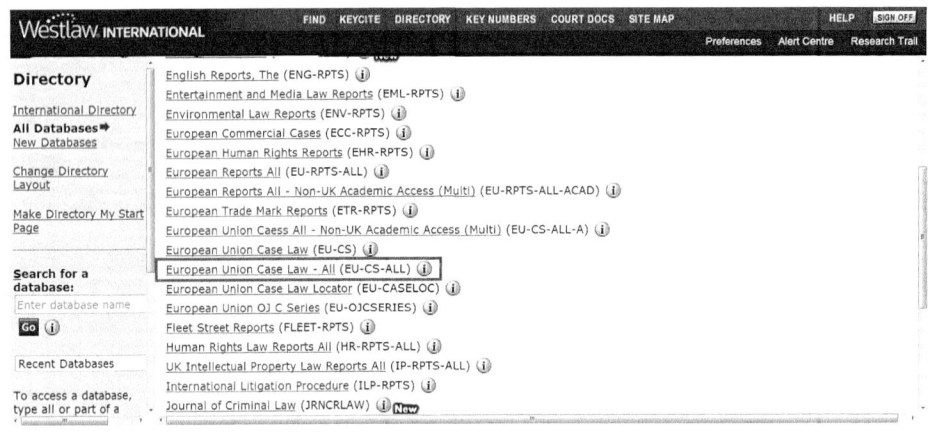

　　中间为检索框，用来输入课题关键词，并支持两种检索方式：自然语言检索（Searching with Natural Language）、术语和连接符检索（Searching with Terms and Connectors）。

　　（1）自然语言检索。自然语言检索，即描述性语言检索，类似于 Google、百度的检索语言，按照我们平时讲话的方式将一个检索主题或问题描述成一个单词、词组或句子并直接输入检索框检索，系统会根据描述性的语言做模糊检索，每次可以检索出按照相关度降序排列（最相关的文档列在最前面）的 100 篇文档。比如直接在检索框输入 "must a manufacturer disclose the side effects of a drug" 可以检索到 "制造商对药品副作用的披露义务" 的有关文献。自然语言检索特点是简单易操作，不需要设置复杂的检索式，适合初级用户。

检索方法：

第一步：选择子库进入关键词检索页面，以查找 EU 食品安全相关判例为例。选择"European Union Cases All"子库，点击"Natural Language"，输入关键词"food safety"，点击检索框右侧的"Search"键。

第二步：检索结果页面左侧为检索到的 100 篇文件列表，用户可以在列表中选择相关的文件，或者点击页面下方"Doc"两侧的箭头，在上一个文档和下一个文档之间跳转选择相关文件。页面右侧为第一篇的全文状态，全文状态支持如下功能：点击"Term"两侧箭头，在当前打开的文档的上一个和下一个检索词间跳转（检索词黄色高亮显示）；点击"Best"两侧的箭头，当前打开的文档中和课题最相关的部分以红色字体显示（自然语言检索独有功能）；点击页面右上角的三个图标，可对当前打开的文档进行打印、发 Email、下载保存等活动。

第三步：二次检索，即 Locate in Result（如果在第二步找到了相关文档，第三步就不必要了。）如果想找到更精确的结果，或者希望用其他关键词对检索结果进一步限定，可以通过点击检索结果页面左上角的"Locate in Result"，实现在检索结果中的进一步检索，筛选更为精确、相关的文档。

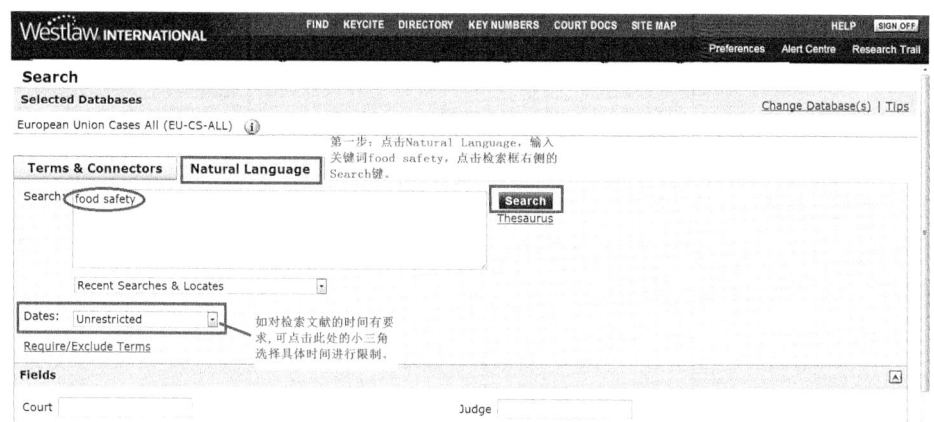

特别提示：

＊自然语言检索输入检索框的描述性语言不需要加标点符号，不分大小写，而且在用户对检索的课题关键词的表述不是地道或准确的英文翻译时，自然语言检索可以通过关键词的模糊检索，把相关的文档列出来。用户可以进一步在列出的100个检索结果中通过浏览检索结果的摘要或全文来获取更加准确的关键词的英文表述，为进行更精确的检索提供准确信息。

（2）术语和连接符检索。与自然语言检索相比，术语和连接符检索是更为精确的检索。术语（Terms）指输入的检索词或关键词，连接符（Connectors）是连接课题不同检索词（为了获得精确检索结果，通常课题的关键词会有两个或更多），并表示它们之间一定逻辑关系的符号。术语和连接符共同组成一个检索指令，[1] 如 "narcotic & warrant" 表示两个检索词必须同时出现，"design /s defect" 表示两个检索词必须同时出现在同一个句子中。各种连接符和扩展符的用法见下表。

---

〔1〕　简单理解，检索指令应该指由检索词、表示检索词之间逻辑关系的连接符以及检索词在文档出现的具体位置等三部分组成的一串能够让系统执行特定任务的符号。

连接符和扩展符用法	
& 或 and	两个或多个检索词同时出现在一篇文档中，如 contract & breach
space（空格）或 or	两个或多个检索词中有一个出现在一篇文档中，如 car automobile auto
" "	引号中的检索词被作为词组出现，不可分开，如"food safety"
% 或 but not	文档中不包含符号后面的检索词，如"food safety"% animal
/s	两个检索词在同一个句子中，如"food safety"/s "fast food"
+s	两个检索词在同一个句子中，并且第一个词出现在第二个词前面，如 palsgraf +s island
/p	两个检索词在同一段落中，如"food safety"/p "fast food"
+p	两个检索词在同一段落中，并且第一个词出现在第二个词前面，如"mineral resource"+p regulation
/n	两个检索词间隔 n（1～255）个词，如 basic /5 "mineral resource"
+n	两个检索词间隔 n（1～255）个词，并且第一个词先出现，如 basic +5 "mineral resource"
atleast n（ ）	括号中的检索词须在文档中至少出现 n（1～255）次，注意 atleast 和 n 之间无空格，如 atleast5（"food safety"）
#	用在单数形式的检索词前，限制检索结果为单数，不包括复数形式，如#damage 只检索出 damage，不包括 damages
!	用在检索词尾部，检索不同结尾的词，如 obey! 可以检索出 obey、obeys、obeyed 和 obeying
*	用在检索词的中间或尾部，代替单个字母，如 wom * n，可以检索出 woman 和 women

　　为了获取精确的检索结果，除明确检索词的逻辑关系之外，还需要限定字段，即关键词或检索词在一篇文档中出现的具体位置，比如希望检索词出现在标题中表示为"title（Microsoft）"，两个检索词同时出现在判例的判决部分表示为"holding（contract）& holding（breach）"。字段不做选择时为全文检索。Westlaw International 中文献类型不同给出的字段也不同，下图为判例、法律法规（成文法）和期刊论文的字段划分说明。

　　判例检索页面字段列表和字段在全文中对应的部分（如下图）：

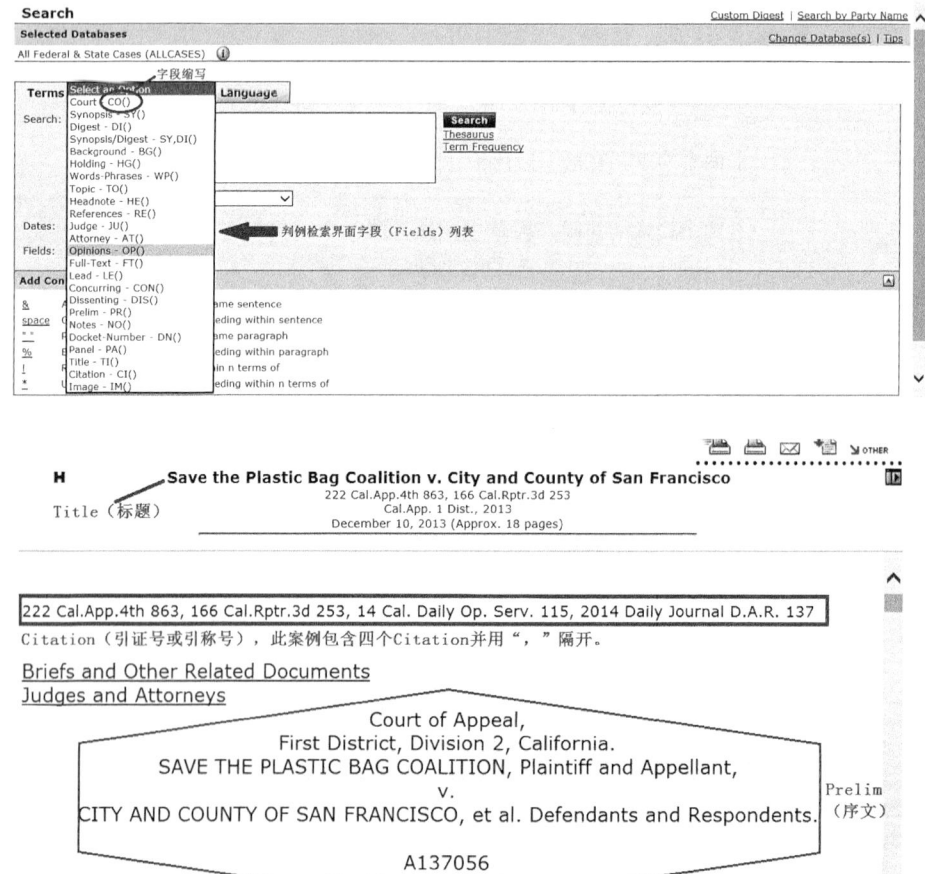

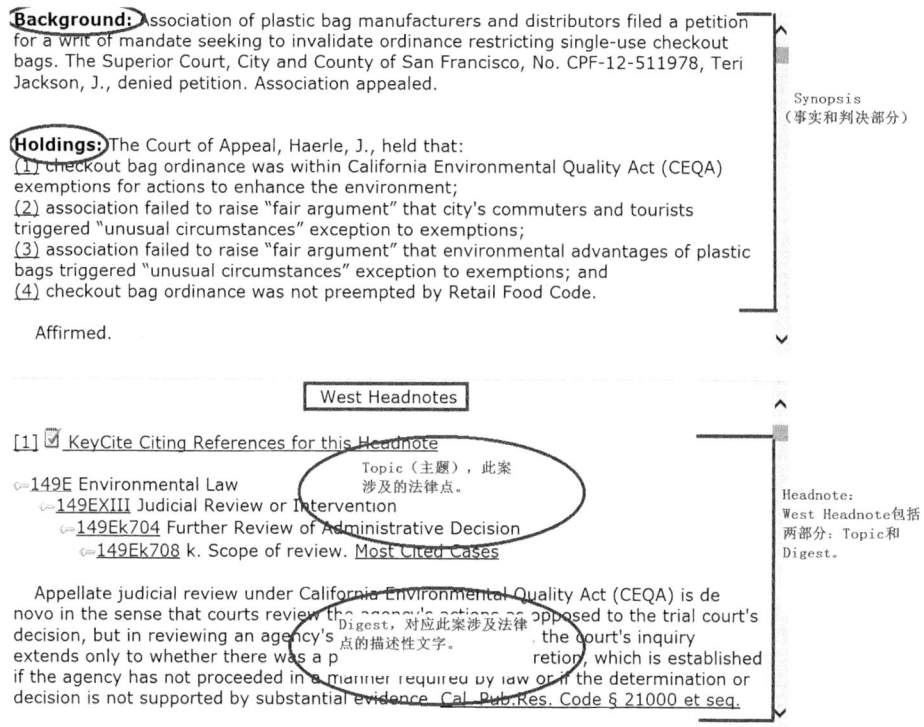

期刊论文检索页面字段列表和字段在全文中对应的部分（如下图）。

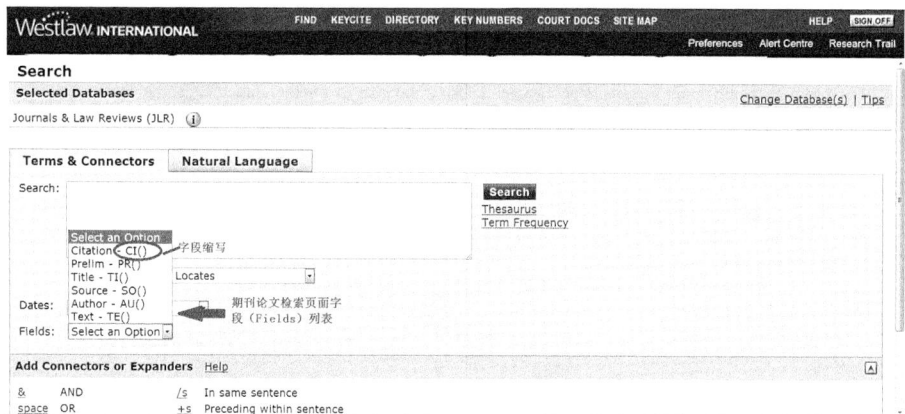

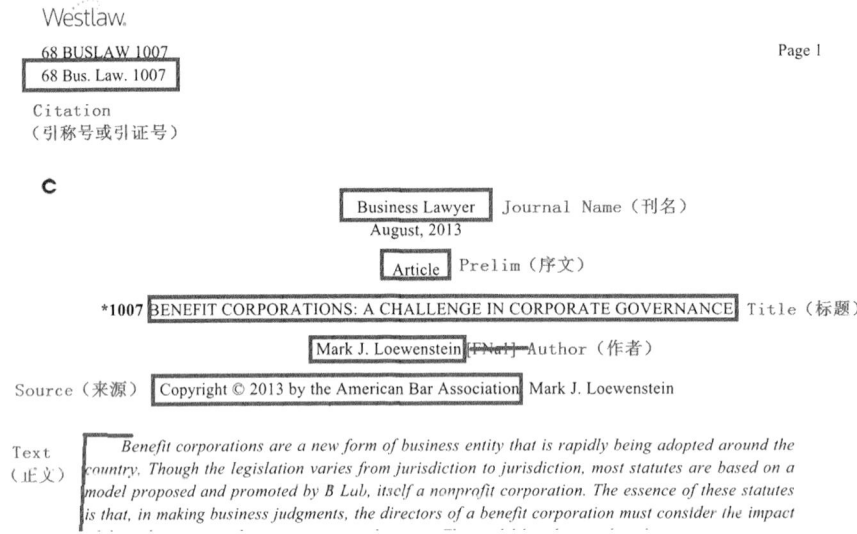

法律法规（成文法或制定法）检索页面字段列表如下图，全文状态因法律法规（成文法或制定法）制定机关和效力级别不同，字段在全文中对应的部分也不相同，在此不详述。

适用情况：术语和连接符检索适合对数据库编排方式比较熟悉，并且掌握了如何编写检索指令的用户。

特点：可以获得比较精确、相关的检索结果。

检索方法：以查找美国参加的矿产资源立法方面的国际条约为例。

第一步：选择子库 Combined Treaties（国际条约数据库全集）进入检索页面，选择字段输入检索词（关键词），选择连接符，编写检索指令。

第二步：检索结果页面右侧为第一篇文档的全文状态，点击页面下方"Doc"两侧的箭头，在上一个文档和下一个文档之间跳转选择相关文档；点击页面下方"Term"两侧的箭头，在当前打开的文档的上一个和下一个检索词之间的跳转（检索词黄色高亮显示）；点击页面右上角的三个图标，可对当前打开的文档进行打印、发 Email、下载保存等活动。

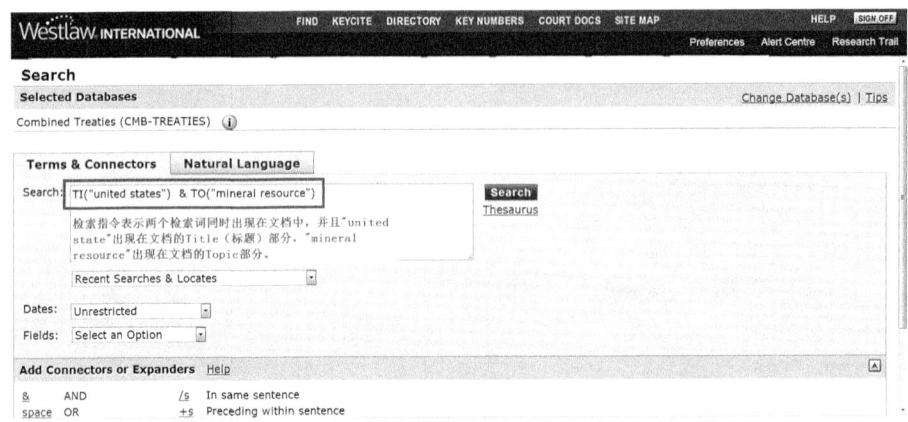

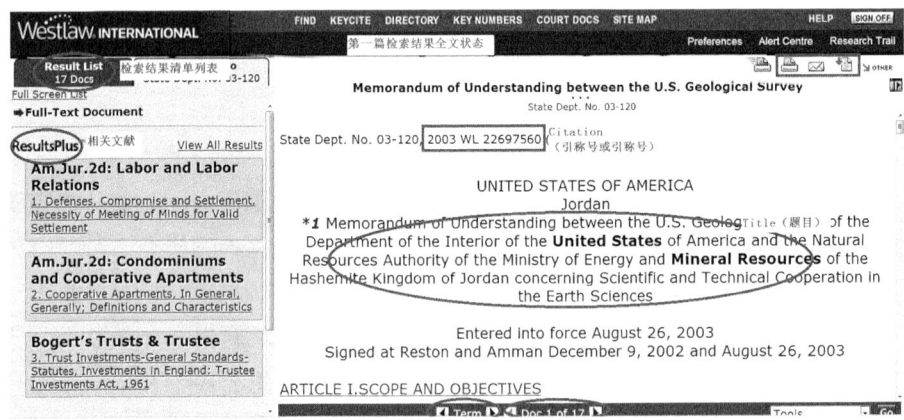

特别提示：

* 术语和连接符检索，不选择字段即直接在检索框中输入检索词，默认为全文检索（相当于选择"Text"或"Full Text"字段检索），如以下两图检索结果是一样的。

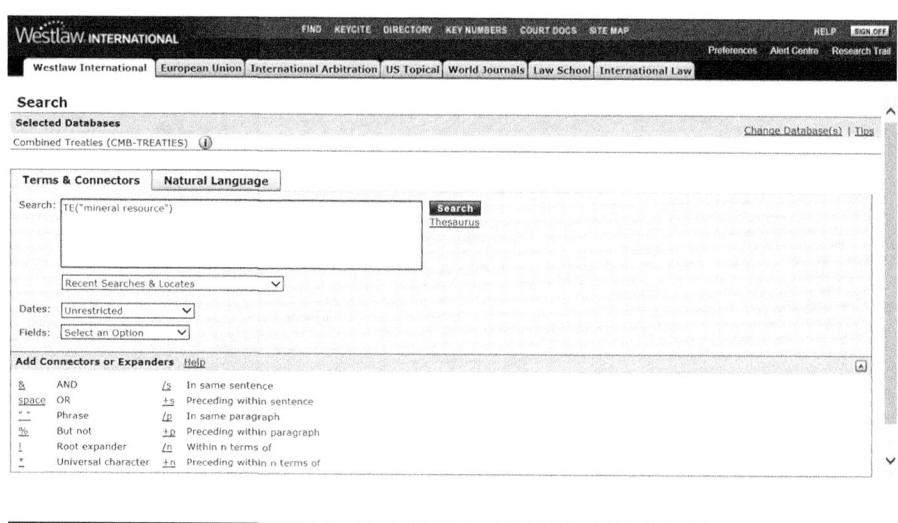

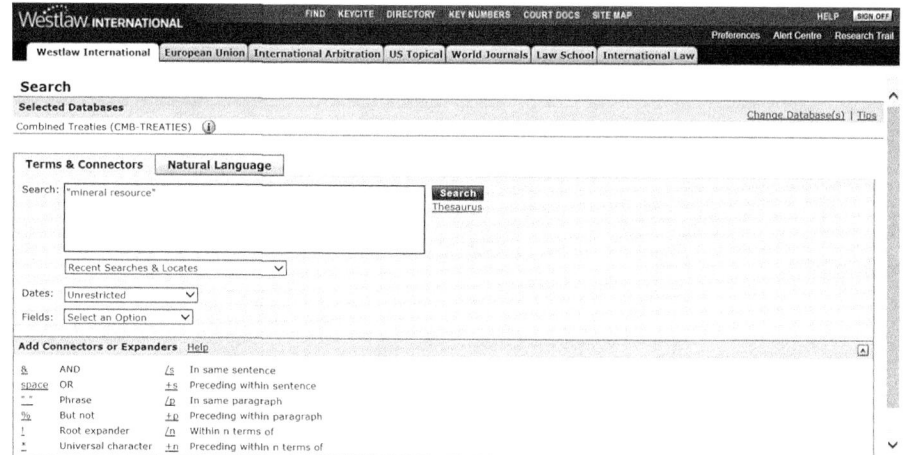

　　＊术语和连接符检索，检索词作为词组出现时，一定要用" "引起来。
　　＊"全文加词频"功能：检索课题时为了获得和课题更相关的结果，我们通常会选择检索词出现在文档的"Title"（标题）、"summary"（摘要）、"core‐terms"（关键词）等部分，很少选择检索词出现在文档的"Text"（或"Full Text"，全文）部分。为了获得更精确的检索结果，术语和连接符检索一个重要的功能是"全文加词频"功能，即通过增加检索词在全文出现的次数（词频）来获取更相关的结果。此功能在字段选择为全文时才可用，而且

Westlaw International 中有些子数据库不支持此功能〔1〕。

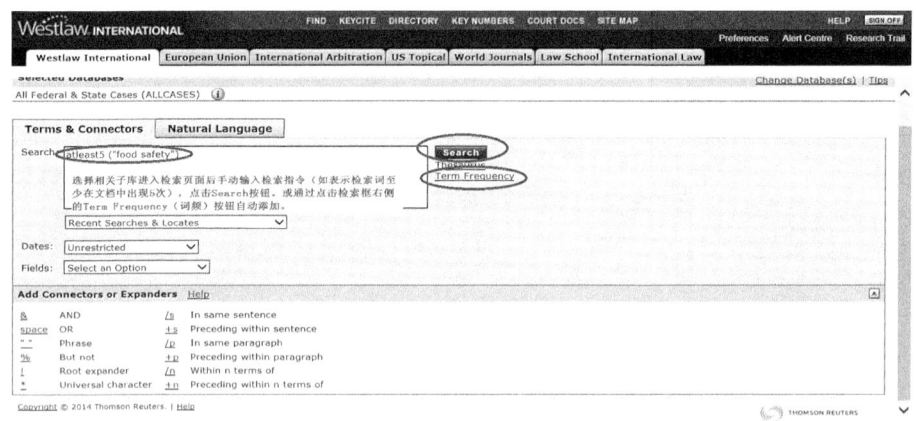

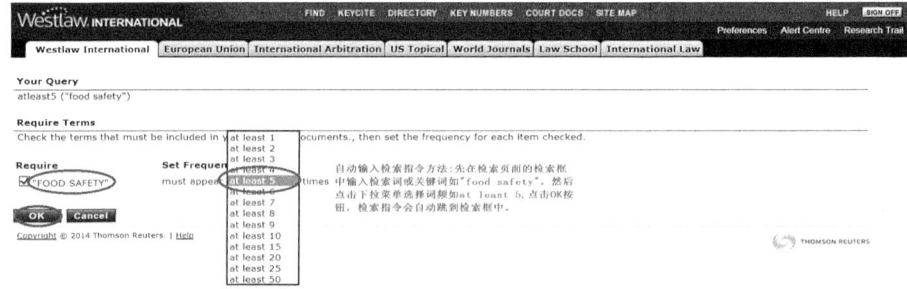

＊ 二次检索功能（Locate in Result）：此功能相当于 Google 和百度的"在结果中检索"，适用于如果检索结果过多，可以通过检索结果页面的此项功能对检索结果进行进一步筛选。

---

〔1〕 大多数期刊子库、判例子库支持此功能，一些法律法规（成文法或制定法）子库不支持此功能。

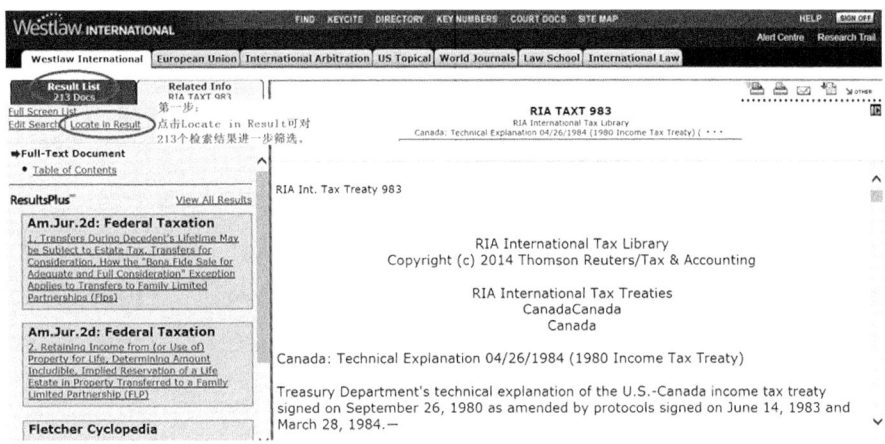

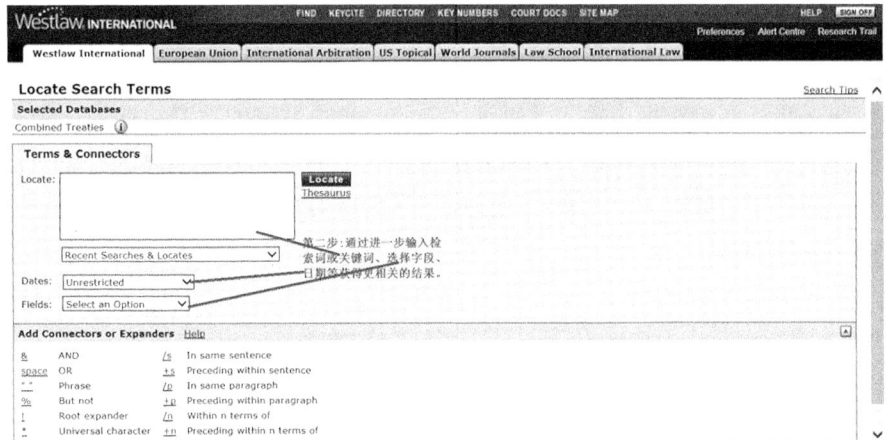

　　＊ 关键词检索输入的关键词不用区分大小写。

　　＊ 输入单数词，Westlaw International 会自动检索出该词的单数和复数形式；输入复数形式的词，Westlaw International 不会自动检索出该词的单数形式。

　　＊ 检索词如果是复合词，如 trademark，请输入 trade‑mark，来检索出 trademark、trade‑mark 以及 trade mark。

　　＊ 检索词如果是缩写，如 WTO，请输入 WTO 或者 W.T.O，来检索出

WTO、W. T. O、W T O。[1]

　　* 输入字段（Fields）可以用全称，如"TITLE（　）"，也可以输入简称，如"TI（　）"，字段本身也无需区分大小写，例如"ti（　）"和"TI（　）"均可。

　　* 可以用逗号并列字段，表示某个检索词出现在检索结果文档中的任何一个并列的字段都可以满足检索要求，如"ti，pr，sy"（"food safety"）表示"food safety"出现在文档的"title"、"prelim"或"synopsis"中都能满足要求，并找到相关的文档。

　　（3）自然语言检索（Searching with Natural Language）与术语和连接符检索（Searching with Terms and Connectors）的比较。

　　相同点：二者输入的关键词都无需区分大小写；关键词的同义词或近义词扩展功能。自然语言检索、术语和连接符检索两种检索方式都支持关键词的同义词或近义词查找功能。

　　以查找美国各州关于同性恋犯罪的案例为例，方法如下：

　　第一步：在检索框中输入关键词"gay"，点击右侧的"Thesaurus"键。

　　第二步：在同义词或近义词列表中选择合适的词，回到刚才的检索页面，开始重新检索。或点击选中的合适的词开始自动添加，点击右侧"Add"前面的"＋"按钮。

　　第三步：所选的同义词或近义词自动跳到 Current Search 框中。如果"Related Terms"中有多个合适的词，可以分别添加。

　　第四步：点击页面左下角的"OK"按钮，可返回到检索页面。被选中的同义词或近义词即被列为检索词。

---

　　[1]　《Westlaw International 使用手册》。

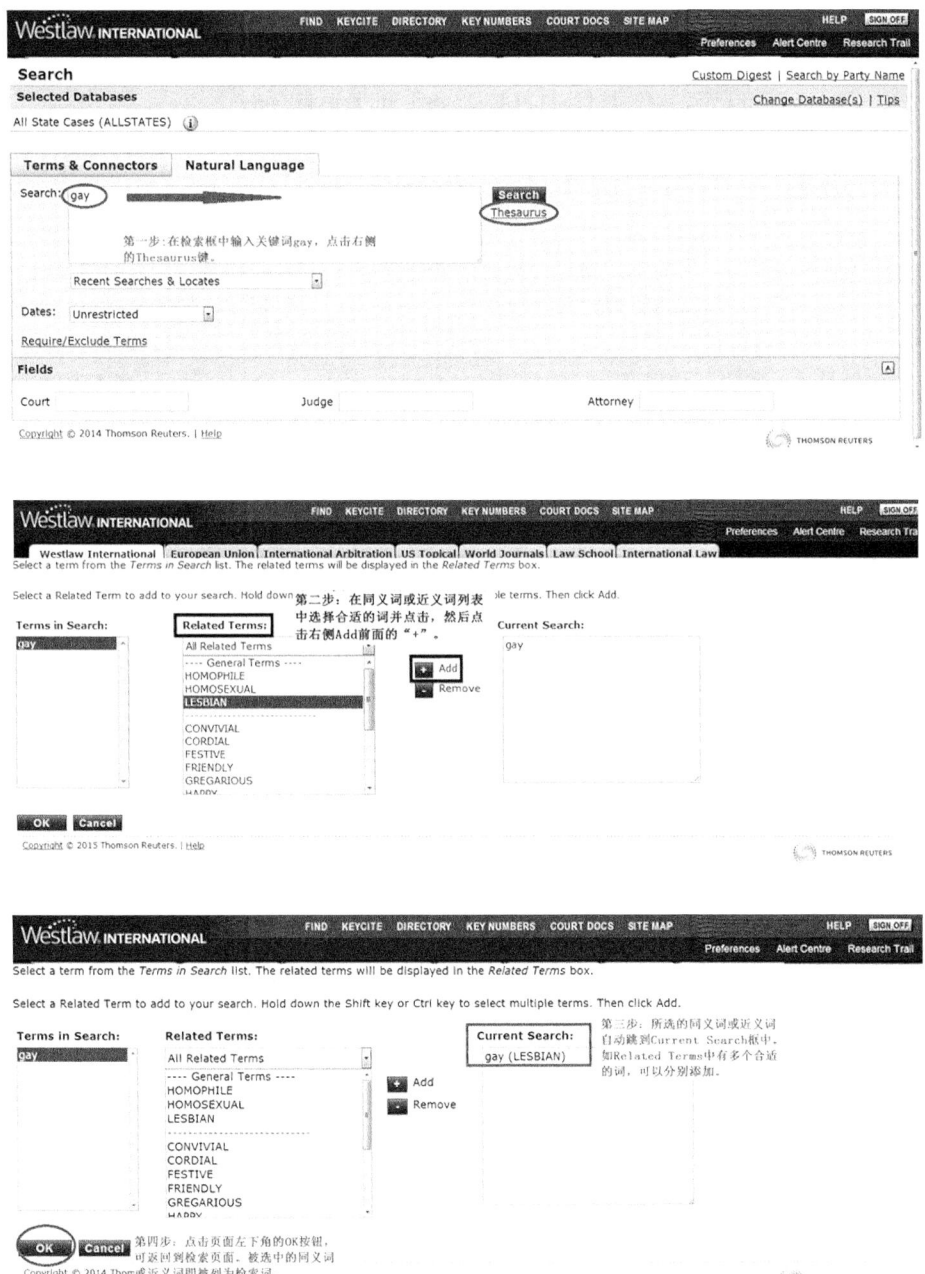

二者区别（如下表）：

自然语言检索（Natural Language）和 术语和连接符检索 （Terms and Connectors）的区别		
特点及功能	自然语言检索	术语和连接符检索
特点	简单易操作、按照平常说话方式输入单词、词组或句子	相对复杂但精确，需要编写检索指令
检索结果显示数量	100篇	全部显示，上限1万篇
检索结果排列顺序	按照相关度	按照时间倒序
检索结果文档中最相关部分 突出显示（Best）功能	可用	不可用
选择字段（Fields）功能	不可用	可用
自动检索功能（WestClip）功能	不可用	可用

4. 钥匙码检索法（Key Numbers）

通过课题关键词、钥匙码或钥匙码法律分类体系检索某一类法律主题相关的判例、期刊论文或专著。

适用情况：适合对数据库的编排方式不太了解的用户，通过对法律分类的浏览选择相关主题，获取某一类法律内容相关的判例、期刊论文或专著。

特点：通过课题关键词、钥匙码或钥匙码分类快速获取某一法律主题相关的判例、期刊论文或专著，而且检索结果的相关度比较高。

检索方法：Westlaw International 提供三种钥匙码检索方法。

方法一：通过已知的课题关键词，找到对应的钥匙码，再通过此钥匙码获取相关的判例、期刊论文或专著。

第一步：进入 Westlaw International 首页，点击最上方一排工具栏中的"KEY NUMBERS"按钮。

第二步：在检索框中输入关键词，点击下方的"Change Jurisdiction"下拉菜单选择辖区和法院。

第三步：勾选相关辖区和法院后，点击页面右下角的"Done"按钮，返回检索页面后再点击检索框右侧的"Search"
按钮。

第四步：勾选相关的钥匙码，点击页面左下方的"Search Selected"按钮。

第五步：检索结果页面，左上角"Result List"显示有两个相关判例，点击页面中间判例的蓝色链接可以查看全文，点击下方"Doc"左右箭头可以在检索结果文档中跳转，点击左侧的"ResultsPlus"可以查看相关文献，如法律百科全书等。

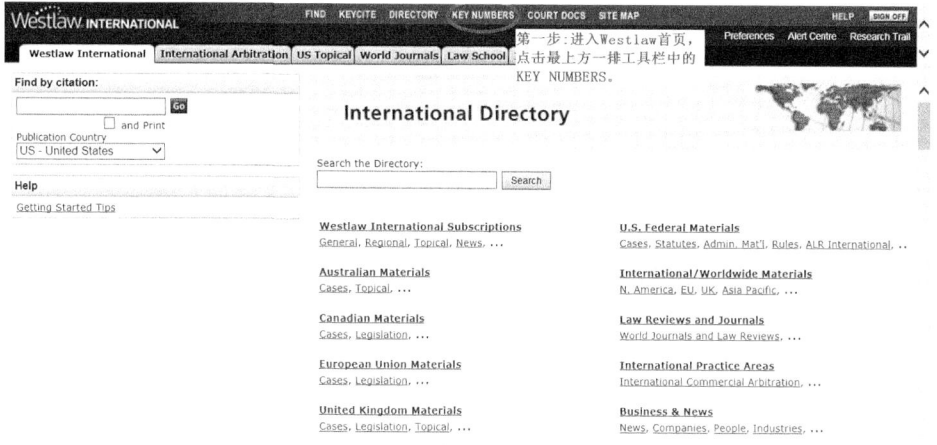

方法二：通过浏览 West Key Number Digest Outline（钥匙码摘要大纲）获取钥匙码，检索某一法律主题的相关判例、期刊论文、专著等。

第一步：点击 Westlaw International 首页上方工具栏中的"KEY NUMBER"按钮，点击左侧"West Key Number Digest Outline"（钥匙码摘要大纲）。

第二步：浏览钥匙码分类列表，勾选相关主题，如"account"，点击页面左下角的"Search Selected"。

第三步：选择"Most Recent Cases"（最新判例）、"Federal"（联邦判例）。点击左下角的"Search"按钮。

第四步：检索结果页面，左侧的"Result List"显示 28 个相关判例，点击页面右侧的判例蓝色链接可查看全文，点击下方的"Doc"左右箭头可在 28 个检索结果中跳转，页面左侧的"ResultsPlus"为相关文献列表，点击链接可查看全文。

　　或在上述第二步浏览钥匙码分类列表页面时，不勾选相关主题而直接点击页面下方的"Search for Key Numbers using terms"按钮，使用课题关键词检索，方法同钥匙码检索方法一。

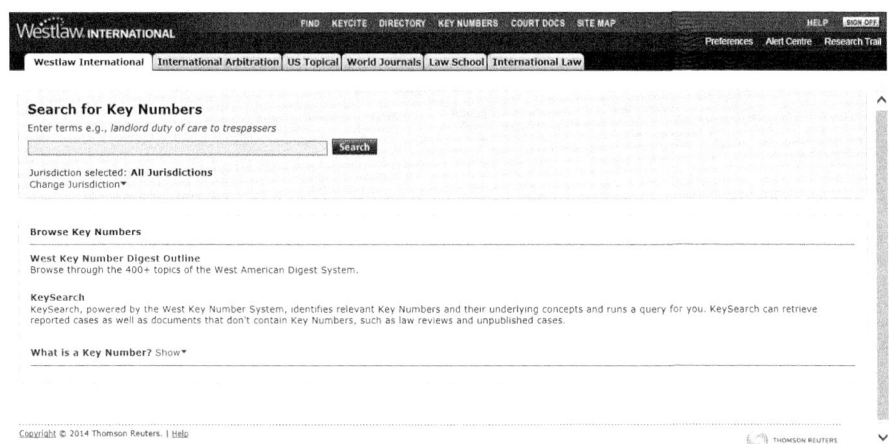

　　或在方法二第二步浏览钥匙码分类列表页面时，不勾选相关主题，直接在页面下方的"Search using a specific topic and key number"后面的检索框中输入钥匙码，如将"ACCOUNT"对应的钥匙码9输入后，点击后面的"GO"按钮，在打开的页面选择文献类型、辖区和法院获取相关判例、专著或期刊论文。

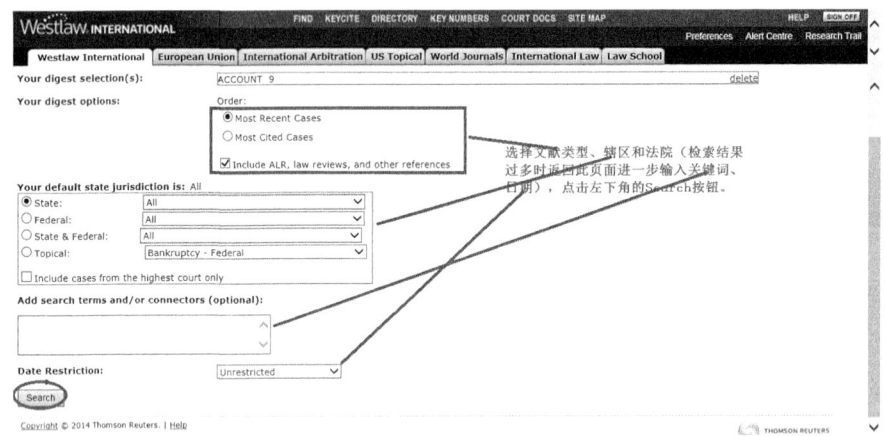

方法三：通过浏览"KeySearch"（钥匙码摘要大纲）在钥匙码法律分类体系中选择课题相关分类文件夹，检索这一主题相关的判例、期刊论文或专著。

第一步：点击 Westlaw International 首页最上方一排工具栏中的"KEY NUMBERS"，进入钥匙码页面点击左下角的"KeySearch"，进入钥匙码检索页面。

第二步：选择课题相关的文件夹，如点击"Intellectual Property"，逐级选择。或在页面左侧的检索框中输入课题关键词，找到对应的钥匙码，再通过此钥匙码获取相关的判例、期刊论文或专著（同钥匙码检索方法一）。

第三步：进一步选择"Patents"，或通过页面左侧的"KeySearch Topics"（钥匙码法律分类主题）列表选择和课题相关的法律主题。

第四步：逐级点选课题相关文件夹如"Licenses"，或在页面左侧的检索框中直接输入课题关键词检索相关判例、成文法或专著，或选择左侧的"KeySearch Topics"列表中的相关主题检索。

第五步：选择文献类型，如判例（选择辖区和法院）、专著、期刊论文。检索结果过多时，可返回此页面并在下方检索框中输入课题关键词进一步缩小检索结果，点击检索框右侧的"Search"按钮。

第六步：检索结果页面，左上角的"Result List"显示共有 2692 篇判例，页面右侧为第一篇判例全文，点击页面下方"Doc"左右箭头可在 2692 个文档中跳转，页面左下方的"ResultsPlus"中可以选择课题相关文献，如专著、期刊论文。

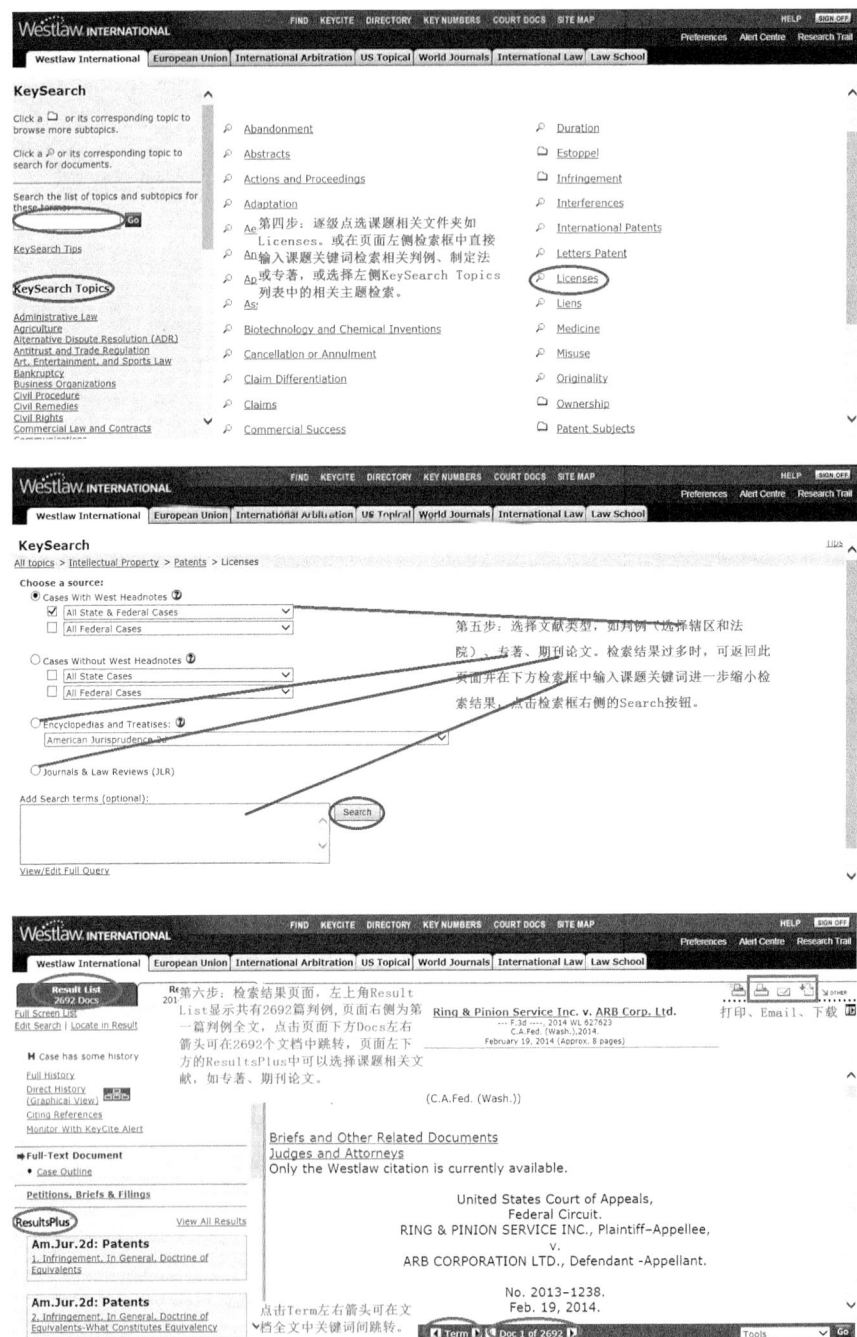

特别提示：

钥匙码检索法只能检索美国的相关资料，不适用于其他国家资料，也不适用于其他外文法律数据库。

Westlaw International 常用功能如 "Keycite"（引证报告）和 "Alart"（定制服务）分别在本书第二章第一、二节成文法、判例检索部分和第五章第二节利用电子资源跟踪法学学科前沿部分介绍。

第五章 ▶CHAPTER 5

法律信息检索综合应用

第一节 如何利用信息检索撰写法学文献综述
——以博硕士学位论文选题和科研课题申报为例

无论是博硕士学位论文选题，还是科研课题申报都涉及文献综述，而文献综述是以文献信息检索为基础的，是通过对相关文献的检索了解学科或课题的总体概况、前沿动态和发展趋势。

具体来讲，科研人员在申报社会科学研究课题时通常会涉及课题论证，课题论证和文献检索工作密不可分。首先，课题论证就是通过对课题国内外研究现状的述评来论证选题的价值和意义。论证的基础和是否有力，关键就在于相关文献的检索，在于检索过程是否快速高效，检索到的文献是否全面、准确和权威。同时，通过对检索到的相关文献的调研，科研人员还可以对比、分析和归纳课题研究的基本观点，拓展研究的思路和方法，挖掘更多潜在的创新之处。

博硕士学位论文的选题也需要在广泛收集、深度挖掘相关文献的基础上，弄清楚某个问题前人研究到了何种地步、有什么不足、在哪些方面能有所改善和突破。这既是博硕士学位论文写作的价值所在，也是对前人研究的尊重。

文献综述首要的是文献收集尽可能全，但是因为我们时间和精力有限，不可能也没有必要穷尽所有的相关文献，关键是找到主流文献、重要文献或学术影响力高的文献，或利用数据库的统计分析功能检索学科或课题研究趋势，或直接检索利用综述性期刊或文章。

以下举例说明如何通过 CSSCI、Web of Science、读秀知识库、World Cat、CNKI（中国知网）、万方数据库、Google Scholar（Google 学术搜索）等电子资源找到文献综述所必备的上述信息。

一、利用 CSSCI 检索国内核心期刊论文索引信息

CSSCI（新版），即"中文社会科学引文索引"（Chinese Social Science Citation Index，简称"CSSCI"），由南京大学研制，是我国人文社会科学文献信息查询与评价的重要工具。现已开发 1998～2014 年的数据，来源文献近 54 万余篇，引文文献 320 余万篇，收录核心期刊 400 多种，涉及管理学、哲学、经济学、法学多个学科领域。

以检索国内"网络侵权"相关核心期刊论文索引信息为例。

具体方法：访问 http://219.219.114.10，进入 CSSCI 首页（如下图），点击"新版系统入口"，选择"来源文献"，关键词检索"网络侵权"，可以检索到 CSSCI 中收录的 61 篇核心期刊发表的论文。在检索结果页面，利用文献类型、学科、期刊、年代精炼检索，可以了解这一课题呈现文献的不同类型、交叉学科、发表在哪些期刊及课题相关文献在不同年份的分布情况。

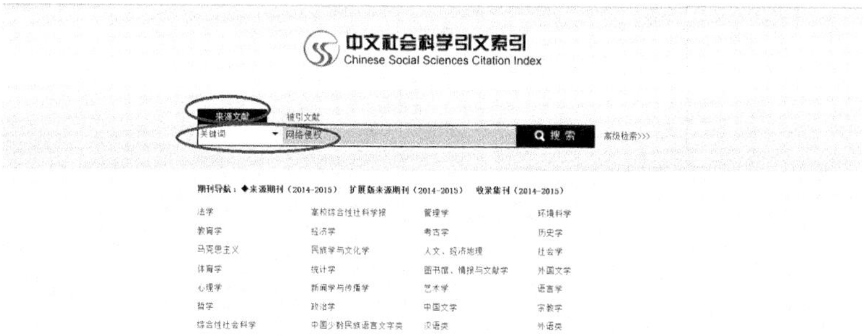

　　进入 CSSCI 首页（如下图），点击"新版系统入口"，选择"被引文献"，被引篇名（词）检索"网络侵权"，可以检索到 113 篇文献，在检索结果界面，可以按照"被引次数"降序排列，选择被引次数多的文献进行参考。

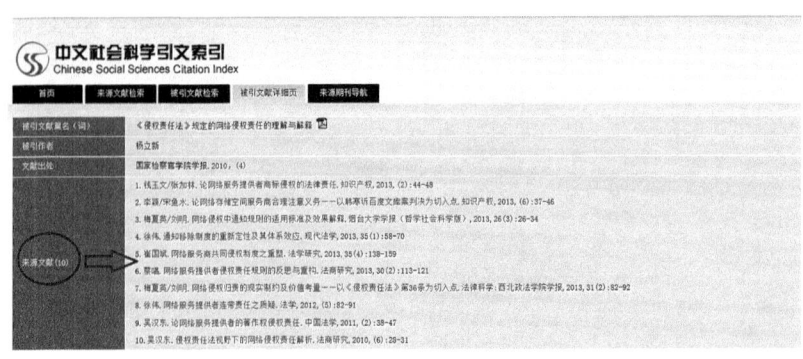

二、利用 Web of Science 检索国外核心期刊论文

Web of Science 核心合集是获取全球学术信息的重要数据库，它收录了三大引文数据库 Sciences Citation Index Expanded（SCI‑E，科学引文索引，1900年至今），Social Sciences Citation Index（SSCI，社会科学引文索引，1900年至今），Arts & Humanities Citation Index（A&HCI，艺术与人文引文索引，1975年至今），会议论文引文索引 Conference Proceedings Citation Index（CPCI，1990年至今）等世界权威的、高影响力的学术期刊的索引信息，内容涵盖自然科学、社会科学、艺术和人文等众多领域。Web of Science 平台具有强大的引文分析功能，可对检索结果进行分析，有助于了解课题研究的发展脉络。

如分析"网络侵权"（network infringement）相关国外核心期刊论文研究情况。

具体方法：访问 http://www.webofknowledge.com 平台（如下图），在 Web of Science 首页，点击"所有数据库"右侧下拉菜单中的"Web of Science 核心合集"链接进入。

在页面检索框输入关键词"network infringement"（如下图），检索范围默认"主题"，时间跨度选择1995~2014年，点击页面"检索"键。

检索结果页面（如下图），共134篇，"排序方式"按照被引频次[1]（降序）排列，可以快速锁定该领域的高影响力论文，了解其最重要的研究成果，其中引用次数最多的是排在第一位的，共被引用了88次。（"排序方式"按照出版日期降序，则可以快速锁定最新的研究成果。）利用检索结果页面左侧"精炼检索结果"功能，可以对我们所关心的学科领域进行进一步限定，如文献类型、研究方向、作者、来源出版物、出版年、机构、语种、国家/地区等。

---

[1] 一篇论文的被引频次或被引次数是评价其学术价值的重要依据，一般情况下，引用该篇论文作为参考文献的越多，说明该篇论文的学术影响力越大、价值也越高。

在检索结果页面（如上图），点击右上角的"创建引文报告"，系统会对检索结果按照出版年做统计分析，并给出引证报告（如下图）。由此可以直观地看出该课题研究的总体发展趋势和学术关注情况，揭示目前的研究阶段是处于平稳积累、快速上升、成熟还是衰弱状态，从而为选题、开题和课题申报提供参考。

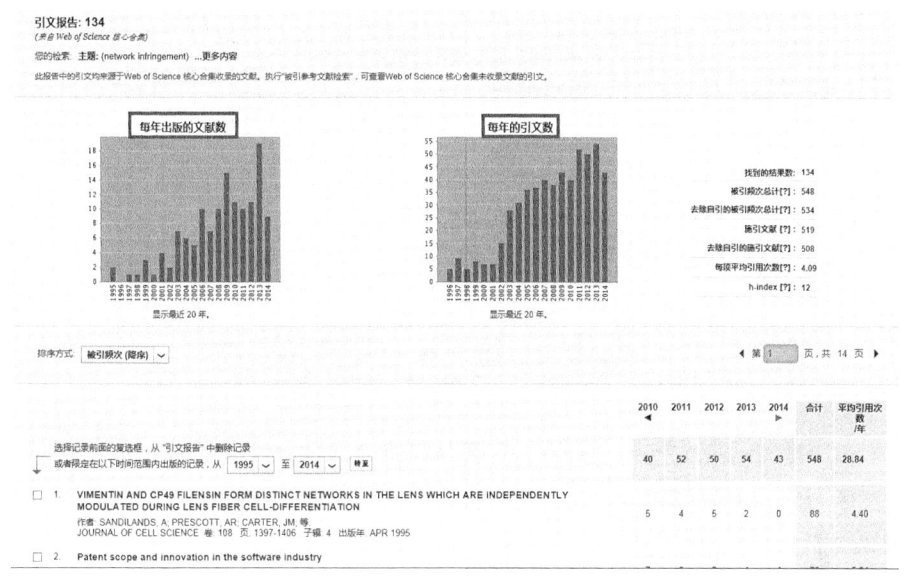

此外，点击"创建引文报告"上方的"分析检索结果"，系统将会按照不同主题对检索结果进行分类统计，如选择"作者"，系统会对检索结果按照作者统计分析，给出某一研究领域的主要研究人员（如下图）。

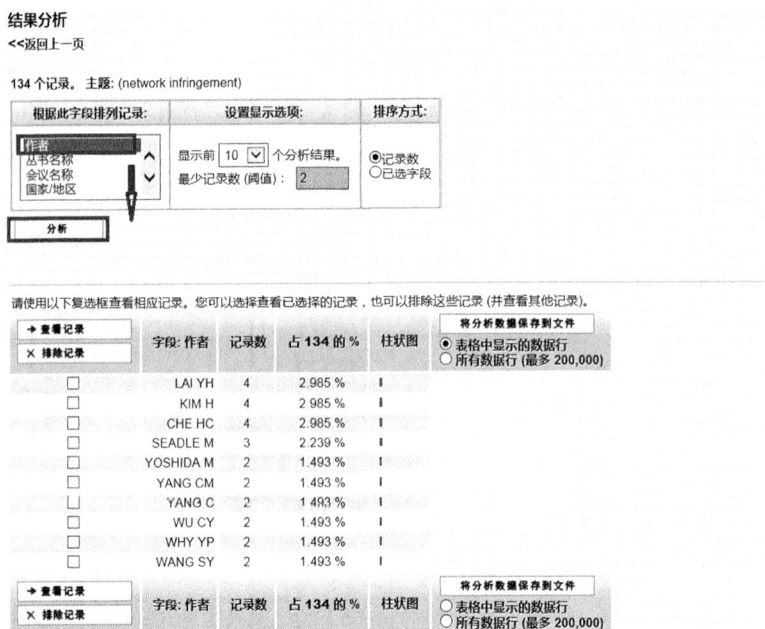

　　如选择"研究方向",可以了解该课题研究的学科交叉趋势。如"网络侵权"这一课题的研究涉及商业、计算机科学、图书情报科学、工程学等(如下图)。

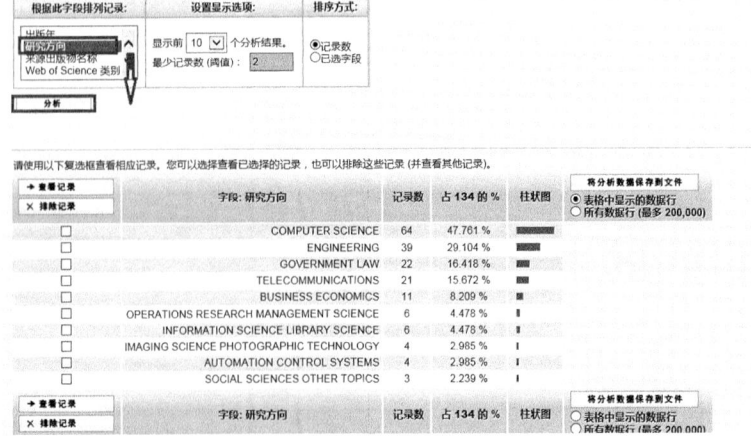

如选择"来源出版物",可以了解和课题相关的文献经常被哪些杂志所引用,同时也可以为未来发表论文确定投稿方向(如下图)。

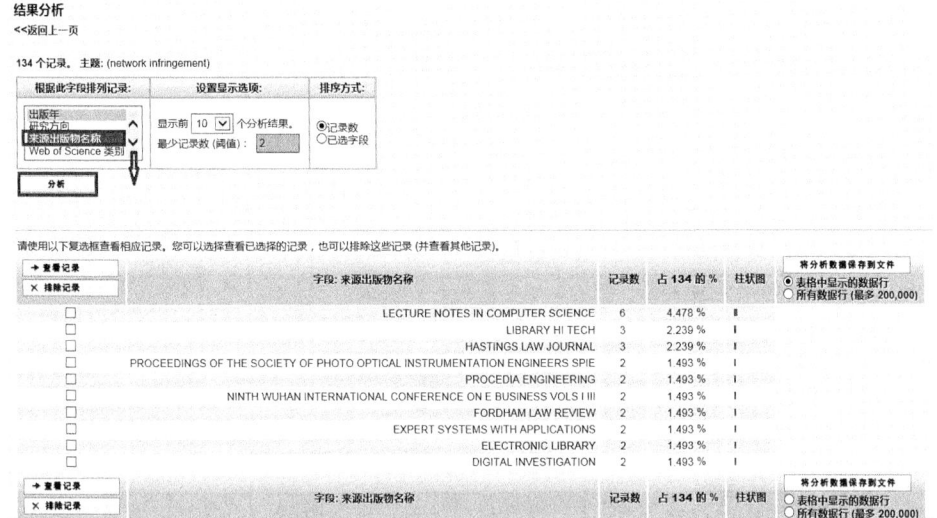

除此之外,还可以选择国家/地区、文献类型、语种、出版年来了解该课题研究所在国家或者地区、语种以及课题研究所呈现的文献的类型和年代分布情况。

以上是对"Web of Science 核心合集"检索"network infringement"得到的 134 篇结果的分析,Web of Science 平台还可以通过一篇论文的参考文献、施引文献等相关文献了解这篇高影响力论文的课题基础、最新发展趋势以及交叉学科的研究成果。

选择检索结果中被引频次最多的一篇,点开此篇显示摘要信息页(如下图),通过点击该页面右上角的"被引频次"可以查看引用该篇文章的 88 篇文献,实现越查越新,展现该研究的最新研究进展;点击该页面右上角的"77 引用的参考文献"可以查看该篇论文引用的 77 篇参考文献,实现越查越旧、追溯过去,了解该论文的研究依据和课题起源;点击该页面右上角的"查看 Related Records"相关记录,可以扩展视野找到更多相关的文献(共被引参考文献的文章),将结果越查越广;点击该页面右侧的"创建引文跟踪",可以通过系统自动推送服务了解该篇论文的最新被引用情况。

　　另外，需要说明，一般引文数据库不提供全文信息，Web of Science 平台提供了附加链接的形式可以下载全文，如果本机构购买了相关期刊的访问权限，点击上图左上角的"查找全文"功能，可以直接下载该篇论文。

　　最后，可以根据保存的检索历史创建电子邮件跟踪了解课题最新研究进展。点击检索结果页面右上角的"检索历史"，勾选需要跟踪的检索历史，然后点击"保存历史/创建跟踪"。在打开的保存检索历史页面，注册邮箱地址或登录就可以了（如下图）。设置好跟踪服务之后，只要 Web of Science 有新收录进来的相关论文，系统就会自动发送邮件到我们指定的信箱。[1]

―――――――――――――

〔1〕 "创建引文跟踪"服务后，只要有新的文献引用了该篇论文，系统会第一时间自动将引用信息发送到我们指定的邮箱，通过引用信息可以了解它的最近进展。详见本书第五章第二节如何利用电子资源跟踪法学学科前沿。

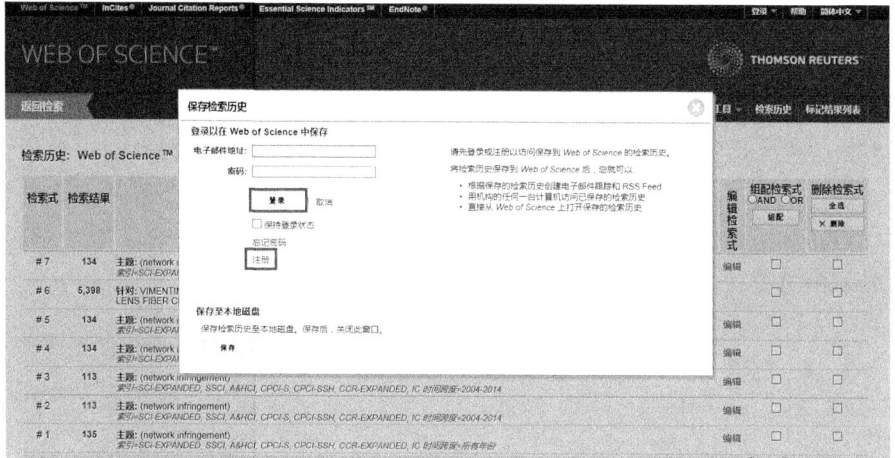

三、利用读秀知识库检索中文图书信息

以检索"网络侵权"相关图书信息为例。

具体方法：访问读秀知识库 http://www.duxiu.com，进入首页（如下图），选择"图书"，检索"网络侵权"，检索范围"全部字段"。

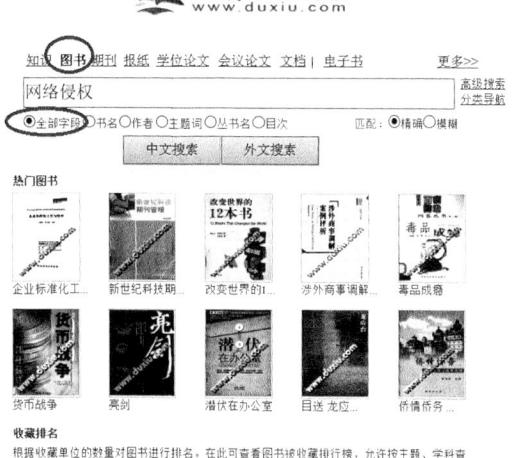

　　检索结果页面（如下图），共有中文图书 376 种，点击页面右上角的"排序"下拉菜单中的"引用量"，检索结果按照被引次数降序排列，如引用次数最多的第一条记录——王利明的《中国民法典草案建议稿及说明》被引用了845 次，通过此功能可以筛选本领域影响力大的中文图书。此外，通过检索结果页面左侧的"图书导航"，可以了解本机构的馆藏分布（纸本图书和电子书，点击相应的链接可以直接察看馆藏信息）、图书的年代分布、交叉学科、本领域的重要作者等。

　　另外，在检索结果页面右上角"排序"选择"时间降序"（如下图），可以获得本领域最新的著作信息。

四、利用 World Cat 全球图书馆联机联合目录数据库检索全球图书目录信息

World Cat 全球图书馆联机联合目录数据库是世界上最大的书目记录数据库，包含 OCLC 近两万家成员馆编目的书目记录和馆藏信息。从 1971 年建库到目前为止，共收录有 480 多种语言，总计近 19 亿条的馆藏记录、2.8 亿多条独一无二的书目记录，每个记录中还带有馆藏信息，基本上反映了从公元前一千多年至今，世界范围内的图书馆所拥有的图书和其他资料，代表了四千年来人类知识的结晶。文献类型多种多样，包括图书、手稿、地图、网址与网络资源、乐谱、视频资料、报纸、期刊与杂志、文章以及档案资料等等。该数据库平均每 10 秒更新一次。[1]

以检索全球网络侵权"network infringement"相关图书目录信息为例。

具体方法：访问 http://firstsearch. oclc. org/fsip？dbname = WorldCat&done = referer，进入 WorldCat 首页（如下图），关键词检索"network infringement"，点击页面下方"检索"键。

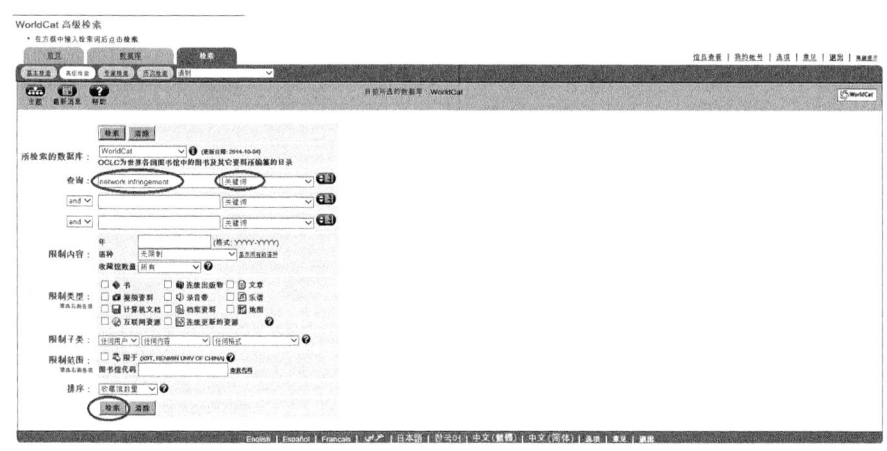

检索结果页面（如下图），共有 347 条记录（包括互联网资源、图书、影

---

〔1〕 "OCLC 数据库简介"，载 http://www. lib. ruc. edu. cn/webs/res＿ resourcesGet. action？idd = 88，访问日期：2015 年 3 月 1 日。

像、档案、文章等文献类型，点击每条记录的链接即可看到详细书目或索引信息），其中图书 63 种，如需查阅某本书的全文信息，可以点击任一条图书记录下方的"世界各地拥有馆藏的图书馆"链接，查看该图书的馆藏地。

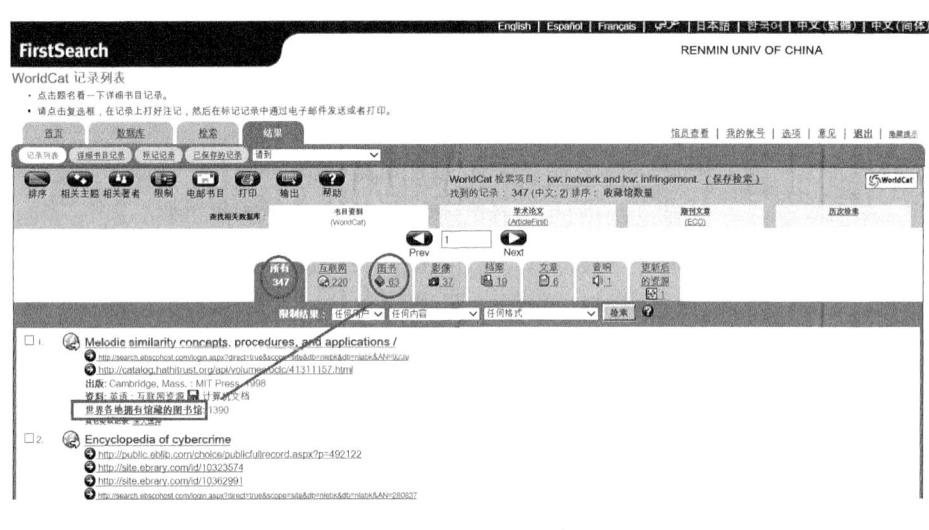

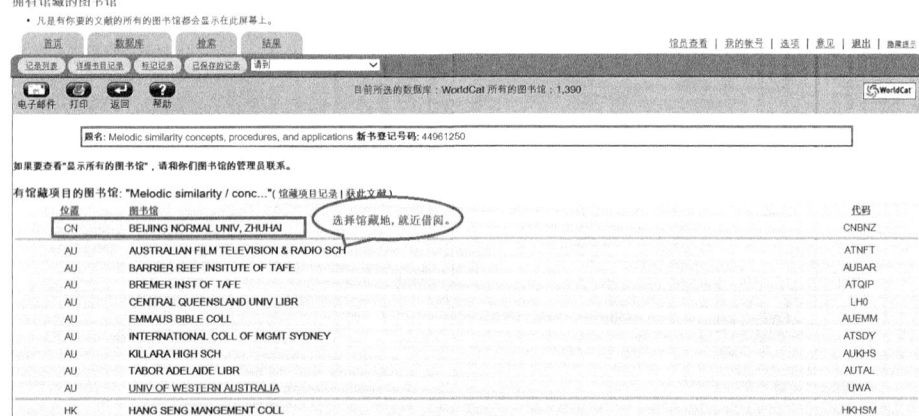

除此之外，WorldCat Dissertations 博硕士学位论文库还收录了来自世界一流高校的硕博士学位论文的信息，可以为硕博士学位论文的选题、开题和科研项目立项提供重要的参考，详细的检索方法参见本书第三章第二节中外博硕士学位论文检索。

五、利用中国知网"学术趋势搜索"功能查看学术趋势

利用中国知网检索国内高影响力的期刊论文（或核心期刊论文）、博硕士学位论文、会议论文等方法详见本书中外期刊论文检索部分。本部分主要介绍如何利用中国知网知识发现网络平台检索学科或课题学术趋势。

中国知网知识发现网络平台的"学术趋势搜索"功能可以分析某一课题的学术关注度和用户关注度，[1] 统计该研究领域的热门被引文章和热门下载文章，帮助研究者迅速了解这一课题研究的发展趋势。

以对比"网络侵权"和"网络犯罪"研究趋势为例。

具体方法：访问中国知网知识发现网络平台首页，点击页面右侧的"学术趋势搜索"按钮（如下图）。

---

〔1〕 学术关注度：以 CNKI 知识资源总库中与关键词最相关的文献数量为基础，统计关键字词作为文献主题出现的次数，形成的学术界对某一学术领域关注度的量化表示。

用户关注度：以用户在 CNKI 系列数据库中所下载文章的数量为基础，统计关键词作为主题的文章被下载的次数，形成的用户对某一学术领域关注度的量化表示。

参见"CNKI 学术趋势帮助"，载 http://trend.cnki.net/TrendSearch/help.htm，访问日期：2014 年 10 月 8 日。

在打开的次级页面（如下图），在检索框中输入需要对比的两个关键词"网络侵权"和"网络犯罪"（CNKI 学术趋势最多可以对比 5 个词的研究发展趋势，词与词之间用逗号分隔），点击"搜索"键。

搜索结果页面（如下图），趋势图中会展现两条曲线，用不同的颜色标识，趋势图右侧展现热门被引文章和热门下载文章。默认列出第一个关键词全部年份的热门被引文章和近一年的热门下载文章。点击页面下方的相关搜索中的推荐词，可以查看相关研究内容的发展趋势。

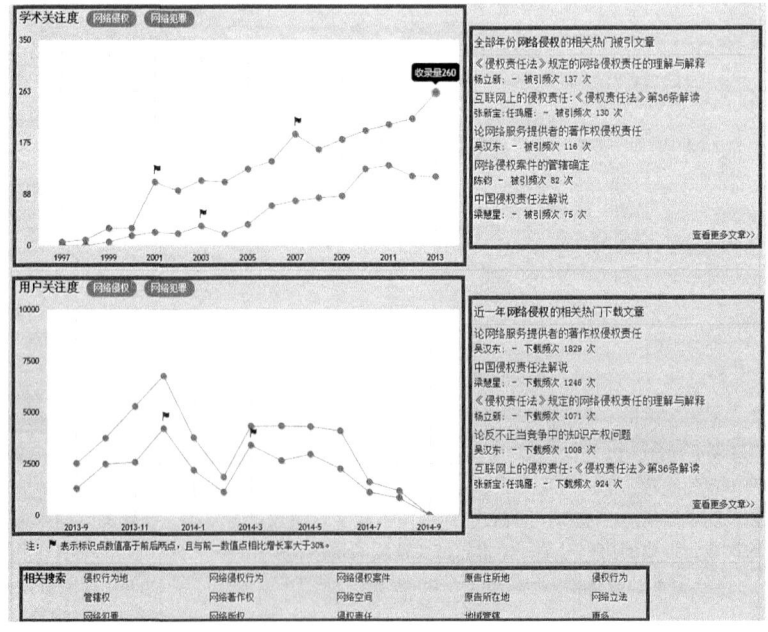

六、利用万方数据库的"知识脉络分析"功能查看课题发展脉络

"知识脉络分析"基于万方数据库海量信息资源，统计分析论文的知识点，体现知识点在不同时间的关注度、知识点之间交叉、融合的演变关系及新的研究方向、趋势和热点。

以检索"网络侵权"的发展脉络为例。

具体方法：访问万方数据库首页 http://wanfangdata.com.cn（如下图），点击页面的"知识脉络分析"链接。

在打开的次级页面（如下图），输入关键词"网络侵权"，点击"知识脉络检索"。

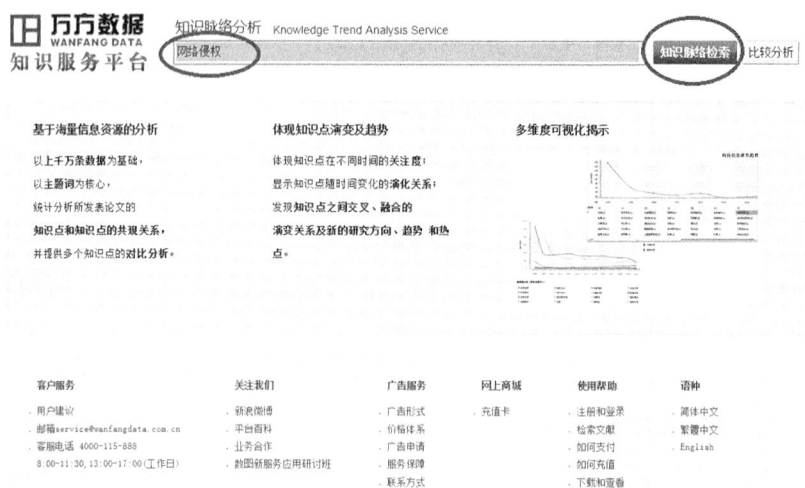

检索结果页面（如下图），通过曲线图可以看出该关键词在不同年份的研究情况，以及当前走势。点击页面下方的"热词"，可以查看相关检索词、相关学者和相关研究内容的论文。

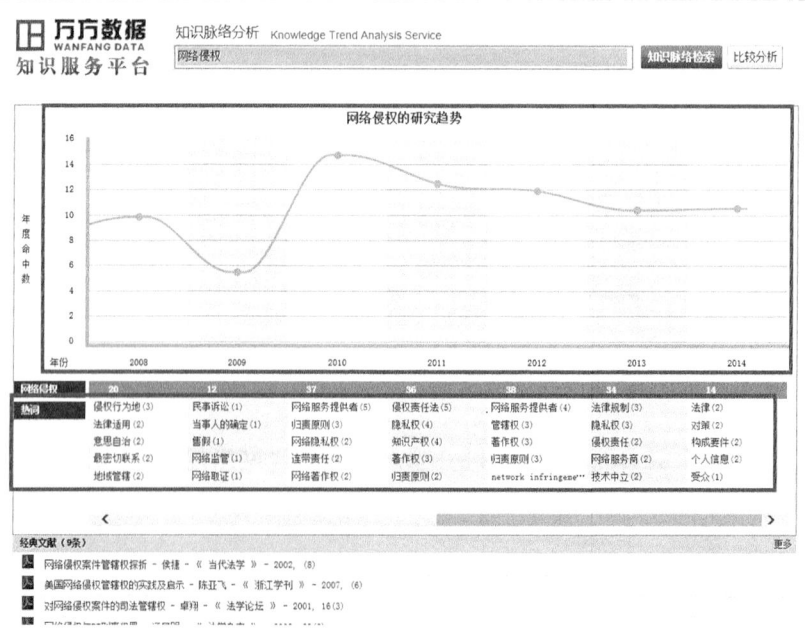

另外，该功能还可以多维度可视化、对比揭示相关关键词的研究脉络。

以对比"网络侵权"和"网络犯罪"的研究脉络为例。

具体方法：进入"知识脉络分析"首页（如下图），输入两个对比的关键词"网络侵权"和"网络犯罪"，点击页面的"比较分析"键。

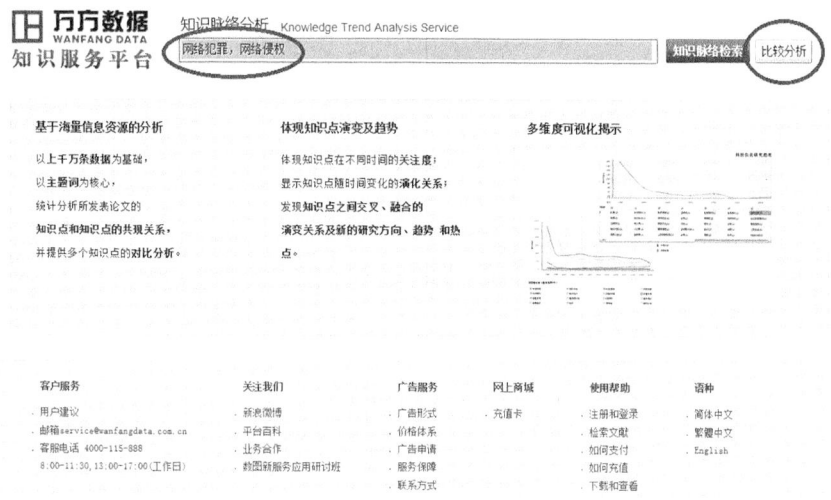

比较分析结果页面（如下图），三条曲线展现了三个关键词（系统自动推荐了一个相关关键词"未成年人"一起比较分析）在不同年份的发展脉络。

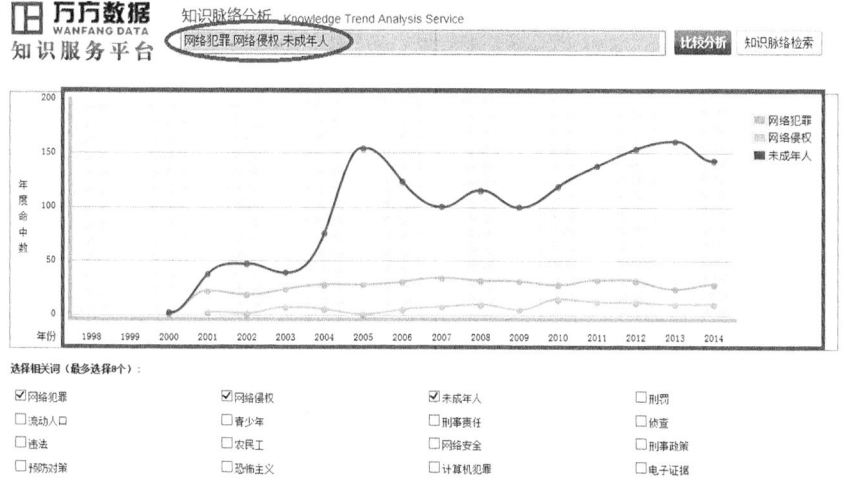

比较分析结果页面（如下图），勾选多个系统推荐的相关词，点击页面上方的"比较分析"，可以实现多个相关词在不同年份研究情况的对比分析，从而选择更恰当的角度进行课题论证。

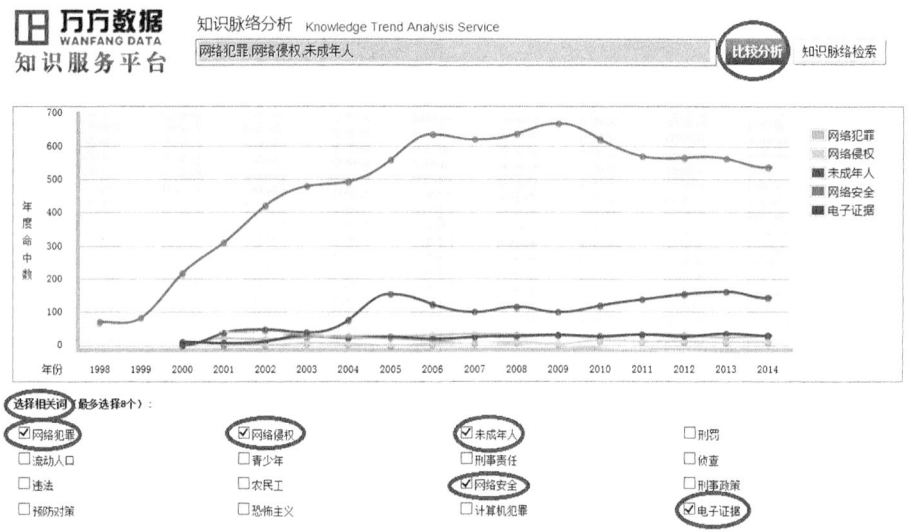

七、利用 Google Scholar（Google 学术搜索）检索课题主流文献

Google Scholar 收录来自学术出版社、专业协会、大学和互联网上各个研究领域的论文、图书、摘要、报告等中外文学术信息资源。

通过 Google Scholar 获取高被引文献、引用高被引文献的文献（据此可以获取关于某一主题的研究进展）、高被引文献相关的文献（据此可以扩展相关文献的收集）。

以检索"网络侵权"主流文献为例。

具体方法：访问 Google Scholar 主页 http://scholar.google.com（如下图），输入关键词"网络侵权"，点击页面的"搜索"键。

站在巨人的肩膀上

检索结果页面（如下图），检索结果自动按照文献的被引用次数、文章作者和出版者知名度降序排列，因此，排在前面的学术价值相对较高。点击页面的"被引用次数"链接，可以直接查看引用此篇论文的文献，根据引用此篇论文的文献可以追踪它的研究进展。点击页面"相关文章"可以找到更多相关文献，尽量使搜集的资料全面。此外，点击页面左侧的"按相关性排序"，可以获得与检索的题目更加贴切相关的文献；点击页面左侧的"按日期排序"，可以获得某一主题最新的研究成果。

八、利用发现系统[1]检索课题主流文献（以中文超星发现为例）

以检索雾霾法律规制相关国内主流文献为例。

具体方法：

进入超星发现首页（如下图），点击页面的"高级检索"，在打开的次级页面检索框中分别输入关键词"雾霾"和"法律"，检索范围选择"主题"，点击页面下方的"检索"键。

---

[1] 通俗地讲发现系统与Google非常相似，就是通过一个检索框一站式检索可以找到所有相关的资源，如期刊论文、图书、学位论文、会议论文等，目前国内外的发现系统很多，而且通常都是付费的。

　　检索结果页面（如下图），点击页面右上角的"默认排序"，在下拉菜单中选择"引文量"，检索结果会按照文献的被引用次数降序排列，从而找到主流文献。通过选择页面左侧"精炼检索"下方的"内容类型"、"年份"、"关键词"、"学科分类"、"重要期刊"等信息，可以了解雾霾法律规制相关的文献类型分布、不同年份的研究走势、交叉学科、重要期刊分布等。

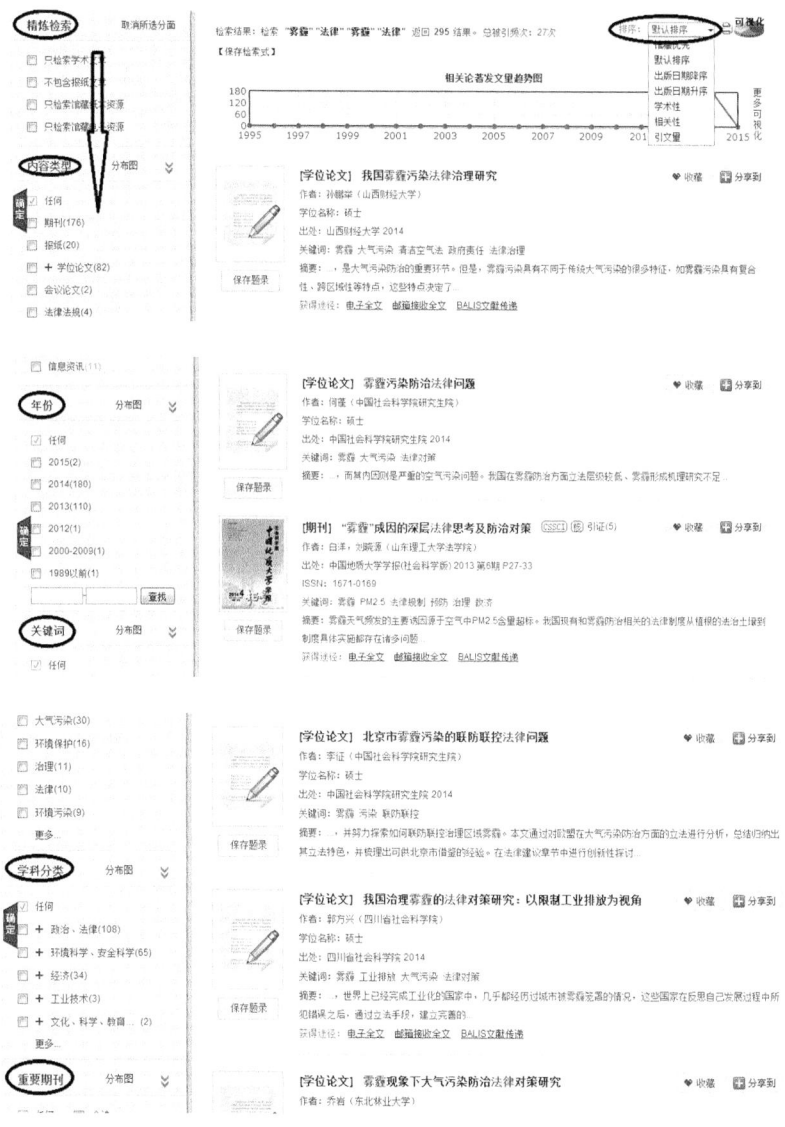

检索国外相关课题的主流文献还可以尝试国外发现系统，或可以通过HeinOnline 法律期刊全文数据库[1]检索。

此外，还可以通过综述性期刊或者论文快捷、全面地了解课题的总体概况、前沿动态和发展趋势。综述性论文的作者一般是对该领域有深入研究和了解的专家，而且这类文章的一个明显特点是通常会列出许多参考文献，几十篇至上百篇不等，这些参考文献本身就是课题的小资料库，对研究十分有帮助。

综述性论文的题目一般包含下列用词：综述、展望、进展、趋势、review、overview、recent development、recent studies、trend、advance、"past, present and future"等。综述性期刊的刊名一般包括"review"或"Annual Review"用词，如 Annual Review of Criminal Procedure、Annual Review of Population Law、Constitutional Review 或 Common Law Review。可以用上述论文题目或刊名中的用词，在相应的数据库中检索综述性的期刊或论文全文。

以上法律信息检索工作是法学文献综述的准备工作，在此基础上研究者结合自己的专业能力，对检索到的大量相关文献进行综合的归类、提炼和概括，并运用批判性思维分析问题，提出自己的独特见解。

第二节　如何利用电子资源跟踪法学学科前沿

在法学研究过程中，通常需要在课题文献调研的基础上跟踪课题研究的最新进展或学科前沿，利用电子资源，如网络免费资源、本机构购买的数据库等可以帮助我们及时把握最新的学科或课题研究情况。

需注意的是，在专业数据库中创建自动跟踪服务，通常要先进行常规步骤的检索，如寻找需要的资源、数据库或某数据库的子库，抽取关键词，确定检索范围（字段），进行常规检索找到相关结果后，在检索结果页面根据页面相关提示设置跟踪服务，比如指定邮箱可以定期接收课题的最新进展信息。

一、跟踪国内外的最新会议信息

关注或加入国内外本专业行学会或协会的网站，一般这些网站上面会有

---

　　[1]　详见本书第三章第一节中外期刊论文检索部分和"HeinOnline 使用指南"（载 http://www. wells. org. cn/Article/ShowDetail/465，访问日期：2015 年 2 月 26 日）。

一些最新的活动、会议，都是比较前沿的。对于本专业学会或协会网站的了解可以通过自己的导师推荐，同门师兄师姐、同研究方向同学的交流，参加相关会议或者通过 Google 或百度搜索找到相关网站并加以收藏。

比如"中国民商法律网"（http://www. civillaw. com. cn）首页的"讲坛信息"和"学术公告"，提供了民商法相关的会议预告信息（如下图）。

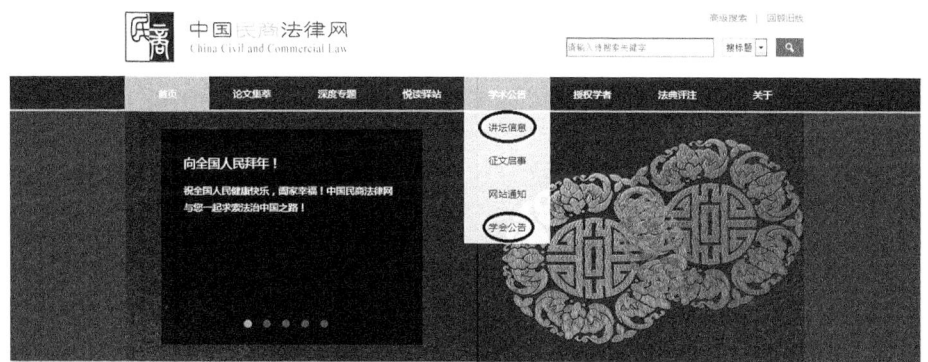

比如"挪威人权中心网站"（http://www. jus. uio. no/smr/english）首页的"Meetings and seminars"，提供了人权研究相关学术会议信息（如下图）。

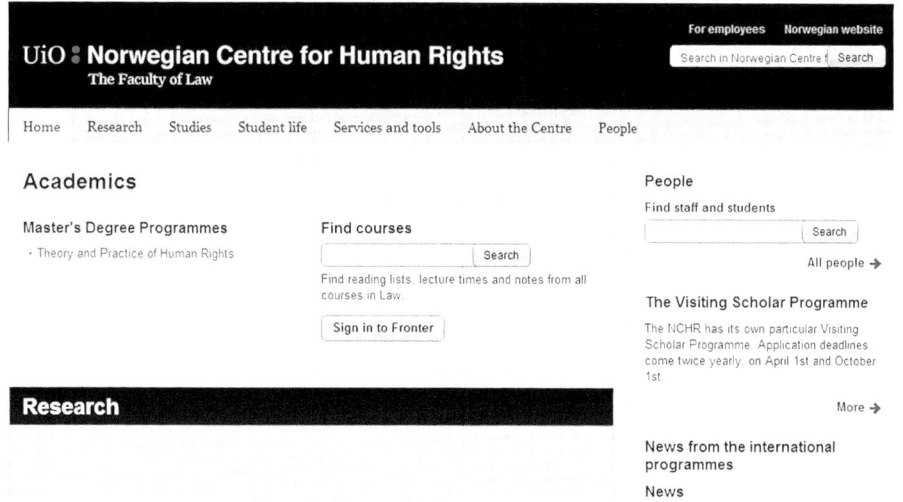

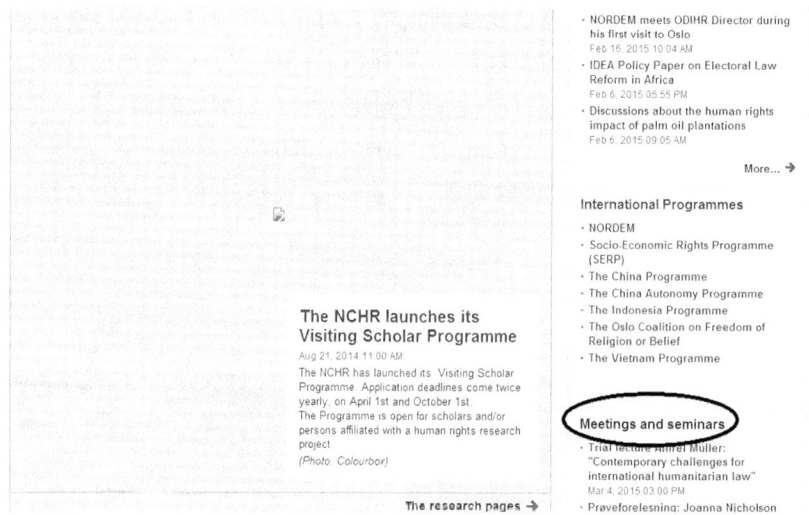

此外，还可以通过"Web of Science"中社科和人文国际会议录引文索引"Conference Proceedings Citation Index – Social Science & Humanities（CPCI – SSH）"追踪本专业最新的国际会议动态。

以追踪食品安全国际会议为例，方法如下：

进入"Web of Science"首页（如下图），选择页面上方"所有数据库"右侧下拉菜单中的"Web of Science 核心合集"，在下方检索框中输入关键词"food safety"，然后点击页面下方的"更多设置"，在打开的菜单中选择"Conference Proceedings Citation Index – Social Science & Humanities（CPCI – SSH）"，点击页面上方的"检索"键。

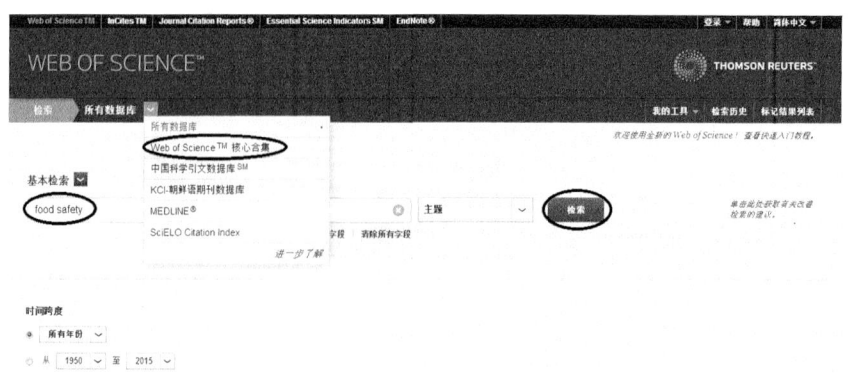

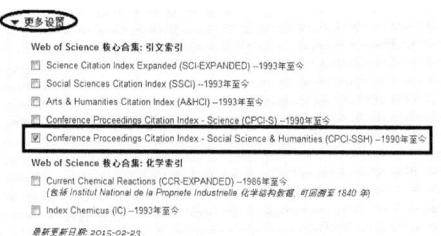

检索结果页面（共 524 条记录）（如下图），点击页面左侧的"创建跟踪服务"，在弹出的"保存检索历史"页面，按照提示设置成功后，只要有新的相关国际会议信息收进该库，其系统就会自动将最新国际会议信息发送到指定邮箱。（第一次使用，需要先注册，登录后才能设置跟踪服务。）

二、跟踪最新期刊论文相关信息

目前很多数据库提供了"最新论文通报"服务，即我们在利用数据库检索时，将检索条件预先保存在该数据库系统中，系统在文献更新时自动将满足该检索条件的最新文献定期（每周或每月等）发送到预设的 Email 中。利用此项功能，我们可以及时了解相关课题的最新文献。例如，某个作者发表了什么文章、某项研究有什么新的进展、某种期刊最近一期刊载的内容是什么等等。读者自己预存的检索策略可以是若干个关键词、作者姓名、机构名称或者是期刊名称等等。如果对发送的文献不满意可以随时修改检索策略。利用此项功能，我们不必去经常检索同一个数据库，但却可以及时获得最新动态。

提供此项功能的数据库举例如下：

（一）通过中国知网了解国内核心期刊论文 CSSCI 最新情况

以跟踪 CSSCI "雾霾法律规制" 相关最新论文为例：

具体方法：首先在中国知网期刊论文子库首页检索"雾霾法律规制"相关论文，关键词为"雾霾"和"法律"，检索范围为"主题"，来源类别选择"CSSCI"，点击下方的"检索"键（如下图）。

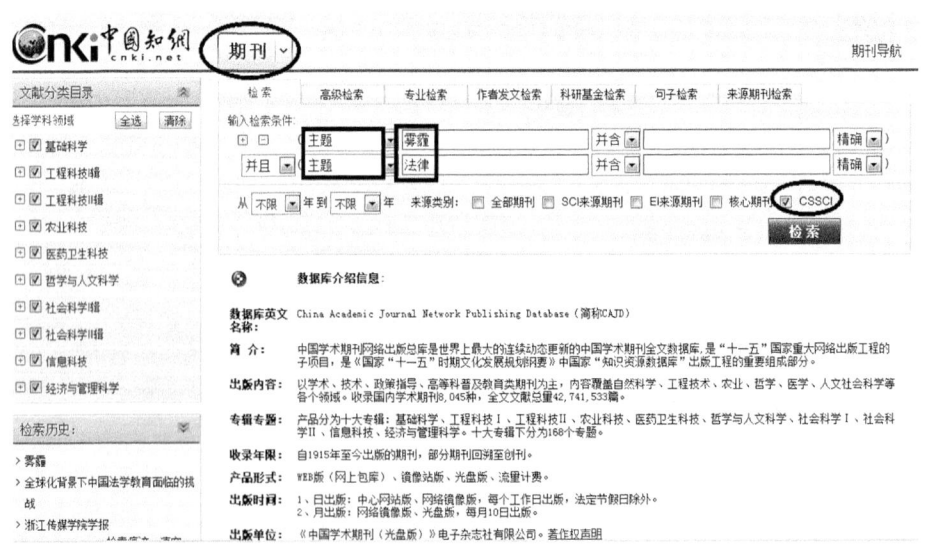

检索结果页面（有 9 条相关记录）（如下图），点击页面右侧的"免费订

阅"键，然后在打开的次级页面中输入"检索式主题名称"（可随意定义主题名称），并在下方输入接收的 Email，点击右侧的"订阅"即可。

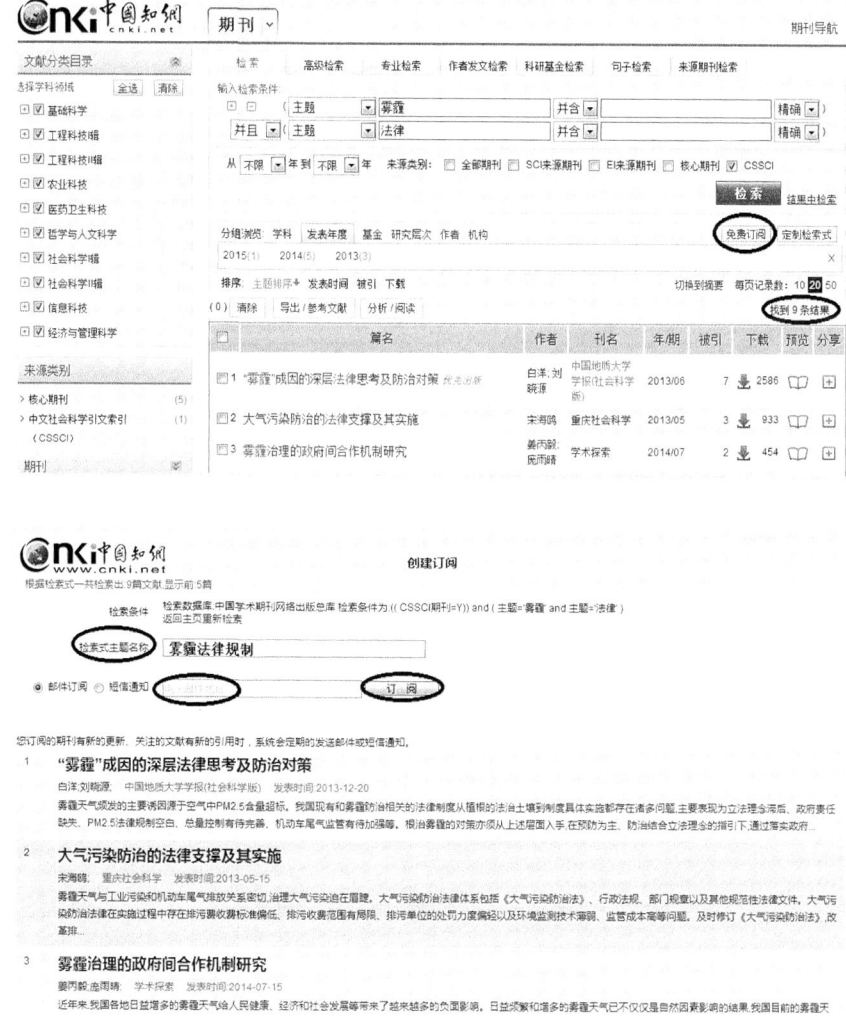

（二）通过 SSCI[1] 了解国外核心期刊最新情况

以跟踪 SSCI 中和"反恐"（Antiterrorism）有关的论文最近进展为例。

---

〔1〕 SSCI 收录国外核心期刊内容详见本书期刊论文检索部分。

在 SSCI 中创建最新论文推送服务，主要有两种方式：一是在通过保存检索结果来创建推送服务，系统检索到满足检索条件的记录后，会按照预设的周期定期发送到我们指定的 Email；二是通过某一篇有学术影响力的论文的被引文献（cited reference）查看课题研究进展，以及创建引文跟踪自动获得该论文最新的被引用情况。

1. 通过保存检索结果（历史）创建推送服务

进入"Web of Science"首页（如下图），点击页面上方"所有数据库"右侧下拉菜单选择"Web of Science 核心合集"，在页面下方的"更多设置"中选择"Social Sciences Citation Index（SSCI）"，在页面上方检索框中输入关键词"Antiterrorism"，点击右侧的"检索"键。

检索结果页面（共 96 条记录）（如下图），点击页面左侧的"创建跟踪服务"，在弹出的"保存检索历史"页面，如第一次使用需要先注册。

登录之后可以创建跟踪服务（如下图），创建成功后，只要 SSCI 中有关于反恐的新论文，系统会自动发送到指定的 Email 中（按月或按周发送）。

保存检索历史

检索历史名称：反恐　　　　　　　　(必填)
说明：　　　　　　　　　　　　　　(可选)
电子邮件跟踪：☑

电子邮件地址：mingl003@cupl.edu.cn

类型：作者、标题、来源出版物　∨

格式：纯文本　∨

频率：○每周　◉每月

跟踪检索式：主题：(Antiterrorism)

创建跟踪服务后才可使用 RSS feed。

保存 | 取消

保存至本地磁盘
保存检索历史至本地磁盘。保存后，关闭此窗口。

保存

保存检索历史

您的检索历史/跟踪服务创建成功。

检索历史名称：反恐
说明：
检索式：主题：(Antiterrorism)
跟踪服务：打开　电子邮件地址：mingl003@cupl.edu.cn
类型：作者、标题、来源出版物
格式：纯文本
频率：Monthly

RSS源

要修改跟踪服务，请使用页面顶部的工具栏访问保存的检索历史。

关闭

2. 通过一篇有学术影响力的论文获得研究课题的最新进展

某一研究领域的一篇论文被引用次数越多，它的业内关注相对较高、影响相对较大，在 SSCI 中通过对引用高被引论文的文献的分析，以及对该篇论文创建引文跟踪可以自动了解该论文被谁引用了、某项研究的最新进展及其延伸、对于某个研究问题后来有没有勘误和修正、某一理论后来有没有得到进一步证实、某项研究成果是否应用到新的领域等等。

以跟踪 SSCI 中和反恐（Antiterrorism）有关的最有影响力的一篇论文的引用为例。

上文检索结果界面（共 96 条记录）（如下图），点击页面上方"排序方式"右侧下拉菜单，选择"被引频次（降序）"，然后选择第 1 条记录（被引频次最多，被引 194 次）。

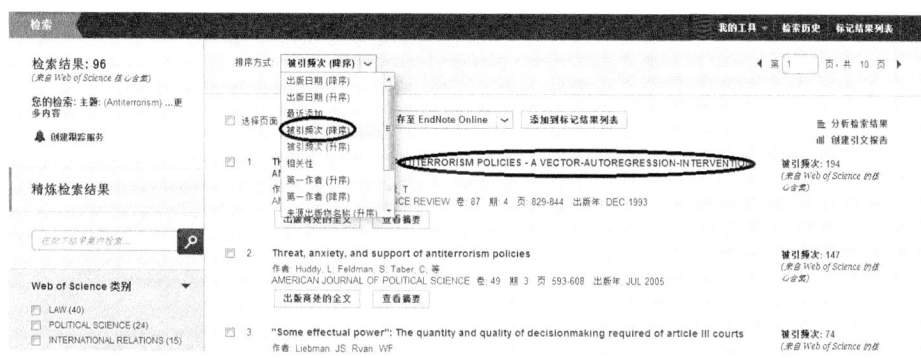

进入第 1 条记录的全记录页面（如下图），点击页面右侧的"194 被引频次"可以查看引用此论文的 194 篇文献的详细情况，点击下方的"创建引文跟踪"（没有注册的要先注册），可以自动获得该论文最近被哪些文献和业内人士所引用了的信息。

（三）通过 HeinOnline〔1〕了解全球法律期刊最新目录信息

以跟踪耶鲁法律评论"Yale Law Journal"最新目录信息为例。

进入 HeinOnline 首页（如下图），点击"Law Journal Library"子库，进入检索页面，点击页面上方"Text"右侧下拉菜单选择"Publication Title"，在检索框中输入关键词"Yale Law Journal"，点击右侧的"Search"键。

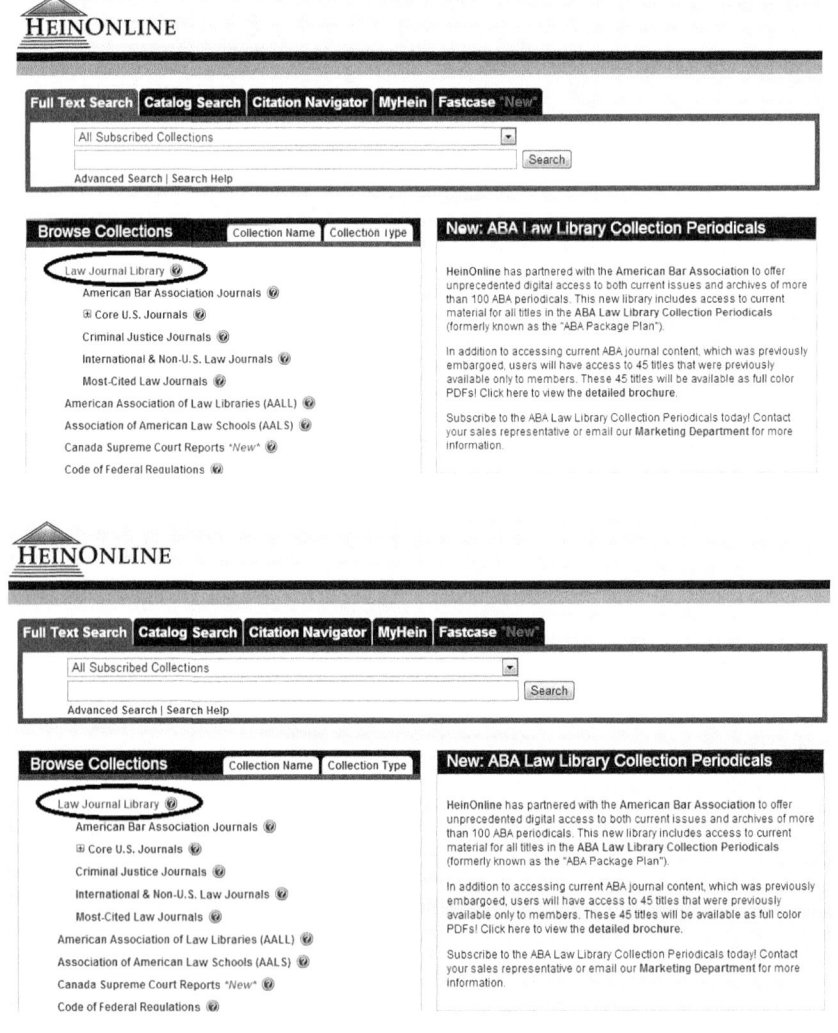

_____

〔1〕 HeinOnline 收录法律期刊的详细介绍见本书第三章第一节中外期刊论文检索。

检索结果页面（如下图），点选"Yale Law Journal"，进入该刊列表页面，点击页面"Create eTOC Alert"，可以创建该刊的最新期刊目录推送服务。（未注册的用户，在创建推送服务之前，需要先在页面上方"MyHein"中注册个人信息，才能用邮箱接收预设的最新期刊目录。）

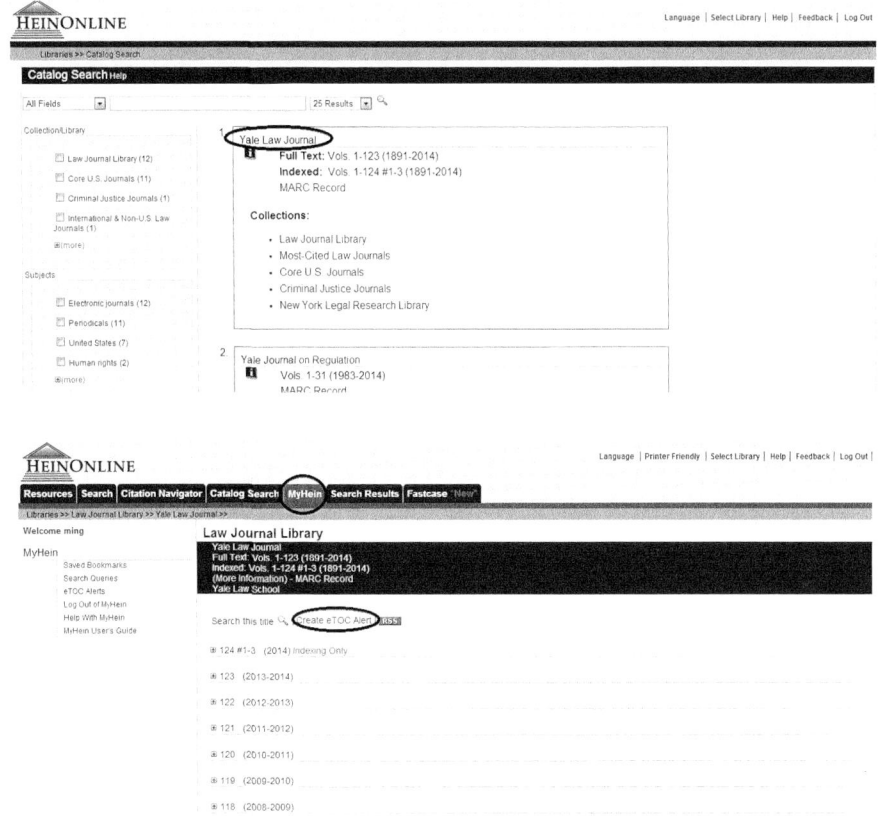

（四）通过 EBSCO – Academic Search Premier[1] 追踪全球法学交叉学科期刊论文最新进展

以追踪"外商投资他国矿产资源"相关论文为例（关键词选为"mineral resource"和"foreign investment"）。

───────────────

〔1〕　EBSCO – Academic Search Premier 收录期刊的内容和特点详见本书第三章第一节中外期刊论文检索部分。

　　进入 EBSCO – Academic Search Premier 首页检索页面（如下图），分别在页面检索框中输入两个关键词，检索范围选择"主题语"[1]，点击"检索"键。检索到 61 条相关记录，然后再点击页面上方的"创建快讯"。在打开的"创建快讯"页面，根据需要添加条件即可。（未注册的需要点击"创建快讯"页面的"登录"先注册个人信息，才能创建成功。）

三、跟踪法律法规（成文法）、案例或判例的最新进展

法律法规（成文法）作为法律学科非常重要的研究对象之一，它是动态的、发展的，因此，在法学研究中需要运用一些工具来帮助随时我们掌握它的最新变化。

（一）跟踪国内法律法规动态（以北大法宝为例）

了解国内法律法规和案例动态的途径很多，比如媒体报道[1]、会议信息、政府或相关部门官网、搜索引擎、专业数据库等。

利用北大法宝，通过法律法规子库检索可以查看所关注法律法规的时效性、变迁史（如下图）。

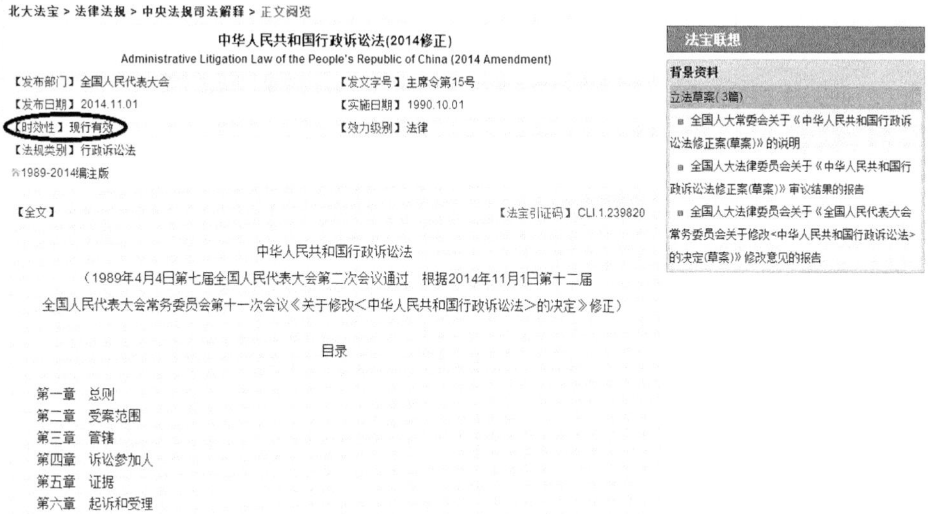

北大法宝 > 法律法规 > 中央法规司法解释 > 正文阅览

中华人民共和国行政诉讼法(2014修正)
Administrative Litigation Law of the People's Republic of China (2014 Amendment)

【发布部门】全国人民代表大会　　　　【发文字号】主席令第15号
【发布日期】2014.11.01　　　　　　　【实施日期】1990.10.01
【时效性】现行有效　　　　　　　　　【效力级别】法律
【法规类别】行政诉讼法
※1989-2014编注版

【全文】　　　　　　　　　　　　　　【法宝引证码】CLI.1.239820

中华人民共和国行政诉讼法

（1989年4月4日第七届全国人民代表大会第二次会议通过 根据2014年11月1日第十二届全国人民代表大会常务委员会第十一次会议《关于修改<中华人民共和国行政诉讼法>的决定》修正）

目录

第一章　总则
第二章　受案范围
第三章　管辖
第四章　诉讼参加人
第五章　证据
第六章　起诉和受理

法宝联想

背景资料
立法草案（3篇）
■ 全国人大常委会关于《中华人民共和国行政诉讼法修正案(草案)》的说明
■ 全国人大法律委员会关于《中华人民共和国行政诉讼法修正案(草案)》审议结果的报告
■ 全国人大法律委员会关于《全国人民代表大会常务委员会关于修改<中华人民共和国行政诉讼法>的决定(草案)》修改意见的报告

或选择在北大法宝法律法规子库的"法律动态"检索相关法律法规的最新情况（如下图）。

---

[1] 可以通过慧科新闻搜索数据库来检索相关报道，见本书第二章第二节中外案例（判例）检索部分。

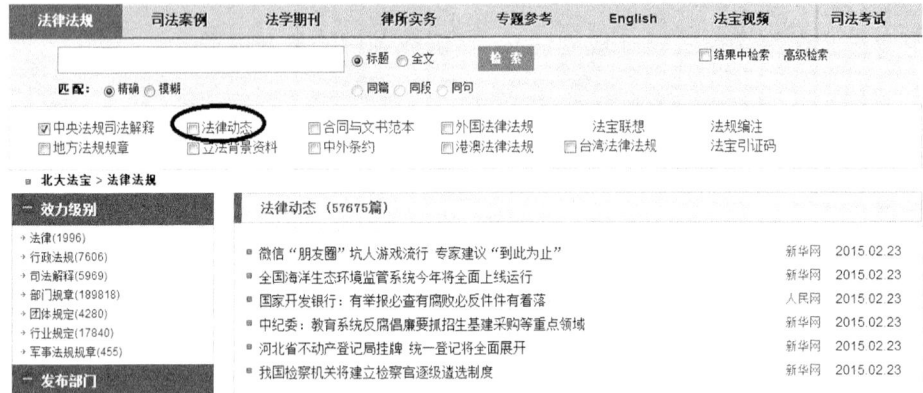

　　另外，通过全国人大的"中国法律法规检索系统"[1]也可以查看法律法规的时效性（如下图）。

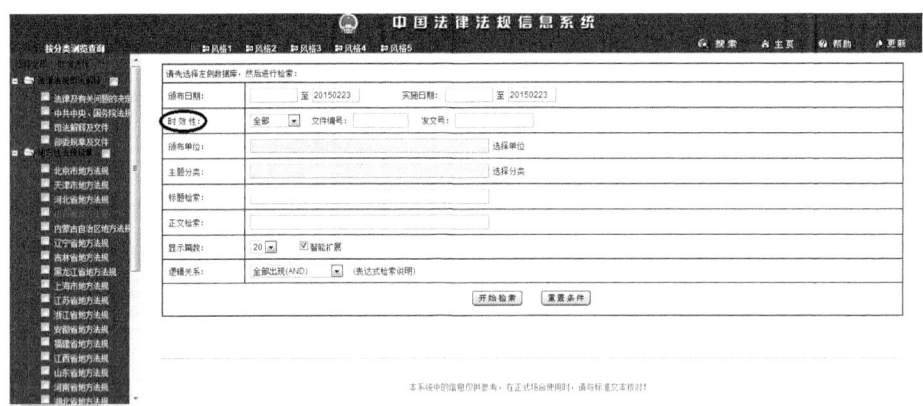

　　（二）跟踪国外成文法、判例动态（以 Westlaw International 和 Lexis.com
　　　　为例）

　　了解国外成文法或判例的动态，可以通过 Westlaw International 的 "Key-
Cite Alert" 关键引用自动追踪，或通过 Lexis.com 的引用提醒 "Shepard's A-
lerts" 功能自动追踪。

---

[1]　载 http://law.npc.gov.cn：87/home/begin1.cbs.

1. 通过 Westlaw International 的 "KeyCite Alert" 关键引用自动追踪

比如了解 Westlaw International 中成文法的动态，先检索找到相关成文法，在选中的一条成文法全文界面（如下图），点击页面左侧的 "Monitor With KeyCite Alert" 链接，根据提示输入指定邮箱，逐步操作即可。设置成功后，系统一旦收到新文件，就会自动将其发送到用户指定的邮箱中去。[1]

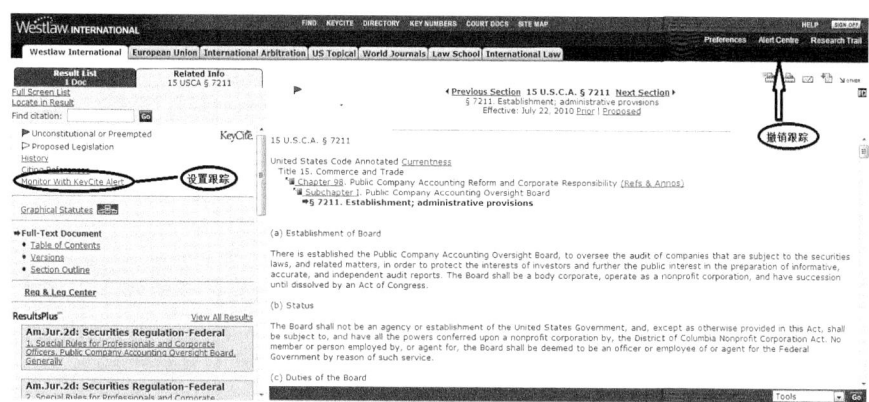

如果将来课题结束或不再关注该成文法，单击上图页面右上角的 "Alert Center"，找到 "KeyCite Alert" 列表，进行修改或者删除（如下图）。

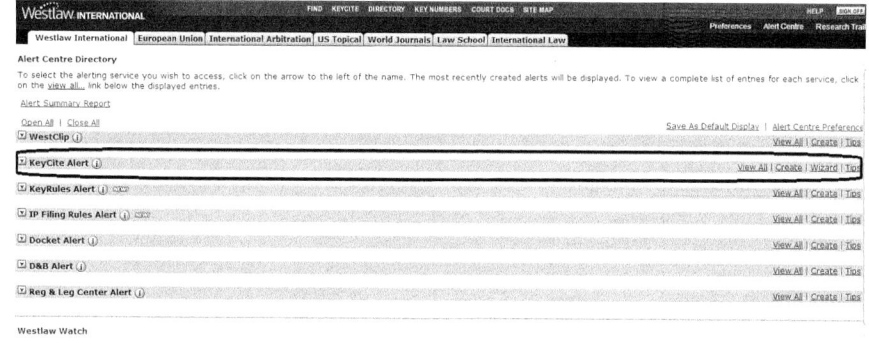

---

〔1〕 Westlaw International 中的 "KeyCite Alert" 关键引用自动追踪并非应用于所有数据库。每个数据库是否支持这个功能，取决于该库所含文件的性质。用户在利用此功能时，需要注意观察界面相应位置是否有相关链接。

此外，高校等 IP 用户在设置时，最好设置该 "KeyCite Alert" 的终止日期，否则第二次登录时很难再找到同一个 IP 地址来对该设置进行编辑和删除。

　　了解 Westlaw International 中判例动态方法同上，在检索到一篇判例的全文页面（如下图），点击页面左侧的 "Monitor With KeyCite Alert" 链接，即可对该篇判例的进展进行设置，定期邮箱接收。

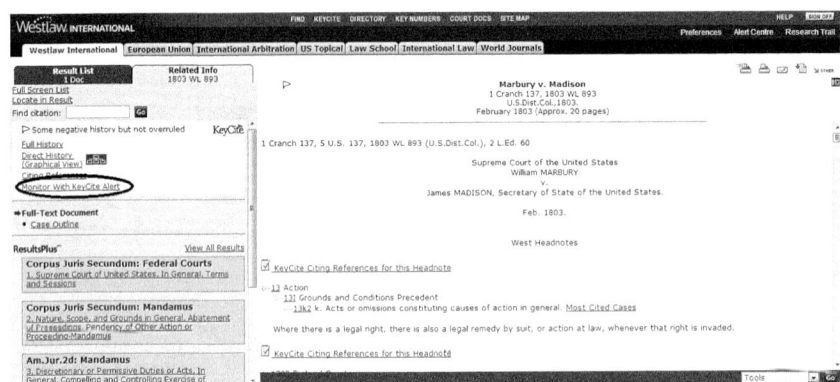

　　2. 通过 Lexis. com 的引用提醒 "Shepard's Alerts" 功能自动追踪

　　利用此功能可以实现每次选定成文法或判例被后人引用，系统会自动将引用情况发送到指定邮箱的要求。

　　通过引用提醒 "Shepard's Alerts" 功能自动追踪某成文法的最近引用情况（如下图），在 Lexis. com 中检索某成文法全文页面，点击页面上方的 "Shepardize®"。

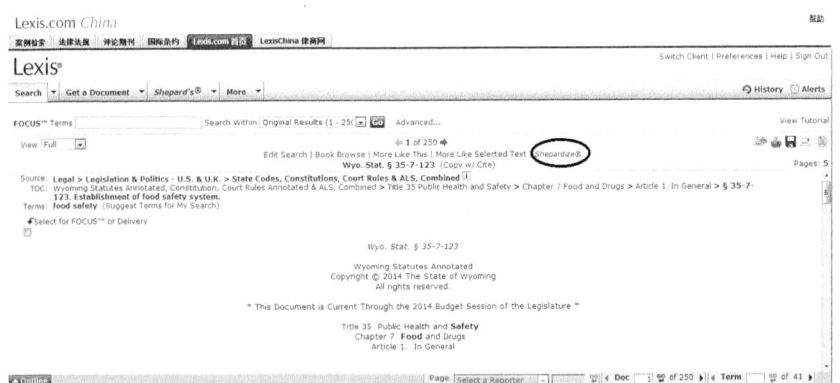

　　在打开的新页面（如下图），点击页面上方的 "Save As Shepard's Alert®" 链接，在打开的次级页面根据个人要求进行设置即可。

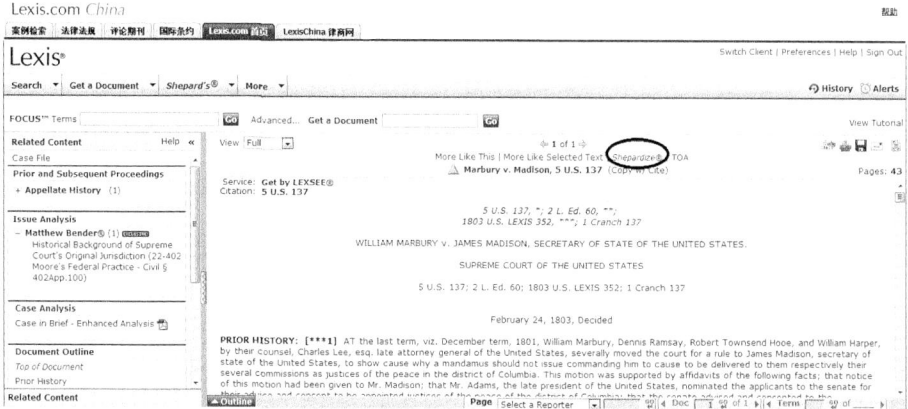

通过引用提醒"Shepard's Alerts"功能自动追踪某判例的最近引用情况，在Lexis. com中检索一篇判例全文页面，点击页面上方的"Shepardize®"（如下图）。

在打开的新页面（如下图），点击页面上方"Save As Shepard's Alert®"链接，在打开的次级页面根据个人要求进行设置即可。

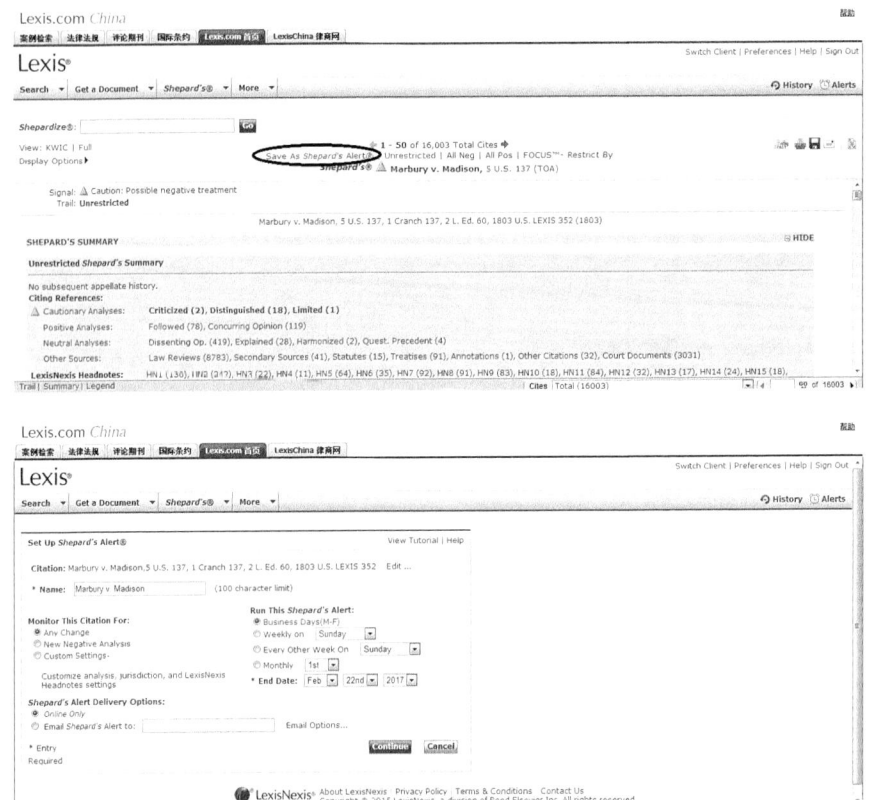

第三节　如何利用电子资源检索课题相关文献
——以查找环境法风险预防原则相关英文文献为例

课题题目：环境法风险预防原则（precautionary principle）。

课题要求：查找环境法风险预防原则相关英文文献。

课题检索分析：

从课题要求看，该课题时间跨度、文献类型都没有要求，语种要求英文，因此查找范围确定为从该原则产生至今、所有一次和二次外文法律文献。

检索思路 [1] ：

第一步：检索最难的是找到第一条相关信息，首先通过关键词在搜索引擎或维基百科中获得背景信息。

如在维基百科中查找背景信息，具体方法：进入维基百科（http://en. wikipedia. org/wiki/Main_Page）英文版首页（如下图），在页面右上角检索框中输入关键词"precautionary principle"，点击右侧图标。

检索结果页面（如下图），找到相关概念表述、研究进展、典型国家、参考文献等信息，点击页面相关的蓝色链接可直接找到对应的详细信息。如点击页面的"International agreements and declarations"，在打开的次级页面可查看相关的国际条约和协定。

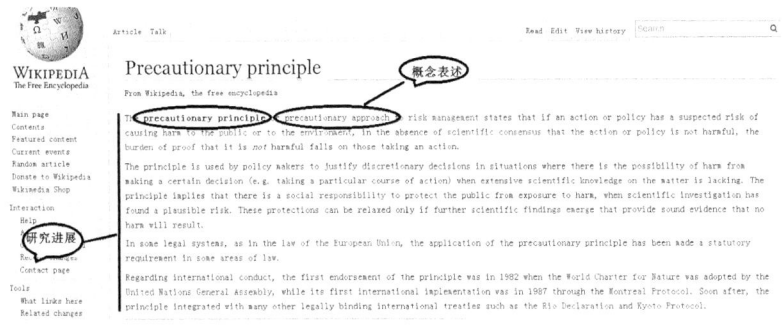

---

〔1〕　一般或通用检索思路请参照本书第一章第三节法律信息检索通用方法（一般检索步骤：分析课题、选取关键词、选择数据库、选择字段以及检索结果评价）。

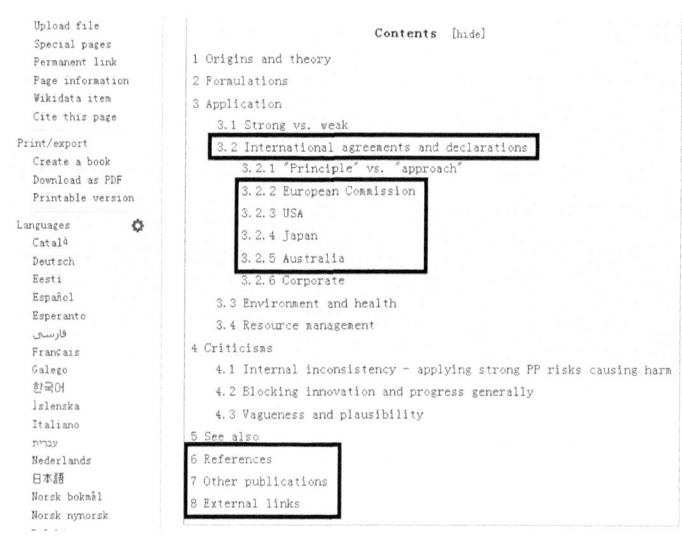

第二步：找到相关背景信息后，可以直接在提供背景信息的页面通过链接查找其全文，或者通过掌握的背景信息利用专业数据库和其他免费网络资源检索一次法律资源（如国外成文法、判例全文）和二次法律资源（如国外期刊论文、博硕士学位论文、电子书等）。

检索一次法律资源，如国外个别国家成文法和判例主要利用 Westlaw International、Lexis. com 数据库或典型国家相关机构网站。[1]检索国际条约和协定主要利用免费网络资源，如联合国数据中心网站和欧盟官网。[2]检索二次法律资源，如国外期刊论文，主要利用 Heinonline、Ebsco – ASP 和 Web of science（SSCI）[3]；检索国外博硕士学位论文主要利用 OCLC FirstSearch——WorldCat Dissertations 和 ProQuest 博硕士论文全文数据库；检索国外电子书主

---

〔1〕 检索国外成文法和判例详见本书第二章第一、二节，第四章第四节美国法律资源检索和《Lexis. com 使用指南》（载 http://lib. tsinghua. edu. cn/database/guide/lexis_ manual. pdf，访问日期：2014 年 12 月 25 日）。

〔2〕 检索国际条约和协定详见本书第四章第二节免费网络资源检索部分。

〔3〕 期刊论文检索方法详见本书第三章第一节中外期刊论文检索。

要利用 MyiLibrary 电子书、Emerald 电子系列丛书（人文社会科学）和 Princeton University Press 普林斯顿大学电子图书数据库等〔1〕。

以上可见，法学课题文献检索的基本思路与本书理论方法篇法律信息检索通用方法是一致的，它是认真分析课题、灵活运用法律文献检索方法的过程。在这一过程中具体选择哪一个数据库、用什么检索方法是由课题要求和开始检索时我们掌握的相关背景信息决定的。

第四节 如何利用信息检索完成案例分析

案例分析的过程一般包括法律问题是什么、对此问题适用的规则是什么、规则适用的情况有哪些以及能得出什么样的结论，这一过程和法律信息检索密不可分。利用信息检索完成案例分析就是在搞清案情所涉法律问题的基础上，检索适用的法律规则。

通常，法律研究者的立场不同，如法官、律师，他们对同一案件事实涉及法律问题的认识是不同的或有争议的，因此，利用信息检索完成案例分析实际上是检索所有能支持己方观点或诉讼请求的相关规范性文件、案例以及论著的过程。对案件的论辩能否成功很大程度上取决于是否能检索到案件争议点相关的法律信息。

利用信息检索完成案例分析的基本思路：

1. 平时做好法学理论的学习，关注相关法条的变化，遇到案件能归纳出相关法律问题并迅速找到（想到或检索到）适用的法律规定，比如哪一部法的哪一条。〔2〕

2. 对于案件法律问题有争议的，理清楚争议点之后，根据法律信息的效力级别确定检索的优先顺序。

首先，检索规范性文件。如最高人民法院、各地高院以及中级人民法院对下级法院发布的关于某一法律问题的法律问答、回复和若干意见、批复、法律解释等。由于此类规范性文件对下级法院具有很大的指导性，因此是检索的重点。它们一般可以通过本院网站或专业数据库查询，如北大法宝检索。

---

〔1〕 博硕士学位论文检索见本书第三章第二节，电子书检索详见本书第三章第三节。
〔2〕 法条检索需要保证来源是权威的，并注意其效力和适用的范围。

其次，检索相似案例。如最高人民法院指导性案例、公报案例、各地高院参阅性案例；或者通过一个案件适用的一部法律或具体条款利用北大法宝的"法宝联想"功能检索相关案例〔1〕。此类案例对下级法院审理也具有一定的指导性，是在找不到上述规范性文件的情况下可以重点参考的。直接检索此类案例可以通过审判信息公开的最高院、各地高院网站查询，或通过商业性法律数据库查询。

最后，检索相关论著。对案件涉及的法律问题比较前沿，尚无法律规定、相似案例或定论的，法律实践中还会参考相关法官、学者、专家的观点，检索其观点一般通过检索期刊论文、新闻报道、名人访谈、图书、专家论坛或名人博客等等。〔2〕

---

〔1〕 北大法宝案例检索及"法宝联想"功能的应用详见本书第二章第二节中外案例（判例）检索。

〔2〕 关于期刊论文检索详见本书第三章第一节，关于图书检索详见本书第三章第三节，关于新闻报道检索详见《慧科搜索用户手册》（载 http://www.gzass.gd.cn/upload/files/2014/4/1515429.pdf，访问日期：2014 年 11 月 9 日），检索专家论坛、名人访谈和博客可利用搜索引擎等。

参考文献 Reference

著作类

1. ［美］科恩：《美国法律文献检索》，夏登峻译，商务印书馆 1994 年版。

2. 于丽英：《法律文献检索》，北京大学出版社 2010 年版。

3. 王昶编：《美国法律文献与信息检索》，中国政法大学出版社 2014 年版。

4. 凌斌：《法科学生必修课——论文写作与资源检索》，北京大学出版社 2013 年版。

5. 罗伟：《法律文献引证注释规范》，北京大学出版社 2013 年版。

6. Morris L. Cohen & Kent C. Olson, *Legal Research*, 10th ed, West Nutshell Series, 2010.

期刊类

1. 陈成鑫："未来用户信息需求的行为特点与图书馆的应对策略"，载《图书馆工作与研究》2009 年第 9 期。

2. 初景利、吴冬曼："图书馆发展趋势调研报告（一）：环境分析与主要战略"，载《国家图书馆学刊》2010 年第 1 期。

3. 曾尔恕："中国高校法律图书馆的变革与未来发展趋势"，载《法律文献信息与研究》2011 年第 3 期。

4. 方流芳："哈佛法律评论——关于法学教育和法学论文规范的个案考察"，载《比较法研究》1997 年第 2 期。

5. 田建设："我国法律文献检索教材之检讨"，载《法律文献信息与研究》2006 年第 3 期。

报纸类

"政法委信访改革：涉法涉诉信访由政法机关处理"，载《南方都市报》2013 年 5 月 27 日。

案例类

Smith v. Lewis，530 P. 2d 589（1975）。

网络资源类

1. "大数据时代下的大数据到底有多大"，载 http://www. thebigdata. cn/QiTa/8608. html.

2. "国际电信联盟：全球网民数已破30亿"，载 CNET 科技资讯网。

3. "第35次中国互联网络发展状况统计报告"，载中国互联网络信息中心。

4. Tai Phan, Laura Hardesty, Jamie Hug, "Academic Libraries：2012. First Look." NCES 2014 – 038, National Center for Education Statistics, available at http://eric. ed. gov/? id = ED544756.

5. David Gee, "A Survey of Major Law Libraries Around the World", available at www. iall. org.

6. TUHUMWIRE, Innocent and OKELLO – OBURA, C. ："Assessment of legal information needs and access problems of lawyers in Uganda. Library Philosophy and Practice", 2010, available at http://www. webpages. uidaho. edu/ ~ mbolin/tuhumwire – okello – obura2. htm.

7. "Westlaw International 法律在线数据库简介"，载 http://www. lib. ruc. edu. cn/webs/res_ resourcesGet. action? idd = 127.

8. "北大法宝产品与服务介绍"，载 http://www. pkulaw. cn/help/index. html? item = SYZN.

9. "慧科搜索简介"，载 http://www. lib. ruc. edu. cn/webs/res _ resourcesGet. action? idd = 159.

10. "中国知网期刊全文数据库出版内容"，载 http://acad. cnki. net/KNS/brief/result. aspx? dbprefix = CJFQ.

11. "万方期刊全文数据库简介"，载 http://c. g. wanfangdata. com. cn/Periodical. aspx.

12. "HeinOnline 外文全文期刊数据库简介"，载 http://www. lib. ruc. edu. cn/webs/res_ resourcesGet. action? idd = 54.

13. "JSTOR 简介"，载 http://www. lib. ruc. edu. cn/webs/res _ resourcesGet. action? idd = 63.

14. "OCLC FirstSearch——WorldCat Dissertations 内容简介"，载 http://www. lib. ruc. edu. cn/webs/res_ resourcesGet. action? idd = 89.

15. "ProQuest 博硕士论文全文数据库简介"，载 http://www. lib. ruc. edu. cn/webs/res_ resourcesGet. action? idd = 89.

16. "读秀知识库简介", 载 http://www. lib. ruc. edu. cn/webs/res_ resourcesGet. action? idd = 140.

17. "MyiLibrary 简介", 载 http://www. lib. ruc. edu. cn/webs/res_ resourcesGet. action? idd = 74.

18. "月旦法学知识库——大陆地区专用版", 载 http://www. lib. ruc. edu. cn/webs/ res_ resourcesGet. action? idd = 177.

19. "美国法典结构", 载 http://blog. sina. com. cn/s/blog_ 4c9fc5e50100dnsa. html.

20. 黄东熊:"英美法学资料之使用方法", 英美法导航系列七演讲, 载 http:// wenku. baidu. com/view/7eb48df8aef8941ea76e05b6. html.

21. Priya Rai:"Information Seeking Behavior of Legal Researcher Towards Use of Electronic Legal Resource: A Study", CALIBER – 2013, available at http://ir. inflibnet. ac. in/handle/ 1944/1740.

指南手册类

1. 《Westlaw International 使用指南》
2. 《Lexis. com 使用指南》
3. 《EBSCOhost 使用指南》
4. 《慧科（新闻）搜索用户手册》